MW01519007

FEMMES
DANS LA GUERRE
1939-1945

GUYLAINE GUIDEZ

FEMMES DANS LA GUERRE
1939-1945

Préface de Jean A. Chérasse

Perrin
8, rue Garancière
Paris

© Perrin, 1989.
ISBN: 2-262-00534-6
ISSN: 0299-2477

PRÉFACE
PAR JEAN A. CHÉRASSE[1]

LA MÉMOIRE AUDIOVISUELLE ET LE CHAMP HISTORIQUE

Le travail effectué par Mme Guylaine Guidez à propos du rôle spécifique joué par les femmes européennes lors du second conflit mondial est, à mon avis, tout à fait exemplaire.

En effet, balayant délibérément au départ les *a priori* et les idées reçues, elle a conduit son enquête comme le géologue analyse un terrain de façon à en déterminer la structure profonde ; elle a su utiliser pour cela l'un des procédés les plus modernes de l'analyse historique : la constitution d'*une mémoire audiovisuelle*.

Depuis un peu plus de trente ans, non seulement la télévision a changé peu à peu nos modes de perception, mais elle a aussi transformé nos dispositions d'esprit pour acquérir les connaissances ; elle a réussi en particulier à nous permettre de forger cet outil privilégié de la curiosité qu'est l'interview devant une caméra. Et Mme Guylaine Guidez possède au plus haut degré l'art et la manière de « savoir faire parler vrai ».

Lorsque l'historien interrogeait un témoin, il prenait des notes, voire il enregistrait la conversation sur un magnéto-

1. Ancien élève de l'École normale supérieure (Saint-Cloud) et de l'IDHEC. Universitaire, cinéaste. Auteur-réalisateur d'essais historiques documentaires pour le cinéma et la télévision (notamment « Valmy et la naissance de la République », « Dreyfus ou l'intolérable vérité », « La Prise du pouvoir par Philippe Pétain », « Les Captifs de l'an quarante », « Le Miroir colonial », etc.).

phone ; il n'y a rien de commun entre cette façon de procéder qui privilégie le « dit » (c'est-à-dire essentiellement le contenu factuel ou le commentaire) et ce que l'on peut obtenir devant l'œil froid de la caméra, ce grand microscope électronique de l'âme humaine.

Dans vingt ans, dans cinquante ans... lorsqu'on regardera attentivement les visages de ces femmes qui parlent de *leur* guerre, qui narrent *leurs* aventures personnelles, qui témoignent de *leur* vécu, on comprendra mieux, on sentira mieux la présence de ce passé grâce aux expressions, aux inflexions de la voix, aux sourires ou aux larmes, aux gestes de la main, aux hésitations... bref grâce à ce « non dit » qui en dit si long : la mémoire audiovisuelle est devenue l'un des matériaux privilégiés de l'Histoire, le socle de toute exploration sérieuse de notre passé récent.

Ainsi cet effort de « résurrection » dont s'honorait Michelet, et dont il avait fait le maître mot de son histoire, réapparaît ici, dans ce type de travail dont il devient la couleur intrinsèque. Et cette couleur est d'autant plus séduisante que notre époque a engendré des écoles d'historiens où l'économique, le sociologique, le sémiologique... conduisent trop souvent à la dissection savante et au discours « pointu ». La couleur « Michelet », faite d'émotions et de sentiments, pétrie de chair humaine donne à ce dossier historique sur les *Femmes dans la guerre* une dimension originale et une qualité rare. Même si le corpus envisagé est loin d'être complet et exhaustif puisqu'il ne prend pas vraiment en compte le phénomène de la collaboration.

A partir de ce chœur audiovisuel de témoignages de toute nature (constitué par environ vingt-cinq heures d'entretiens filmés), Mme Guidez a conçu une saga organisée en thèmes où le document d'archives est sollicité tantôt en contrepoint tantôt pour développer ou prolonger une idée. Les seules illustrations qu'elle se permette étant l'environnement visuel du témoin (ce que l'on voit derrière lui) par l'utilisation des « images incrustées ».

Le présent ouvrage, qui a été conçu et réalisé d'après cette série d'émissions (cinq heures d'antenne), non seulement a réussi à conserver le caractère vivant et passionnant du montage audiovisuel, mais il a souvent été plus loin, dans l'information historique et dans la réflexion.

J'en conclus que ces deux approches sont complémentaires, et qu'elles préfigurent sans doute un nouveau type de travail historique mariant l'image et l'imprimé.

En effet, aujourd'hui où l'audiovisuel acquiert enfin son droit de cité à l'Université et dans les plus hautes institutions, il serait impensable et obsolète de ne pas intégrer à l'étude, à l'analyse et aux travaux de recherche sur les périodes récentes ou contemporaines, le paramètre de *la mémoire audiovisuelle*.

C'est ainsi que l'Histoire, et cette magnifique contribution à l'histoire des *Femmes dans la guerre* le prouve à l'évidence, restera une discipline essentielle des sciences humaines, un travail sur la connaissance et les couleurs de l'expérience du vécu, aussi et enfin ce message d'intelligence et d'humanisme que nous devons à ceux qui nous suivront sur cette planète.

AVANT-PROPOS

Ce livre, qui m'a été demandé par François-Xavier de Vivie, directeur de la Librairie Académique Perrin, est la transposition littéraire d'une série de cinq épisodes d'une heure chacun, réalisés par moi-même pour la télévision. Il en apporte le reflet, en restitue le contenu, mais va cependant au-delà de ce que l'écran, réducteur dans le Temps peut laisser passer.

Les témoignages de cinquante femmes (vingt-cinq Françaises et autant d'Européennes) qui en sont la matière première et la chair vivante ont pu ainsi être reportés dans leur intégralité, et répartis au gré des chapitres selon les thèmes abordés.

Les documents d'archives filmés, qui illustraient les émissions, ont laissé la place à des éléments d'histoire. Les fictions cinématographiques utilisées dans le montage télévisuel pour illustrer le discours ont été remplacées par des extraits de fictions romanesques afin de jouer un rôle semblable dans la « chose écrite ».

L'œuvre télévisuelle avait exigé une recherche historique préalable que j'ai menée en compagnie de l'historienne Dominique Veillon, ingénieur de recherche à l'Institut d'histoire du temps présent, émanation du CNRS. Cette moisson informative apparaît également dans l'ouvrage, sous forme d'extraits significatifs de mémoires, d'études, de thèses et synthèses, de colloques, exposés et rapports.

Les ouvrages des historiens Henri Noguères, Alain Guérin et Pierre Miquel ont souvent été sollicités pour les informations qu'ils recelaient concernant les femmes, informations assez rares, hélas, car jusqu'à présent la guerre s'est racontée au masculin.

Il était grand temps que s'ébauchât une histoire de la Seconde Guerre mondiale telle que les femmes l'ont vécue, soit à la manière ancienne, dans une douloureuse passivité, soit à la manière moderne, en s'y impliquant dans la mesure des possibilités offertes par l'évolution des mœurs à l'époque.

Les femmes n'ont jamais été totalement absentes des guerres qui depuis la nuit des temps secouent périodiquement l'humanité.

De tous temps, elles ont eu à affronter celles que les hommes menaient et à en subir les conséquences : la mutilation ou la mort de leurs proches, enfants, maris, pères... De tous temps, elles restèrent à leur poste de gardiennes du foyer... dans leur grande majorité.

Pourtant, l'Histoire nous révèle que chaque siècle a vu se lever des figures de guerrières authentiques, la plus célèbre d'entre elles étant Jeanne d'Arc au XVᵉ siècle. Ainsi, à l'aube du Moyen Âge, c'est une femme de Paris, Geneviève, qui tient tête aux armées d'Attila. Ce n'est pas pour rien qu'elle est la sainte patronne de la capitale française.

Sous le règne de Louis XI, Jeanne Hachette repousse les soldats de Charles le Téméraire, à Beauvais. Cette adolescente de dix-huit ans surgit, l'été 1472, une hachette à la main devant les hommes du duc de Bourgogne venu assiéger et conquérir la ville. « Elle apparut belle comme un ange (chante un hymne à sa gloire), laissant flotter sa chevelure au vent. Jeanne sauva ses murailles antiques où chaque écho raconte sa valeur. On vit devant des femmes héroïques l'ennemi fuir, sanglant et plein de terreur. » En fait, Jeanne Hachette avait provoqué et animé un étonnant sursaut de résistance des habitants de Beauvais, entraînant les femmes, filles, épouses et mères à se saisir de tout ce qui pouvait devenir une arme pour combattre sur les remparts. Elle est l'ancêtre véritable des résistantes de la guerre 1939-1945 qui nous raconteront ici leurs aventures. Plus, sans doute, que Jeanne d'Arc qui fut davantage un chef d'armée qu'une résistante... quoique son projet de « bouter les Anglais hors de France » ressemble fort au mot d'ordre des Françaises des comités féminins qui était de « bouter les nazis hors du pays ». L'Histoire recèle encore une autre Jeanne, célèbre pour sa bravoure dans le contexte de la guerre, Jeanne de Flandre, qui en 1342 dirigea la défense de Hennebont-sur-Mer.

« L'esprit conquérant des femmes, écrit Marie-Madeleine Fourcade, j'excepte les amazones, ne s'est jamais spontanément manifesté. Mais tous les siècles ont vu des femmes au combat. Qu'elles aient eu à participer au siège des villes, ou à repousser en même temps que leur homme les envahisseurs, avec Hippolita Fioramenti qui commanda les troupes du duc de Milan en menant une formation de dames de haute lignée, ou les neuf mille Siennoises encadrées par leurs semblables contre Montluc, ou Betty Van Lew, dite Betty la Dingue, chef de réseau dans la guerre de Sécession, leur courage militaire n'a jamais fait défaut.

« [...] La Révolution de 1789 a mis en évidence leur volonté de ne pas être absentes du débat, bien qu'on les appelât les "tricoteuses", la terrible Charlotte Corday mise à part. »

N'oublions pas dans cette énumération Théroigne de Méricourt, meneuse de femmes lors de la marche sur Versailles, ou Louise Michel sans qui les combattants de la Commune auraient eu moins de cœur au ventre. La guerre de 1914-1918 a aussi ses figures de proue, Louise de Bettignies, qui fut un modèle pour toutes les combattantes, Emilienne Moreau, décorée de la croix de guerre alors qu'elle n'a pas dix-huit ans.

Mais autant il est aisé de citer des noms, car ils sont peu nombreux, avant la Seconde Guerre mondiale, autant cela devient impossible après, car on ne peut nommer toute une armée. Nous en trouverons un bon nombre dans cet ouvrage. Ce n'est qu'un début. Il y en a d'autres, beaucoup d'autres, de quoi constituer un véritable bottin de la guerre au féminin !..

Jamais les femmes n'avaient été autant concernées qu'entre 1939 et 1945. Ce fait nouveau dans l'Histoire devait être explicité par les propres actrices de ce phénomène sociologique, pendant qu'il en était encore temps.

Un double objectif a été poursuivi, pour la version télévisuelle comme pour l'ouvrage littéraire. D'une part, j'ai voulu rendre hommage aux femmes de cette génération de la presque moitié du XXᵉ siècle, dont l'action, le courage et l'ingéniosité durant les années noires n'ont pas été assez soulignés. Leur comportement a donné un coup de pouce à l'émancipation féminine et offre aux générations futures un exemple à méditer.

D'autre part, j'ai fait l'effort de repousser les frontières de France jusqu'à celles de l'Europe, dans lesquelles nous devrons bientôt tous nous inscrire. Comparer les comportements selon les peuples, selon les situations politiques et économiques des pays, fut un exercice enrichissant et qui permet de mieux se situer. Certes, le conflit fut mondial. Il concerna aussi les Japonaises d'Hiroshima, les épouses américaines des marins de Pearl Harbor, les Chinoises, les Arabes ou les Africaines. Un élargissement du sujet à l'échelle planétaire (qui fut celle de la 2ᵉ guerre mondiale) reste une aventure à tenter.

REMERCIEMENTS

Ce livre étant l'émanation d'une œuvre de télévision, il doit en partie son existence à ceux et celles qui ont soutenu le projet, participé à sa production, aidé à sa réalisation.

Mes remerciements sont adressés à :
Bernard Faivre d'Arcier, président de la SEPT (Société d'éditions de programmes de télévision), à ses successeurs, Georges Duby et Jean-Loup Arnaud, ainsi que Thierry Garrel, responsable du département des documentaires,
Jacques Pomonti et Michel Berthot, président et directeur de l'INA (Institut National de l'Audiovisuel), Janine Langlois-Glandier qui leur a succédé, Jean Chérasse, conseiller de programmes à la présidence de l'INA.
Dominique Veillon, ingénieur de recherches à l'IHTP (Institut d'histoire du temps présent, dépendant du CNRS) et conseillère historique de *Femmes dans la guerre*.
Jean-Claude Patrice, producteur délégué, et Romaine Legargeant, directrice de production.
Sylvia Van der Stegen, pour les témoignages anglais,
Hermine Schick, pour les témoignages allemands,
Predrag Golubovic, pour les témoignages yougoslaves,
Monique Goncharencko, pour les témoignages soviétiques,
Constantin Jelinski, pour le témoignage polonais.

Première partie

Femmes sous les bombes
ou
Le temps de la violence

CHAPITRE PREMIER

L'EXODE... OU LA PEUR DES BOMBES

C'est l'invasion de la Pologne, le 1er septembre 1939, par les armées du IIIe Reich qui marque le début de la Seconde Guerre mondiale en ce qui concerne l'Europe. Il n'a fallu qu'une semaine pour réduire à merci ce pays si souvent agressé, objet des convoitises soviétiques et germaniques.

Six mois plus tard, les pays du nord de l'Europe succombent à leur tour sous la puissance de feu des nazis. Rotterdam sera rayée de la carte en une nuit! La Belgique est envahie en mai 1940, et aussitôt annexée. La violence des bombardements est telle que les populations effrayées se précipitent sur les routes qui descendent vers le sud. Régine Beer, qui habitait à Anvers, a regardé partir les siens:

« Tout le monde partait, dit-elle, la panique s'emparait des gens. Les femmes ne prenaient même pas le temps de chausser leurs gosses pour une longue marche. Dans ma famille, on n'a pas pu courir l'aventure. Il fallait avoir de l'argent pour partir, pour se nourrir et se loger en route. Nous, nous n'avions plus un sou, mon père se mourait. Nous sommes restés.

Sur les routes de France

Le nord de la France fut la première région à évacuer massivement une fois les Ardennes enfoncées. Tous ne sont pas partis cependant, les uns parce que trop attachés à leur maison qu'ils n'avaient jamais quittée, les autres parce qu'inconscients du danger, ou encore fatalistes. On pouvait aussi bien mourir sous son toit que sur les routes! C'est le raisonnement que se tenait Marguerite Becart dans le village de Saint-Aubert, non loin de Cambrai, où elle habitait. Mère d'un bébé de six mois, ayant à sa charge un vieux père handicapé, le mari se trouvant à la guerre, elle hésitait:

« Beaucoup étaient partis. Nous on restait. Pourtant, quand on a entendu le canon au loin, ma belle-mère est venue me trouver, un peu affolée. "Il faut nous préparer Marguerite", a-t-elle dit. J'ai bourré le fond de ma voiture d'enfant de boîtes de lait Nestlé. Mon père a rempli une petite valise de cigarettes et on s'est mis en route. On n'a pas été loin. Au bout de la rue, il y avait un rassemblement et quelqu'un a dit: "Ce n'est pas la peine de partir, les Allemands sont à quelques kilomètres d'ici." On a été dirigé vers une grande maison et on s'y est entassé. On était une trentaine, tous assez angoissés, mais silencieux et comme léthargiques. On a passé la nuit là. On entendait le canon qui se rapprochait. Et au petit matin, on a entendu le bruit des bottes sur les pavés du Nord. C'était très impressionnant. On était glacé jusqu'à l'os. Cette armée-là n'a fait que passer. On est retourné chez nous. J'ai probablement accompli l'exode le plus court qui soit! »

Les chiffres, établis plus tard, font état de 6 millions de personnes sillonnant les routes de France durant le printemps et l'été 1940. Ce sont les femmes et les enfants qui constituent le gros de ces pitoyables cohortes. Le phénomène de l'exode est à majorité féminine. Femmes de tous âges, depuis la grand-mère jusqu'à l'adolescente, en passant par la fiancée, la jeune mère et la femme enceinte. Anne-Marie Raimond portait un enfant dans ses flancs lorsqu'elle s'est lancée sur les routes. Elle eut la chance d'être accompagnée par son mari:

« Je tenais beaucoup à avoir cet enfant, dit-elle. Il fallait éviter les chocs ; or, l'exode c'est quelque chose de violent. C'est une vaste bousculade. Au lieu de se plaquer au sol quand un mitraillage s'annonçait, nous nous précipitions sur les arbres, mon mari et moi, et nous les enserrions de nos bras, comme pour nous fondre dans leur écorce. Il fallait ne pas être vus. Heureusement, c'était le mois de juin, les arbres avaient des feuilles, et effectivement nous n'avons pas été repérés. Mais j'ai vu des choses atroces autour de moi, un homme qui a assisté à la mort de sa femme et de son enfant, à quelques mètres de lui. C'était affreux, inimaginable !... Nous avons eu un long exode, puisque partis de Paris, nous avons gagné Montpellier, souvent à pied, parfois en train, ou grâce à des véhicules de fortune. La faim a commencé à nous tenailler. Nous avions épuisé nos provisions. Mon mari a réussi à mettre la main sur des boîtes d'anchois, je ne sais comment, et nous les avons dévorés, sans penser à la suite, c'est-à-dire à la soif ardente qui allait nous tenailler. On ne trouvait rien pour se désaltérer. Je me souviendrai de cette soif toute ma vie... J'ai aussi un souvenir de pêches. Nous en avons trouvé de pleins cageots sur un train de marchandises qui n'était pas parti. Pour des gens affamés et assoiffés, c'était une providence ! La mémoire retient parfois des détails un peu saugrenus et elle oublie, elle évacue volontiers les moments affreux. »

Madeleine Riffaud est une lycéenne de quinze ans quand sa famille plie bagages dans le nord de la France tandis qu'on annonce des bombardements imminents. Elle va devenir une héroïne de la Résistance que nous retrouverons plus loin dans ce livre. Les événements sont gravés dans sa mémoire jusque dans les dialogues échangés :

« Mon grand-père a dit : "Comment, il faut laisser tout ça !" et il montrait les rosiers qu'il avait plantés, le jardin, le petit chat. Ma mère lui a répondu : "Oui, partons ; nous recommencerons tout un jour ou l'autre."

« Mais mon grand-père ne voulait pas partir. Il avait déjà l'âme d'un franc-tireur. Et moi, toute môme, je lui donnais raison. On ne s'en va pas devant l'ennemi ! Je lui donnais raison, mais je n'avais vraiment pas droit à la parole. Alors, on est parti. C'était l'été. Le beau mois de mai de l'année 1940. Les lilas et les roses n'avaient jamais été si beaux. Le ciel était bleu "d'un bleu à n'y pas croire" comme disait Aragon. Au début, on avait l'impression de partir en vacances. Mais, après... oui, après... Je revois encore l'arrivée des premiers avions dans le ciel, c'était des Stukas je crois. Je me disais : ils ne vont pas piquer. Nous sommes des pauvres gens, nous n'avons pas d'armes. Mais ils ont piqué, encore, et encore. Et je me suis retrouvée dans un fossé, mon grand-père couché sur moi. Et quand nous nous sommes relevés, il y avait du sang partout. Nous n'avons rien eu nous-mêmes. Ce jour-là, cette première fois-là, j'ai vraiment compris devant l'invasion nazie ce que c'était que l'exode et j'ai su que ça n'allait pas être drôle. »

Plus jeune encore que Madeleine Riffaud était Maroussia Melnick, une petite fille toute blonde dont les parents avaient émigré d'Ukraine quelques années auparavant et qui devait devenir, bien des années plus tard, la secrétaire particulière de Pierre Mendès France.

« Pour moi, dit-elle, l'exode est lié à l'histoire de mon chien, Bob. Quand il a été question de partir sur les routes, je n'ai eu de cesse d'obtenir de mes parents la permission d'emmener mon chien. On venait de me le donner, c'était un petit bâtard blanc et noir, marrant comme tout et il me semblait que si je l'avais avec moi rien de grave ne pourrait arriver. Quitter la maison, ça m'était égal pourvu que mon petit Bob soit là. Mes parents ont refusé. "On ne peut pas s'encombrer d'une si petite bête," disaient-ils. J'ai trépigné, pleuré, et ils ont cédé. Je suis partie avec le chien dans les bras, car il était trop jeune pour suivre derrière moi. Aux étapes, le chien était turbulent et faisait des siennes. Les gens râlaient, je n'étais pas bien vue avec mon chien. Pourtant, certains trimbalaient leur cage de serins ou de perruches, ce n'était pas mieux. Un jour, nous avons eu un raid au-dessus de notre cortège. Le chien, à ce moment-là, avait disparu. Et tandis que tout le monde se plaquait au sol, moi je courais partout en appelant mon chien. Mon grand-père me criait de revenir. Je ne voulais rien entendre, seulement retrouver Bob. Je ne comprenais pas ce qui nous arrivait. Je ne savais même pas ce que c'était que la mort. Je ne l'ai su qu'un peu plus tard. Ce jour-là, le mitraillage ne nous a pas atteints, une chance. Ni plus tard d'ailleurs, sinon je ne serais pas là. Un beau jour, nous sommes rentrés au bercail. Le chien avait grandi, il était presque adulte. Il s'est fait écraser quelque temps après sur la route par un camion. Comme quoi le destin est le destin ! Évidemment, quand j'ai vu le film *Jeux interdits*, je me suis complètement identifiée à l'actrice Brigitte Fossey qui court sous les bombes pour rattraper son chien. On dirait que cette fiction a pris ses sources dans ma réalité à moi. »

Micheline Eude, qui devait épouser quelques années après les événements le célèbre journaliste Georges Altman, affirme que « les enfants très jeunes n'avaient pas conscience du danger qu'ils couraient et considéraient l'exode comme une sorte de randonnée pittoresque et chahuteuse ». Elle n'a que dix-huit ans quand elle quitte l'Alsace pour échapper à l'emprise allemande.

« On est parti en voiture comme on était, c'est-à-dire en tenue d'été. On n'avait pas imaginé que ce serait l'hiver quand on arriverait et qu'on ne pourrait pas se procurer des vêtements chauds. On s'est bientôt retrouvé au milieu d'une cohue de gens qui trimbalaient tout et n'importe quoi, qui poussaient de vieilles carrioles, des tombereaux tirés par des chevaux de trait, des remorques à bras, etc. Les voitures à essence étaient les moins nombreuses, et pour cause. Très vite, on n'a plus trouvé d'essence. Les villages que nous traversions s'étaient vidés de leurs habitants, les commerçants fermaient les uns après les autres. Tous fuyaient devant l'avance des troupes allemandes. La nuit, on dormait dans des granges. On cherchait des puits pour prendre de l'eau et pouvoir boire. Mais même les puits semblaient taris. On avait une impression de fin du monde. Six mois plus tôt, on était entré en guerre, et voilà que le pays semblait exsangue. Il fallait vraiment se servir de toute son astuce pour subsister. Je n'ai pas vu de spectacles de violence extrême. Ces gens étaient surtout abattus. La demande d'armistice avait soulagé la plupart, mais certains s'indignaient de ce qu'on n'ait pas davantage résisté. Pour moi l'exode, c'est un souvenir de grande tristesse. Nous avons vécu un morne exode. »

La tristesse, la terreur, la faim, la soif, la révolte, le fatalisme, tels sont les sensations et sentiments qui émergent de la mémoire féminine de cette époque. Le vécu varie au gré des caractères et au hasard des expériences. Ainsi, entre le premier témoin de cette série pour qui l'exode s'est limité à se rendre au bout de la rue, dans un petit village du Nord, et Régine Deforges qui raconte avec beaucoup de véracité le passage de la ville d'Orléans par les convois de l'exode qui descendaient vers le sud, il y a un abîme. Voici ce qu'elle écrit dans *la Bicyclette bleue*[1] :

« Une grosse camionnette, bourrée d'archives, sur le toit de laquelle s'étaient hissés des gamins, s'arrêta. Elle fumait de toutes parts et refusa de repartir. Des cris, des jurons s'élevèrent. Par chance, une haute porte cochère s'ouvrait sous laquelle des volontaires la poussèrent. Ce fut à ce moment là que les avions réapparurent, volant très bas. Hurlante, la foule tentait de s'arracher de ce piège de l'étroite rue. "Avancez... poussez-vous... Laissez-moi passer... ôte-toi de là, salope... Ordure... attention aux enfants, papa, maman..." Là-haut, les aviateurs s'en donnaient à cœur joie. Ils faisaient des loopings, volaient sur le dos, revenaient, lâchant au passage leur ration de mort. Ça tombait dru rue Royale, rue de Bourgogne, place Sainte-Croix, dans la Loire. A deux pas, rue du Cheval-Rouge, un convoi d'artillerie était anéanti. Les assassins du ciel faisaient du bon travail.

« Un adolescent, le bras **arraché**, rebondit sur le capot d'une voiture, éclaboussant **de son** sang le pare-brise. Cinq ou six personnes tombèrent, fauchées par les balles des mitrailleuses. L'une d'elles, ventre ouvert, regardait avec surprise ses intestins répandus sur ses cuisses... Une voiture s'enflamma brusquement. Les occupants, vêtements et cheveux en flammes, sortirent en criant. L'un d'eux fut renversé et écrasé par un cheval fou, qui traînait derrière lui une charrette broyant tout sur son passage... Le choc des balles projeta violemment Josette en arrière. Elle tomba, bras en croix, la jupe relevée. Léa sortit à son tour de la voiture, courut vers elle. Les yeux grands ouverts, Josette lui souriait, comme si au moment de mourir toute peur l'avait abandon-

---

1. Editions Ramsay.

née. Doucement, elle lui ferma les yeux. Puis traînant le corps pour lui éviter d'être à nouveau touché ou écrasé, Léa s'assit contre une porte cochère.

« Les sirènes ne sonnèrent pas la fin de l'alerte, car il n'y avait plus personne pour les faire fonctionner. Peu à peu, les survivants se relevaient et regardaient, hébétés, le terrible spectacle : ce n'était que carcasses de voitures, de landaus, vélos tordus ou calcinés, corps mutilés ou brûlés, enfants errants que la terreur rendait muets, mères se déchirant le visage en hurlant, hommes étreignant une épouse ou une mère morte. »

La fiction dépasse-t-elle la réalité ? Selon plusieurs Orléanaises qui ont vécu cet épisode, la romancière n'a nullement exagéré.

Beaucoup de Françaises ont essayé de faire l'exode en train. Ce n'était guère plus aisé à en croire la description que fait de son voyage Paris-Nevers en juin 1940, Mireille Albrecht :

« Nous nous arrêtions constamment dans des petites gares en rase campagne pour laisser passer les trains de troupe. Les conversations n'étaient pas encourageantes ; chacun y allait de son couplet d'horreurs que les Allemands faisaient subir aux habitants des villes occupées, pillages des maisons, viols, petits enfants à qui ils coupaient les mains, avec un luxe de détails étonnant. Je n'arrivais pas à y croire, cela me faisait penser à des livres dans lesquels on décrivait l'invasion des Huns.

« Aux arrêts, tout le monde tendait l'oreille, car il n'était pas exclu que les avions viennent nous mitrailler. Les passagers du couloir, dont j'étais, avaient fini par s'asseoir par terre, imbriqués les uns dans les autres en quinconce. Nous étions coincés par les valises, les masques à gaz et les ballots divers. Il y avait aussi des chiens gémissants quoique résignés, couchés parmi nous, et des chats dans des paniers que l'on se gardait bien d'ouvrir malgré les cris déchirants. Il faisait tellement chaud que certaines dames s'étaient mises en combinaison après des excuses inutiles, puisque tout le monde disait : "Ah ben, à la guerre comme à la guerre !"

« Il n'était pas question d'aller aux toilettes car elles étaient occupées par des voyageurs assis à plusieurs sur la lunette et qui n'auraient pas lâché leur place pour un lingot d'or. Si bien que lorsque nous nous arrêtions, ceux qui avaient des besoins pressants sortaient par les fenêtres aidés par quelques grands types costauds, à grands renforts de rires et de oh-hisse. Comme il était imprudent de trop s'éloigner du train qui pouvait repartir à n'importe quel moment, il y avait une longue file de gens faisant pipi tout au long des wagons, des dames accroupies, leur jupe en corolle, les hommes debout. La pudeur n'était plus de mise en ces temps troublés. »

Sur les routes d'Allemagne par −25°

Cinq ans après, les Allemands qui avaient fait fuir les Français, les Belges, les Hollandais de leurs foyers, allaient vivre à leur tour un terrible exode. Devant l'invasion des Alliés, près de 8 millions d'individus s'entassent sur les routes et fuient. Là encore, ce sont des femmes en majorité, car l'Allemagne a réquisitionné en 1944 tout ce qui porte pantalon, depuis les adolescents jusqu'aux vieillards encore valides. Pour les Allemandes, la surprise est totale et la déconvenue à la mesure de cette surprise. Jusqu'à la dernière minute, elles ont cru à la victoire. On attendait l'« arme secrète ». Elle devait rétablir la situation d'un seul coup. La radio et la presse avaient tenu des discours roboratifs jusqu'à la dernière minute. Les défaites qui s'accumulaient étaient passées sous silence. On sentait, certes, que ça n'allait plus aussi bien que dans les premiers temps, mais la propagande du Reich continuait son bourrage de crâne. C'est donc dans la stupeur que les femmes allemandes apprirent la défaite de leur pays. Il y eut de nombreux suicides ; certaines, hébétées, se sont terrées dans leur cave. D'autres se sont lancées sur les routes où un ennemi aussi impitoyable les attendait : le froid. L'hiver 1944-1945 fut l'un des plus durs que l'Europe ait connu.

« Les vieilles femmes mouraient comme des mouches, raconte Maria Schneider, une infirmière. On les voyait s'arrêter sur le bord de la route et puis s'effondrer. Le givre les enveloppait aussitôt d'un linceul gris. J'en ai vu des centaines abandonnées dans les fossés. Les autres avaient poursuivi leur chemin. La température devait voisiner les moins 25°. Tout ce qui était faible ou vieux crevait après quelques kilomètres et s'offrait ainsi au regard des prisonniers de guerre, les Français surtout, qui regagnaient leur pays, et quelque part, se sentaient vengés de tout ce qu'on venait de leur faire subir. »

Anita Sellenshol était communiste, résistante, poursuivie par la Gestapo, et de surcroît, enceinte de six mois. Elle ne savait pas trop ce qu'elle fuyait le plus quand elle a pris la route :

« Nous avons entassé un peu de linge dans la précipitation sur une carriole prêtée par un oncle et nous sommes partis. Nous quittions Hambourg qui venait d'être bombardé une nouvelle fois et nous marchions vers le sud. La ville était en feu ; un gros nuage de fumée noire qui planait sur la ville nous a tenu compagnie pendant un moment, créant une illusion de nuit noire. J'emportais dans mes yeux le souvenir de ces gens, atteints par le napalm, on plutôt les bombes au phosphore, et transformés en torches vivantes. Ils avaient beau se rouler dans l'eau des caniveaux, ils continuaient de brûler.

« Bientôt, nous avons dû abandonner la carriole car le cheval faiblissait et nous n'avions plus d'avoine. Nous sommes allés nous réfugier dans une petite gare de campagne, espérant vaguement un train qui n'est jamais passé. Plus tard, on est arrivé dans une petite ville qui n'était plus qu'un tas de ruines fumantes. Les gens criaient, pleuraient, se bousculaient dans le désespoir et la fureur. Il y avait des avis de recherche sur les murs. Les familles s'étaient dispersées dans cette panique générale. Moi, j'avais perdu en route ma grand-mère et ma cousine. J'ai fabriqué un écriteau, moi aussi, espérant qu'on se retrouverait de cette manière. Le pire, c'est que j'allais accoucher d'un instant à l'autre. Mon obsession était de trouver un hôpital, mais les hôpitaux étaient vides, les médecins envoyés au front et les sages-femmes volatilisées, parties sur les routes, elles aussi. »

Brigitte Reithmüller habitait du côté de Nuremberg. Elle avait été responsable d'une section de « Jeunesse hitlérienne ». C'est dire que jusqu'à la dernière minute elle a cru à l'invincibilité de son Führer. Elle n'a vraiment réalisé la défaite que lorsqu'un commando de soldats français vint frapper à sa porte.

« Ils m'ont dit : "Allez ouste, dehors ! c'est bien comme ça que vous avez fait chez nous." J'ai compris alors que nous avions tout perdu, que nous n'avions plus d'avenir. J'ai pris mes deux enfants et nous sommes partis à travers les rues. Il y avait des "chasseurs" russes qui nous tiraient comme des lapins. »

Le récit de Charlotte Treuman qui habitait Francfort est dantesque. Demi-juive, son mari en camp de concentration, sa fille évadée d'un camp de « demi-juifs au premier degré », elle fuyait la Gestapo à laquelle elle avait réussi à échapper pendant toute la guerre, et la fureur des bombardements.

« C'était une cohue indescriptible, raconte-t-elle. Les gens se marchaient dessus les uns les autres. Il neigeait sans discontinuer. Nous avions des pèlerines toutes blanches et nous ressemblions à une armée de fantômes. Les hommes avaient des glaçons qui pendaient à leurs moustaches. Beaucoup tombaient sur les bas-côtés de la route et personne ne se baissait pour les relever. Parfois, on forçait la porte d'une maison vide et on se serrait les uns contre les autres pour faire une provision de chaleur et échapper quelque temps à la neige qui nous aveuglait. Mais il fallait repartir, en protégeant bien ses provisions quand on en avait car on risquait de se les faire voler. Nous étions devenus une horde de loups. »

Les Londoniennes refusent la fuite

Si l'on en croit les Anglaises — et pourquoi ne pas les croire quand les témoignages concordent ? — la population de Londres est restée debout sous les bombardements. Seuls les enfants ont été évacués. La capitale a cependant été pilonnée sans relâche pendant les 21 jours du Blitz, en septembre 1940. 7 000 tonnes de bombes ont été déversées par les bombardiers allemands, autant pour décimer la popu lation que pour la démoraliser et réduire à néant ses capacités de résistance. En fait, si 2 000 000 de maisons se sont écroulées, il n'y a eu que 12 000 morts (si l'on peut dire !), ce qui est peu par rapport à l'énormité des moyens de destruction employés.

C'est que Londres a su immédiatement riposter en construisant des abris, individuels dans les banlieues, collectifs en ville. Les caves des hôtels et de tous les lieux publics ont été équipées en abris, et tous les souterrains réquisitionnés, surtout ceux du métro. On pouvait s'y retrancher à tout instant. Des services d'assistance à personnes en détresse se sont immédiatement organisés parmi lesquels la Red Cross, la Croix-Rouge britannique, ne fut pas la moins efficace. Dame Ann Bryans occupait, à ce moment, un poste de direction dans cette honorable institution et répartissait ses équipes sur les points chauds de la capitale. Le soir, elle allait visiter les abris.

« Le plus émouvant, raconte-t-elle, c'était ces gens qui vivaient sous terre et qui se demandaient à chaque instant s'ils allaient retrouver leur maison debout en remontant de l'abri. Il fallait les renseigner et les réconforter. Mais dans l'ensemble, les réfugiés faisaient contre mauvaise fortune bon cœur. Les hommes jouaient aux cartes, les femmes tricotaient ou dorlotaient leur bébé. »

Les Anglaises ont mis un point d'honneur à affronter dans le calme, le flegme, voire même l'humour, le déluge de feu qui s'abattait sur leur capitale. Stella Willmott raconte que même sous les bombes elle n'a jamais dérogé au sacro-saint rituel du *five o'clock*. Le thé était servi à cinq heures avec ses petits biscuits, dans des tasses fines avec soucoupes, s'il vous plaît !

Stella Willmott était une simple mère de famille. Elle a eu quatre enfants. Son cadet est né au milieu des gravats, juste après un des premiers bombardements sur Londres. Elle habitait une petite maison au bord de la Tamise, un coin très exposé qu'on appelait l'« allée des bombes ». Les eaux noires et scintillantes de la Tamise se repéraient facilement la nuit du haut des bombardiers. Les larguages de bombes, en chutes groupées, y ont été nombreux. L'endroit est paraît-il encore truffé d'éclats métalliques.

« Je n'ai jamais voulu quitter ma maison, dit-elle. Je savais que je risquais gros. Mais je ne voyais pas où j'aurais pu être mieux que sous mon toit, avec mon jardin, mes arbres fruitiers, mon poulailler qui nous fournissait de la viande et des œufs. Le danger était partout. Il fallait croire dur comme fer à sa bonne étoile. J'avais un nouveau-né sur les bras, une fillette de 5 ans. On m'a proposé plusieurs fois de les évacuer vers la campagne, et même de les accompagner. Je n'ai pas voulu. Je me suis promis de les protéger, de tenir bon. Nous sommes passés à travers les gouttes. »

Le cas de Stella Willmott n'est pas le plus courant. L'automne 1940 a vu se produire un véritable exode de bambins et d'adolescents, évacués par trains ou par cars entiers, et placés dans des familles à la campagne, loin de la capitale et des grandes villes industrielles. Dame Ann Bryans était aussi une jeune mère à ce moment-là :

« Mon fils a été placé dans une famille au pays de Galles. Ça s'est très bien passé, ils ont été très heureux ensemble. De le savoir en sécurité m'a donné le courage nécessaire pour accomplir ma mission d'assistance et de secours à la Croix-Rouge. Si j'ai souffert de la séparation ? Bien sûr, mais je ne tiens pas à m'étendre là-dessus. »

Même état d'esprit chez Yvonne Cormeau qui deviendra agent secret du SOE, sera parachutée en France, accomplira une centaine de missions et recevra à la fin de la guerre les médailles les plus honorifiques.

« Quand j'ai constaté l'horreur des attaques sur la population, j'ai compris que je devais mettre mon enfant à l'abri. Dès que ça a été fait, je me suis retrouvée seule à Londres. Mon mari venait d'être tué en mission. Je n'avais rien d'autre à faire que prendre sa relève. Et j'ai essayé de le remplacer. »

CHAPITRE II

LA MORT VENAIT DU CIEL

Aucun pays d'Europe n'a échappé au pilonnage des bombardiers allemands, plus tard anglo-américains et soviétiques. Tant et si bien que le bilan humain de la Seconde Guerre mondiale, qui est d'environ 50 millions de morts, concerne davantage les civils que les militaires. C'est particulièrement vrai pour l'Union soviétique : 20 millions de morts, deux fois plus de civils que de militaires !

La deuxième vie souterraine des Anglaises

Hitler l'avait promis : l'Angleterre, comme Carthage, devait être détruite. Le pays a été pilonné sans relâche, à deux reprises, en 1940 et 1944. Ce fut le Blitzkrieg, la guerre-éclair, aveugle et meurtrière. Quel souvenir en ont les Anglaises ? Un certain flegme les avait saisies. Elles ne signalent aucune panique dans le pays, et pour ainsi dire pas d'exode. D'ailleurs, la reine Mary est restée dans son palais de Buckingham, tandis que sa fille, la princesse Elisabeth, rendait des services à la Croix-Rouge.

Quant à Stella Willmott, alors jeune mère de famille, de milieu très modeste, cela ne l'empêchait pas d'aller danser :

« Une nuit, j'étais allée danser avec mon frère. Mon mari

était resté à la maison pour garder les enfants. Or, cette nuit-là a été ce qu'on a appelé plus tard la "nuit des mines". Quand je suis rentrée, vers minuit, j'ai à peine reconnu ma maison. Elle tenait toujours debout, mais il y avait de la terre jusqu'au premier étage. Les fenêtres avaient volé en éclats et il y avait des poulets morts, ceux de mon poulailler, dans tous les coins. On a pelleté pour dégager la porte, mon frère et moi. A l'intérieur, j'ai trouvé mes enfants cachés sous le lit et enveloppés dans des couvertures. Quant à mon mari, il était en train d'avoir une crise de nerfs. Je lui ai pardonné ce moment de faiblesse. Après tout, il y avait de quoi! Les bombes avaient dû tomber tout près. Je me souviens qu'après cette "nuit des mines", nous avons mangé beaucoup de poulets! C'était un temps où on ne laissait rien perdre! »

Cette jeune femme, devenue une grande-mère épanouie, n'a jamais quitté Londres durant toute la guerre. Aussi, lorsque les premiers V1 apparaissent dans le ciel, est-elle encore à sa fenêtre. Elle s'étonne de « leur forme qui n'est plus tout à fait celle d'une bombe, mais pas encore celle d'une fusée. On entendait un sifflement aigu et il fallait prier pour continuer d'entendre ce sifflement. Car si brusquement il cessait, cela voulait dire que la bombe volante était pour vous. Si ça continuait de siffler, ça voulait dire qu'elle serait pour quelqu'un d'autre, hélas! la vie est cruelle. Le pire dans tout ça, c'est que l'esprit humain s'adapte à tout, même au pire. »

L'Angleterre, elle, s'est adaptée aux bombardements massifs du Blitz en construisant des abris innombrables, susceptibles d'abriter toute la population. Après une alerte, il n'y avait plus un Anglais à la surface. Tout le monde descendait sous terre où s'organisait une deuxième vie, souterraine. Stella Willmott, notre témoin de base, continua d'envoyer ses enfants à l'école:

« Il y avait des abris partout, et tout le long du chemin de l'école. J'avais dressé les enfants à s'y précipiter dès qu'ils entendaient la sirène. En plus de cela, j'avais un abri privé dans le jardin, que nous avons occupé le moins possible car il était humide. C'est le gouvernement qui nous l'a construit. Tout le monde pouvait avoir le sien, s'il en faisait la demande. Le gouvernement avait prévu un système de dépannage pour les gens bombardés. Il faisait envoyer des équipes de réparation. Si les dégâts n'étaient pas trop graves, c'était réparé dans la journée et on pouvait regagner son logis. »

Le souvenir un peu idyllique de Stella Willmott est contrarié par certains documents d'archives, filmés à l'époque par les reporters des Actualités. De nombreux services d'entraide et de secours aux sinistrés avaient dû se mettre en place, aussi bien à Londres que dans les grandes villes de province. Des millions de maisons anglaises ont été détruites et réduites en cendres. Cela fit beaucoup de monde à la rue.

Pour faire face aux incendies et aux risques d'asphyxie nés des fumées, le gouvernement anglais fit distribuer des masques à gaz aux populations menacées. Il y eut des démonstrations et des exercices obligatoires de port du masque à gaz. Sur ce sujet, les souvenirs de Jeanne Bohec[1], jeune Française engagée dans "le Corps des volontaires", ne manquent pas de piquant:

« Un jour, grand exercice d'alerte aux gaz à Carlton Gardens. A une sonnerie donnée, nous devions tous au bureau mettre notre masque à gaz et ne pas le quitter pendant une heure tout en continuant notre travail. On nous avait même expliqué comment faire pour répondre au téléphone à travers cet horrible groin. Nous suivîmes d'abord les instructions, mais certains en eurent vite assez et retirèrent leur masque. Tout à coup le téléphone sonne. Pénélope, le visage à nu, répondit. C'était le lieutenant chargé de la Sécurité intérieure:

— Comment vous débrouillez-vous dans le bureau?

— Très bien, nous nous habituons, répondit-elle.

— Votre voix est bien claire pour quelqu'un qui parle à travers un masque.

— C'est que je suis douée!

« Dans le bureau, nous étions écroulées de rire. Un peu plus tard, le lieutenant vint se rendre compte par lui-même du bien-fondé des affirmations de Pénélope. Il nous trouva, bien entendu, travaillant consciencieusement, respirant difficilement à travers l'horrible masque, le temps de sa visite, en tout cas! Mais s'il n'y eut jamais d'alerte réelle aux gaz, les bombardements, eux, continuaient.

---

1. Publiés dans *la Plastiqueuse à bicyclette*, (Mercure de France).

« Je n'habitais pas à Hill Street même, mais dans une petite annexe, à quelques maisons plus loin. Pendant les alertes, la nuit, lorsque les bombes sifflaient autour de nous et que le canon tonnait, je me pelotonnais dans mon lit et m'efforçais de dormir en me faisant le raisonnement suivant : de deux choses l'une, ou bien à ton réveil, ce sera la fin de l'alerte et tout sera terminé pour cette fois, donc inutile de te faire du souci ; ou bien, une bombe t'est destinée et ce sera terminé également. Comme de toute façon, tu n'y peux rien, autant dormir en attendant !

« Et je m'endormais, à la grande réprobation de mes camarades de chambrée, qui elles n'avaient pas le sommeil aussi facile.

« J'eus la chance de ne jamais me trouver dans un bâtiment bombardé. Mais une de nos jeunes camarades, Malaroche, fut tuée lors du bombardement de notre caserne principale à Hill Street. Une nuit, pendant le bombardement, elle était descendue à la cuisine en sous-sol préparer du thé pour tout le monde. Une bombe, arrivant en biais, pénétra dans ce sous-sol et explosa, la tuant net. »

« Dans les abris, poursuit Stella Willmott, on se sentait plus en sécurité qu'ailleurs, mais on n'y était pas tranquille, surtout dans les abris privés. Je me souviens qu'une fois, je me suis vivement coupée à la jambe en sursautant, après la chute d'une bombe pas bien loin. On était très conscient de ce qui se passait dehors, on entendait, on sentait, on devinait. C'était une sensation très particulière. Ne voyant rien, on savait si cela se passait près, loin, pas très loin. Les canons faisaient feu sur toute la ligne. Ils étaient d'abord au loin, puis plus près et le bruit devenait de plus en plus fort. On savait quand le quartier commençait à être touché, et puis ça continuait, ça partait plus loin. C'était presque comme sur une ligne de chemin de fer avec des points de tir. Cela dit, j'ai même vu ce qui se passait dehors. Nous habitions dans un coin près de la Tamise qui s'est appelé l'allée des Bombes. J'ai vu des combats à la mitrailleuse en l'air. J'ai vu nos gars repousser une formation de bombardiers allemands. Nos gars étaient dans des Spitfire. C'était absolument fantastique à voir la manière dont ça se passait, ces combats ! C'était en plein jour. Ils ressemblaient à des poissons d'argent dans le

ciel, quand le soleil brillait. C'était très beau... et très dangereux, car certains avions prenaient feu et allaient s'écraser je
ne sais où... C'était du grand spectacle. Aujourd'hui, les gens
paient pour aller voir ça au cinéma, mais ça ne vaut pas le
spectacle en dimensions réelles. »

La France dans les abris

En France, la peur des bombes a généré la multiplication
des abris en tout genre. A Paris, les couloirs du métro ont
abrité beaucoup de monde, quoique d'une manière moins
systématique et moins organisée qu'à Londres. La ville a été
beaucoup moins bombardée. Le métro n'a jamais cessé
d'acheminer ses passagers d'un point à un autre, mais les
parcours se révélaient parfois aléatoires. Anne-Marie Raimond s'en souvient très bien :
« Je m'étais procuré une lampe de poche, ce qui n'était pas
évident à l'époque. Lorsqu'il y avait des alertes, les lumières
s'éteignaient, le noir se faisait et les wagons s'arrêtaient. On
ne savait jamais s'ils allaient repartir. Alors j'emmenais toujours un bouquin pour lire, ou un tricot. Toutes les femmes
tricotaient dans le métro. Et puis on attendait que ça se passe,
avec l'angoisse qui nous serrait le cœur. »

A la campagne, chacun avait son abri dans le jardin, même
dans les lieux les plus reculés. Marguerite Bécart habitait le
petit village rural de Boussières, dans le nord de la France,
quand en 1945 la région fut de nouveau pilonnée.
« Mon mari, rentré de captivité comme grand malade,
avait construit un abri. Avec des copains, il a creusé un grand
trou et recouvert le tout avec des tôles et des plaques d'herbe.
On ne voyait rien du dessus. J'avais aménagé l'intérieur. Il y
avait une banquette et des couvertures. Dans des niches, j'ai
entassé quelques produits alimentaires, boîtes de conserve,
confitures, biscuits secs. Ma fille aimait beaucoup cet endroit, où elle allait s'amuser. Nous ne nous en sommes jamais
servi. Ce n'était pas bien solide et si une bombe était tombée
dessus, nous aurions été réduits en bouillie. Pourtant ce
n'était pas inutile. Des fermiers du coin n'avaient pas cru bon

d'en construire un. Leur ferme a été bombardée. La famille comptait une quinzaine de personnes. Ils ont tous été tués. On a retrouvé tous les corps, sauf celui de la grand-mère. On ne l'a jamais retrouvé. Volatilisé !

« Au début de la guerre, il n'y avait pas d'abris. Dans la région du Nord, les caves possèdent des "boves". Ce sont des niches creusées dans les murs de fondation des caves. On y stocke la récolte de pommes de terre pour l'hiver. On ne peut y tenir qu'accroupi. Je me souviens que lors d'une alerte, on est allé se cacher là-dedans, moi, ma fillette et ma belle-mère. Mais si la bombe était tombée sur la maison, je ne sais comment nous aurions fait pour nous extraire de là. On cherchait l'abri par tous les moyens, mais aucun abri n'était sûr à cent pour cent. En ce temps-là, c'était la fatalité qui décidait. J'ai un oncle qui se trouvait sous les bombardements de Cambrai. Du village où j'étais, on voyait les bombes pleuvoir sur la ville. Avec les rayons de soleil, ça brillait comme des oiseaux d'argent. Cet oncle décida de venir nous rejoindre. Il a été tué sur la route qui le menait à notre village. »

« Nous étions à Vierzon depuis trois ou quatre jours, raconte Mireille Albrecht, lorsqu'un matin nous fûmes surprises par un bombardement très violent, sans qu'il y ait eu d'alerte préalable. J'étais dans le cabinet de toilette, une bombe passa tellement près de la maison que le souffle fit pivoter sur elle-même une immense armoire à linge posée contre le mur. J'étais terrifiée parce que certaine qu'elle allait me tomber dessus et je ne pouvais rien y faire. Mais non, elle fit une rotation complète et se retrouva à sa place, comme si de rien n'était ! Ce fut une des choses les plus curieuses qu'il m'ait été donné de voir.

Mais il y en eut une autre : l'escalier qui accédait aux étages était surmonté d'une verrière qui s'effondra sur deux femmes qui descendaient à ce moment-là. L'une d'elles avait son bébé dans les bras, qui fut projeté par le souffle jusqu'en bas des marches et fut rattrapé, tel un ballon de foot, par une femme qui passait justement là. Ce sont des histoires à peine croyables et lorsqu'on les vit, on est comme dans un état second. »

Dans le livre qu'elle a consacré à sa mère, la grande résistante Berthie Albrecht, Mireille raconte comment la jeune fille qu'elle était a vécu les bombardements de Vierzon, à la fois dans la stupeur et l'inconscience. Tandis que le canon gronde, avec une amie, elle s'introduit dans un salon de coiffure déserté :

« La porte n'était pas fermée, et nous pouvions tout inspecter à loisir, shampooings, lotions, eaux de Cologne, fers à friser, teintures, rinçages, brosses, peignes en tout genre. Nous étions à la fête, enchantées de notre découverte, que nous avons mise à profit en nous servant de tout cet intéressant matériel pour nous laver les cheveux et faire des mises en plis ! Les obus tombaient de part et d'autre de la ville, les tirs de mitrailleuse quasi ininterrompus semblaient s'être rapprochés de notre quartier, mais nous n'en avions cure. Nous étions sur le point de nous faire une teinture, quand il n'y eut plus d'eau au robinet ; alors que nous étions sous les séchoirs, l'électricité manqua, ce qui nous obligea à sécher nos cheveux au soleil dans la cour. C'était idiot car il y tombait des éclats de projectiles divers. Mais nous étions totalement inconscientes d'un danger quelconque, tout à notre joie de jouer à la coiffeuse. »

Allemandes sous les bombes

Retour de bâton, les villes allemandes seront bombardées à partir de 1942 à un rythme assez sévère, jusqu'à l'assaut final des Américains en 1945 qui déverseront 100 000 tonnes de bombes, transformant le grand Reich en un vaste champ de ruines. Le pays devait être lui aussi truffé d'abris divers et les alertes précipiter les habitants vers ces refuges.

Nous avons rencontré une femme qui se trouvait à Berlin lorsque l'Armée rouge l'encercla, en 1945. Gerda Zorn, dix-huit ans à l'époque, ouvre des yeux horrifiés en évoquant les heures affreuses qu'elle a vécues :

« Je me trouvais devant une boutique ; je faisais la queue avec d'autres femmes. Soudain, l'information a circulé dans le groupe. Il y avait eu un message à la radio, annonçant que l'Armée rouge encerclait Berlin. D'un seul coup, il n'y a plus

eu personne dans la rue. Tout le monde s'est enfui et a
disparu. Je suis passée prendre ma mère à la maison et
ensemble nous avons couru vers le bunker qui nous avait déjà
servi d'abri. Mais il était bourré de gens et un garde était en
train de barricader la porte. Il a quand même laissé entrer ma
mère et il m'a dit d'essayer ailleurs. J'ai trouvé un vélo jeté
dans la rue et j'ai foncé jusque chez une amie qui avait une
grande cave. Celle-ci était déjà pleine de monde. Il y avait
surtout des femmes et quelques vieux qui n'étaient plus bons
à rien, assis par terre ou sur des bancs. A côté de moi, une
femme est venue s'asseoir, avec sa fille qui pouvait avoir dans
les dix ans. Elle a dit qu'elle se suiciderait lorsque les Russes
arriveraient. On n'a pas fait attention, on était tous terrorisés.
Quelques heures plus tard, on a entendu les Russes qui
marchaient dans la rue et effectivement cette femme s'est
suicidée. On ne saura jamais comment. On l'a retrouvée,
étalée par terre avec sa fille à côté d'elle. Mortes, toutes les
deux. »

Pays agresseur, l'Allemagne a payé le prix fort pour la
guerre qu'elle avait engendrée : près de 4 millions de morts,
sans parler de toute une génération traumatisée à vie par les
horreurs qu'elle a vécues.

CHAPITRE III

VIOLENCE ET MISÈRE DE L'OCCUPATION

Pour la majorité des femmes d'Europe qui traversèrent la Seconde Guerre mondiale, la première des violences qu'elles eurent à affronter fut la violence physique des bombardements. Le souvenir de celle-ci, dans de nombreux cas, est cependant moins vif que la violence morale que représentait l'occupation. Cohabiter avec son propre ennemi, subir sa loi en sachant que sa vie ne pèsera pas lourd en cas de rébellion, constater chaque jour que son sol et ses richesses ne vous appartiennent plus, vivre avec, mais contre l'occupant, tel fut le sort des femmes entre 1940 et 1945.

Le bruit des bottes

L'arrivée des troupes allemandes, bottées et casquées, marchant au pas de l'oie, premier signe visible et éloquent de l'occupation qui allait suivre, a frappé tous les esprits féminins, à quelque pays d'Europe qu'ils appartiennent. En Belgique flamande, Régine Beer, encore étudiante, se souvient très bien des débuts de l'occupation de son pays:

« On avait eu les bombardements, et puis un beau matin, on nous a dit: "Ça y est, ils sont là, ils sont arrivés". On n'arrivait pas à y croire. On les voyait enfin, mais il n'étaient pas comme on les avait imaginés à partir de récits que nous avaient fait des gens qui revenaient d'Allemagne. Ils étaient aimables, polis avec les vieillards, avec les femmes, avec les enfants. Du moins au début. Mais très vite on les reconnaissait. Ils apportaient leurs lois et notre vie changeait. »

« Ils disaient qu'on devait donner notre cuivre, tout ce qu'on avait en cuivre. C'était évidemment pour la guerre. Puis on devait donner nos vélos. Puis on devait donner nos radios. Et lorsqu'ils apprenaient qu'on n'avait pas tous donné nos radios, alors ils devenaient méchants. C'était ça leur fascisme. Peu à peu, on perdait tous nos droits. On n'avait plus le droit d'écouter la radio qu'on aimait. Il fallait seulement écouter la radio de Goebbels. Et si on était pris à écouter une radio comme par exemple la BBC, alors on pouvait être arrêté, emprisonné, voire même déporté, rien que pour avoir écouté une radio qui ne leur plaisait pas. »

En Norvège, l'indignation des femmes, dont l'esprit patriotique est très vif, se manifeste par un refus de seulement regarder l'occupant.

« On était fâché tout le temps, dit Lise Braënden (qui habitait Oslo à l'époque). Notre indignation n'avait pas de limites de les voir entrer dans le pays et de s'y installer comme s'ils étaient chez eux. » Les soldats allemands diront plus tard qu'ils se sont « ennuyés en Norvège, n'arrivant pas à capter l'attention des femmes du pays ».

Au Luxembourg, les Luxembourgeoises se sont fait remarquer par leur froideur. Elle était si hostile que les soldats allemands les appelaient « les femmes aux visages de pierre ». Quand Lili Unden évoque cette période, son fin visage de vieille dame auréolé de cheveux blancs se contracte sous l'effet d'une fureur qui remonte des tréfonds :

« Ils s'en sont pris à tout ce que nous aimions, y compris à notre amour pour la France. Il suffisait de montrer de la sympathie pour la France pour risquer la prison ou la déportation. Un de leurs premiers actes de répression fut d'arrêter tous ceux qui avaient des sympathies connues pour la France. C'est une des raisons pour lesquelles j'ai fait de la résistance. »

Le territoire envahi

En juin 1940, les Allemands entrent dans Paris, remontent les Champs-Élysées, passent sous l'Arc de Triomphe, devant quelques badauds effarés. La capitale s'est vidée de sa population, partie s'engouffrer sur les routes de l'exode. Une jeune femme se trouvait là, Brigitte Friang :
« J'en avais les larmes aux yeux, la gorge nouée. Même aujourd'hui quand il m'arrive de revoir ces images à l'occasion d'une rétrospective, ça y est, je me mets à pleurer... Oui, je les revois remontant les Champs-Élysées avec leur harnachement, leurs emblèmes, ces queues de cheval luisantes qui battaient sur les croupes... C'était affreux ! »
À Brest, une jeune chimiste, Jeanne Bohec, continue de travailler dans son laboratoire jusqu'à l'extrême limite.
« Quand on m'a dit que les Allemands arrivaient le lendemain, je me suis précipitée vers le port et j'ai pris le premier bateau qui a bien voulu de moi à bord. C'était une espèce de vieux rafiot qui transportait des marchandises vers l'Angleterre. C'est comme ça que je me suis retrouvée finalement dans le Corps des Volontaires féminines, pour ne pas voir les Boches entrer dans ma ville. »
À Lyon, quand les Allemands décident d'occuper la zone restée libre, jusqu'en 1942, les citadins se précipitent :
« Tout le monde est venu les regarder passer, raconte France Pejot. On voulait les voir, les toucher. Alors, ils sont comme ça ? C'est ça, les Allemands ! C'est fou, la curiosité. Moi, je me sentais profondément indignée. En vouloir à ces gens qui passaient ? C'étaient des soldats et ils étaient comme tous les soldats du monde, plutôt des victimes, des gens qui exécutaient les ordres, bon gré ou mal gré. »

La carte du front

Dans leurs foyers, les pauvres femmes écrasées sous la botte n'avaient pas grande latitude pour manifester leurs sentiments, qu'ils fussent de révolte, d'indignation ou de simple mécontentement. En France, elles trouvèrent un moyen bien anodin, du moins en apparence, de protester : la carte du front.

Dans presque toutes les familles, il y en eut une, qu'on accrocha dans la cuisine, ou bien dans l'entrée, du moins à partir de 1943 quand les choses commencèrent à aller mal pour les armées du Reich. Dans le nord de la France, Marguerite Bécart, qui venait de récupérer son mari prisonnier, en avait accroché une qu'il tenait à jour.

« Au début, raconte-t-elle, ils étaient polis. Ils étaient les vainqueurs et ils nous considéraient avec une certaine pitié, peut-être. Ils sont venus nous acheter des œufs, des bricoles qu'ils payaient rubis sur l'ongle. Un jour, ils sont venus examiner la maison et ont estimé qu'il y avait de la place à l'étage pour eux. Ils avaient l'intention d'occuper deux chambres effectivement vides. Ils n'ont jamais mis leur projet à exécution. Ça ne m'aurait pas plu de les avoir dans les jambes et je leur ai fait sentir comme je pouvais. Vers la fin de la guerre, ils sont devenus méchants et ils nous faisaient peur. Quand je les entendais arriver de leur pas lourd alors que j'étais en train d'écouter "Les Français parlent aux Français", je me précipitais pour tourner le bouton. On redoutait leurs réactions. Ils entraient chez vous à n'importe quelle heure du jour ou de la nuit. Ils se croyaient tout permis, leurs regards fouinaient dans les recoins de la maison. Mais quand ils apercevaient la carte du front avec ses petits drapeaux qui indiquaient l'avance des Alliés, ils se mettaient à jurer dans leur langue et on s'attendait au pire. Mais ils ne sont jamais allés jusqu'à la violence. On ne devait pas leur paraître très dangereux. »

Dans la région de Fontainebleau, Nathalie Lukowy dirige une entreprise maraîchère, en l'absence du patron fait prisonnier. Elle cherche à « embêter » les occupants et toutes les occasions lui sont bonnes.

« Un jour, raconte-t-elle, je les vois-t-y pas qui franchissent la queue des gens qui attendaient pour se faire servir en choux et pommes de terre, qui passent devant, et qui m'ordonnent de leur grosse voix de leur donner tout ce qui restait dans mes paniers. Je leur ai dit de faire la queue comme tout le monde tout en sachant qu'il en resterait plus quand ce serait leur tour. I-z-ont gueulé dans leur langue que je comprenais pas, mais ça devait pas être bien joli les mots dont y m'affublaient. I n'ont pas osé devant tout le monde se servir de force. I sont repartis furieux. »

« Nous avions au-dessus de notre appartement, raconte Mireille Albrecht[1], un officier allemand qui aurait pu servir pour une affiche représentant l'Aryen type : grand, viril, blond à souhait, des dents éclatantes. Sanglé dans son uniforme, il se pavanait dans le jardin devant nos fenêtres comme si le froid n'existait pas, un vrai superman ! Il cherchait toutes les occasions de nous parler, surgissant dans les escaliers dès qu'il entendait s'ouvrir la porte, guettant nos allées et venues, c'était très pénible. Et d'autant plus ennuyeux que les cabinets se trouvaient au fond du jardin. Comme par hasard, lorsque ma mère ou moi en revenait, il se trouvait sur le passage, essayant d'entrer en conversation. J'avais remarqué que tous les matins un sous-officier de ses amis montait dans sa chambre d'où ils redescendaient tous deux pour aller aux lieux d'aisances. Ils y restaient près d'une demi-heure et lorsque j'allais prendre de l'eau au puits, je pouvais les entendre rire bruyamment et parler. J'étais outrée, n'arrivant pas à comprendre comment on pouvait faire salon dans un endroit aussi répugnant qui sentait très mauvais malgré les litres de Crésyl qu'on y jetait. C'était la vraie latrine de campagne avec une banquette de bois percée de deux trous. Il fallait avoir du vice ou être particulièrement insensible pour y rester une seconde de plus que le strict nécessaire, surtout par le froid sibérien qu'il faisait. N'importe qui aurait attrapé une congestion pulmonaire, mais pas eux. On aurait dit au contraire que cela les fortifiait. »

« Un matin, alors que je sortais de nos distingués cabinets, l'officier me barra le passage et, la lippe mauvaise, me dit qu'il en avait assez, que nous étions volontairement désagréables et qu'il fallait que cela cesse. Pour la énième fois, j'entendis que la France était kaput, que c'était à cause de nos moins que rien de Daladier et Reynaud, mais que le Fürher allait nous aider à remonter la pente et que nous devions collaborer à l'effort allemand. Mais qu'il fallait auparavant se débarrasser des juifs et des nègres, des mauvaises gens qui coupaient les jambes des soldats allemands pas encore morts pour leur voler leurs bottes. Je ne sais pas ce qui m'a pris. J'ai profité d'un moment où il reprenait son souffle pour lui crier au visage que c'était bien dommage qu'il n'y ait pas plus de

---

1. Dans son livre « Berty » (Laffont).

juifs et de nègres pour couper les jambes des Allemands, car alors, il ne serait pas là pour nous emmerder !... Il est devenu tout blanc, et il est parti s'enfermer dans sa chambre en claquant la porte. Il ne nous a plus jamais adressé la parole, ce qui faisait bien mon affaire. Mais j'ai eu de la chance car ils pouvaient être mauvais et nous faire passer un sale quart d'heure. »

Lettres de délation

L'accès aux archives allemandes a permis de mettre au jour un trait du comportement des Françaises qui n'est certes pas à porter à leur crédit. Dans tous les pays occupés, le phénomène est d'ailleurs signalé. Beaucoup de femmes, en effet, ont profité des circonstances pour dénoncer des voisins, des parents, des ennemis avoués ou non, assurées qu'elle étaient de l'impunité puisque leurs lettres de dénonciation étaient anonymes. Dans son livre *Au bon beurre*, Jean Dutourd dépeint le cas d'une épicière (campée à la télévision par Andréa Ferréol) qui dénonce une de ses clientes avec qui elle s'est chicanée, ayant appris que son fils, prisonnier évadé, s'est réfugié chez elle. La fiction, on le sait, s'inspire de la réalité et ne la dépasse pas toujours.

Huguette Paumier a été indirectement victime d'une dénonciation de voisins. Elle habitait un village dans la région de Tours. Son mari, fait prisonnier, s'était évadé dès 1942. Conscient du fléau qui sévissait, il n'osait pas se présenter chez lui, sa situation étant illégale ; il craignait d'être dénoncé par quelque fâcheux du village habité par une vieille rancune, ou simplement zélé vis-à-vis de l'occupant. Il craignait même les indiscrétions du facteur et faisait partir ses lettres de Suisse afin de détourner les soupçons. Pendant plus de deux ans, il fut obligé de se tenir loin de chez lui et de ses deux enfants qu'il brûlait d'aller prendre dans ses bras. Il ne revit sa femme qu'en cachette, et encore, dans la foule anonyme de Paris. Dans cette famille, on avait craint pour le prisonnier, mais c'est sur son jeune frère que le malheur s'abattit. Résistant et communiste, il fut dénoncé à 17 ans. Qui a écrit la lettre aux autorités allemandes ? Huguette Paumier ne l'a jamais su.

« Un matin, à l'aube, raconte-t-elle, d'une voix étranglée, ils sont venus chercher le jeune homme chez nous. Il y avait un Allemand et un Français. Il était encore au lit. Ils l'ont forcé à se lever et à s'habiller. Ils l'ont emmené sans donner la moindre explication. On l'a jamais revu. On a appris plus tard qu'il avait été conduit à Compiègne et de là, emmené à Auschwitz, où il est mort. On ne saura jamais dans quelles abominables souffrances, mais on peut facilement les imaginer. »

Naturellement, on est atterré. Dans une émission qui s'est donné pour objectif de sonder la mémoire des femmes qui ont traversé la guerre, pour en faire ressortir leur expérience vécue, et peut-être au-delà une vérité historique, on a cherché à retrouver les auteurs de lettres de dénonciation. Ils se cachent parmi les anciens collaborateurs, lesquels refusent de parler et se replient dans un silence plein de rancœur. Nous n'avons pas trouvé de témoignages dans ce domaine.

La seule circonstance atténuante que l'on puisse trouver à ces vils comportements, où la nature humaine révèle de hideux tréfonds, c'est le bourrage de crâne qui sévissait alors sur les populations occupées. La propagande nazie fit croire pendant longtemps que le temps de l'indépendance nationale était révolu, que les pays conquis avaient tout intérêt à se regrouper au sein d'une Europe nouvelle sous la bannière allemande. Il y en eut pour le croire fermement, non seulement parmi les couches défavorisées de la population mais aussi parmi les élites intellectuelles du moment qui avaient fait des œuvres de Nietzsche et Brasillach leurs livres de chevet.

Amours coupables

Refermons vite ce paragraphe noir, qu'il a bien fallu ouvrir, par honnêteté socio-historique. Celui des amours interdites et coupables avec l'occupant, s'il a été jugé sévèrement à la Libération, et s'il a été considéré lui aussi comme un comportement collaborationniste, nous consternera sans doute beaucoup moins que le précédent. Sous toutes les latitudes, on a relevé des histoires d'amour et de sexe entre des hommes et des femmes qui se faisaient par ailleurs la guerre.

En Allemagne, des Français prisonniers ont aimé des Allemandes. En France, des Françaises ont aimé des Allemands cantonnés non loin de leur domicile, qui occupaient leur sol et disposaient de leurs libertés. Probablement qu'entre des êtres jeunes, l'appel sexuel est plus fort que tout autre sentiment, de devoir patriotique ou de fidélité à un idéal.

Les Françaises prises en flagrant délit de relations amoureuses avec des occupants ont été tondues en place publique. Il y en a eu à Paris, dans les grandes villes de province, parfois même dans de petits villages. Celles désignées à la vindicte générale n'étaient pas toujours les plus grandes traîtresses, mais bien souvent de faibles femmes qui n'avaient pas compris grand-chose aux événements qu'elles vivaient.

L'une d'elles a accepté de venir témoigner devant les caméras de la télévision. Comportement tendu, agressivité sous-jacente, elle ne tient pas en place, se tortille sur sa chaise, sort souvent son mouchoir pour s'éponger le front, est prise de quintes de toux, a hâte d'en finir. L'esprit n'est pas tranquille. Voici le témoignage de Ginette S., qui habitait dans le département de la Manche à l'époque et avait une trentaine d'années :

« On s'est rencontré à la boutique, c'était en 1942. Y venait avec les autres m'acheter de la marchandise. Son cantonnement se trouvait de l'autre côté de la place, je l'voyais souvent. J'avais bien remarqué qu'y m'regardait gentiment. Un jour, y me demande des allumettes. J'en avais plus qu'une boîte. Je lui ai dit : "je les vends pas, je les donne... une par une !" Alors chaque fois qu'il voulait s'en allumer une, y venait me voir. Y avait que la place à traverser... Au début, on se parlait presque pas, vu qu'y savait pas le français et moi pas l'allemand. Mais quand on veut, on peut. J'avais fait quelques études dans le but de devenir professeur de mathématiques. Lui aussi probablement. Au début, on faisait des maths ensemble en baragouinant. C'est comme ça qu'on s'est aimé et qu'on a décidé de se marier.

« Les gens du pays ? J'ai jamais rien entendu de désagréable. C'était très mal vu ? Oui, peut-être... Mais pourquoi ? C'est pas aux petits soldats qu'il fallait en vouloir, c'était aux chefs ! Moi, je vois les choses comme ça, ces gars étaient chez nous, comme les nôtres étaient allés chez eux. Dans la vie, il ne faut pas se laisser faire, faut pas s'en laisser conter. Moi, je me moque du qu'en-dira-t-on. Ma mère le craignait. Un jour, elle m'a dit : "Les gens vont jaser, quitte donc le pays." J'ai répondu : "Sûrement pas. J'épouserai Bruno légalement quand la guerre sera finie." C'est ma mère qui est partie, elle est allée s'installer ailleurs.

« Non, je n'ai jamais eu honte d'aimer cet homme, qui est encore mon homme aujourd'hui, qui est bon, brave et travailleur. Et je me suis battue pour le garder. A la fin de la guerre, il a été fait prisonnier, lui aussi et embarqué en Allemagne. Je l'ai retrouvé et je l'ai ramené. »

Ginette S. n'a pas été tondue à la Libération. Elle a épousé son soldat qui a ouvert un garage dans la région et ses affaires ont rapidement prospéré. Leurs enfants sont bilingues et le couple se rend régulièrement en Allemagne pour voir le pays et visiter la famille.

« Chacun fait selon ses idées, dit-elle en guise de conclusion. Moi, je ne condamne personne ! »

Femmes tondues

Une femme qui fut tondue à la Libération, j'en ai rencontrée une dans un petit village de Normandie. Je garderai l'anonymat le plus complet à son sujet ainsi qu'elle me l'a demandé. La marque d'infamie qui l'a frappée il y a quarante-cinq ans ne s'est pas effacée. On m'avait signalé son cas à mots couverts. C'est quelque chose dont on n'ose toujours pas parler librement. Elle restera à jamais pour ses contemporains « la putain des Allemands ». Un homme a bien voulu l'épouser, malgré la « tache ». Le couple semble vivre au ralenti et en catimini, entre chiens et chats, dans une petite maison rurale où les visiteurs n'affluent pas. Elle m'a reçue sur le pas de la porte et a rejeté avec vigueur ma proposition de venir témoigner de son aventure devant les caméras de la télévision. Ni enregistrée de dos, ni filmée à contre-jour, ni même pour un cachet conséquent, rien n'a pu la convaincre.

Mme X... est persuadée que l'histoire considérera toujours les femmes qui ont été tondues comme des traîtres à leur patrie.

Pourtant, un demi-plaidoyer en leur faveur s'amorce ici et là. Jacqueline Deroy a consacré quelques années de sa vie à explorer la mémoire des femmes de prisonniers, confinées dans la solitude pendant cinq ans et condamnées à l'abstinence. Cela l'a rendue tolérante vis-à-vis de celles qui ont eu des relations amoureuses avec les occupants.

« La condition des femmes sur le plan sentimental et amoureux pendant la guerre est très variable. Il y avait celles qui, une fois le mari parti à la guerre et fait prisonnier, étaient récupérées par leur famille, retrouvaient leur situation passée de jeune fille de la maison et la tutelle parentale. Celles-là étaient bien entourées et protégées contre d'éventuels penchants.

« Il y avait celles qui se retrouvaient chef de famille, avec un ou deux enfants à élever, en l'absence du père qu'il fallait remplacer. Celles-là n'avaient pas le temps de penser à autre chose.

« Et puis, il y avait celles qui se retrouvaient absolument seules dans la grande ville. La solitude leur pesait à la longue. C'est long, cinq ans de captivité, c'est très long ! Le soir, elles redoutaient de rentrer chez elles, dans un appartement vide et froid. Elles avaient travaillé dur toute la journée, et le soir il n'y avait personne dans leur lit pour leur tenir chaud.

« C'était très facile de bien se tenir, comme on disait à l'époque, quand le contexte était favorable. C'était très facile aussi de se laisser aller...

« Je crois qu'il ne faut pas leur jeter la pierre. Bien sûr, c'est grave ce qu'elles ont fait. Mais ceux qui les ont tondues ne se sont pas rendu compte. C'était une attitude extrême. C'était l'époque qui voulait ça. »

L'époque le voulait, à coup sûr. Toutes les sociétés d'Europe ont puni sévèrement les femmes coupables de relations amoureuses avec l'ennemi. En Allemagne, les femmes étaient promenées à travers la ville, le crâne rasé, et parfois lapidées[1].

---

1. *Cf.* Rita Thalman : *Etre femme sous le IIIᵉ Reich.*

Quant à leurs partenaires, ils s'exposaient à de lourdes peines d'emprisonnement en forteresse. Celle de Graudenz fut célèbre pour son contingent de prisonniers de guerre surpris en situation amoureuse avec des Allemandes. Leur crime s'apparentait à une entreprise de démoralisation des troupes Comment demander à un soldat allemand de se battre avec courage lorsqu'il apprend qu'en son absence sa femme se livre à la fornication avec l'ennemi?... Or, il y a eu en Allemagne entre 5 et 6 millions de travailleurs étrangers, prisonniers, déportés, requis ou volontaires, à un moment où tous les hommes du pays se battaient sur des fronts de plus en plus nombreux!

La situation inverse[1], c'est-à-dire les relations amoureuses sur le terrain des soldats des armées d'occupation, en vue de procréation aryenne, avec des Norvégiennes, Hollandaises, Luxembourgeoises et Belges en particulier, race nordique que Hitler voulait perpétuer et développer, était encouragée. Mais ceci est une autre histoire.

Femmes à soldats

C'est pour éviter des situations comme celles précédemment évoquées que les nazis multiplièrent dans les pays qu'ils occupaient les bordels, maisons de rendez-vous, bonnes adresses et autres lupanars. Des femmes de mauvaise vie y firent le commerce de leurs charmes. Comme elles n'étaient pas assez nombreuses pour pourvoir aux besoins sexuels des soldats, il fallut en trouver d'autres et les amener à la prostitution par toutes sortes de moyens, y compris par la force. On les affamait en leur retirant leur carte d'alimentation, on en privait leur famille, on menaçait d'envoyer l'enfant de la maison en « camp de travail »... Les moyens les plus pendables furent utilisés. Ces drames sont restés méconnus. Sujet tabou! Seules les archives secrètes révèlent aux historiens ce qui s'est réellement passé. L'écrivain italien Malaparte a mis en scène ce sujet dans une pièce de théâtre intitulée : *les Femmes aussi ont perdu la guerre.*

---

1. *Cf. Conditions de vie dans les territoires occupés,* rapport publié par le Comité d'information interallié, à Londres.

Dans un autre domaine et à un degré moindre, des pressions du même genre se sont exercées sur certaines actrices, chanteuses ou danseuses de cabaret. En France, les occupants avaient bien l'intention de profiter du Gai Paris qu'on leur avait vanté. Ce n'est pas toujours de leur plein gré que les artistes de l'époque se donnaient en spectacle pour divertir les tortionnaires du pays. Une chose est sûre en tout cas, les cabarets ont connu leur âge d'or pendant l'occupation et l'on y entendait plus souvent parler la langue de Goethe que celle de Molière.

Les nouvelles esclaves

Les besoins du grand Reich en travailleurs étrangers sont allés croissant au fil des années pour faire face à une politique militaire toujours plus dévoreuse d'hommes et à une politique économique grande consommatrice de main-d'œuvre. Tous les pays d'Europe annexés durent fournir leur contingent de femmes, qui furent envoyées en Allemagne travailler dans les usines d'armement, les conserveries, les fabriques en tout genre. Les Norvégiennes furent des milliers à être exploitées dans l'extrême nord de l'Allemagne, dans des conditions voisines de l'esclavage. Elles y travaillaient douze heures par jour dans des usines de conserves de poissons. Leur journée terminée, elles étaient parquées dans des baraques surpeuplées sous la garde d'hommes armés des troupes d'assaut du parti de Quisling.

On a évalué à 50 000 au moins le nombre de Hollandaises réquisitionnées de force pour le travail dans les usines allemandes, ainsi que pour servir dans les maisons bourgeoises, privées par la guerre de leurs domestiques. En 1941, le régime de travail forcé s'applique également aux jeunes Luxembourgeoises. Elles sont réparties dans des camps de travail allemands ou contraintes de servir de domestiques aux nazis. On les voit jusqu'en Prusse orientale.

En France, l'Alsace-Lorraine étant annexée, le même régime est imposé. Alice Wirth habitait Strasbourg. On a commencé par germaniser son nom. Elle s'appellerait dorénavant Adèle Heith. Puis on lui a interdit, ainsi qu'à toute la région, de parler le français. Enfin, on la réquisitionna pour le travail forcé en Allemagne, où elle fit plusieurs séjours de six mois, d'abord comme domestique, ensuite comme ouvrière. Enfin arriva le plus grave : devoir se battre contre son propre pays, la France.

« J'ai reçu mon ordre de réquisition pour aller à Fellensbourg, raconte-t-elle. J'habitais Strasbourg et je suis partie un matin dans un convoi qui comprenait environ cent femmes. Il y a eu d'autres convois, et on estime à 3 000 le nombre d'Alsaciennes traitées comme je l'ai été. Là-bas, j'ai reçu une instruction militaire, comme un homme. J'ai porté l'uniforme, car nous étions en uniforme. J'ai été affectée à un service de la DCA allemande. Ce que j'éprouvais ? De l'indignation surtout, car c'était incroyable de nous obliger à nous battre contre notre propre pays. De la honte ? Non, car nous ne pouvions pas protester. On exerçait sur nous un chantage à la famille. Si on résistait, c'était la famille qui trinquait. Les insoumis étaient des gens exceptionnellement courageux et qui exposaient leurs familles aux pires représailles. Parmi les femmes, la révolte était pratiquement impossible. Mes malheurs ne se sont d'ailleurs pas arrêtés à la fin de la guerre. Quand la paix est revenue, je n'avais plus d'identité, et il a fallu beaucoup de temps pour retrouver mon nom et des papiers en bonne et due forme. Cette affaire m'a traumatisée à vie. »

Signalons que le STO ne touchait pas seulement les hommes, même s'il fut à majorité masculine. La loi de Vichy du 4 septembre 1942 obligeait tous les hommes de 18 à 55 ans et toutes les femmes de 21 à 35 ans à « effectuer tous les travaux que le gouvernement jugera utiles dans l'intérêt de la nation ».

On s'est donc emparé des gens par la force. C'est ainsi que des jeunes filles de Concarneau ont été expédiées dans la Ruhr malgré les protestations de l'évêque de Quimper.

Il vint un temps où les Allemands exigèrent 500 000 travailleurs français dont 200 000 femmes : la demande parut si déraisonnable que Laval dut intervenir. Après maintes négociations, les résultats furent les suivants : 640 000 travailleurs français prirent le chemin de l'Allemagne, parmi eux, 42 000 femmes.

Ces hommes et ces femmes, indique Pierre Miquel[1], « vivent dans des camps construits à leur intention, plus ou moins confortables, dorment dans des baraquements de bois sommairement chauffés et reçoivent une nourriture des plus frugales. De plus, ils subissent les bombardements d'usines sans disposer en assez grand nombre de place dans les abris ».

L'ordre noir devait remplacer, dans sa production essentiellement orientée vers la guerre, 4 millions d'Allemands tués, blessés ou disparus et 11 millions de mobilisés à la fin de 1943.

---

1. Dans *la Seconde Guerre mondiale* (Fayard).

Deuxième partie

Femmes sous la botte
ou
le temps de misère

Travailler, bien plus que d'habitude!... Dans le même temps, faire des enfants, à tour de bras!... Dans le même temps, pallier le manque de tout : de produits alimentaires, de matières textiles, de combustibles... Dans le même temps encore, garder le moral et « présenter bien » pour sauver la face...

Les femmes n'ont pas chômé pendant la guerre. Jamais il ne leur fut autant demandé et jamais elles n'ont autant donné.

Plongées dans la tourmente, ballottées entre les nécessités de la vie quotidienne et les consignes venues d'en haut, esseulées dans bien des cas, leur foyer déserté et désorganisé, leurs études interrompues, leurs amours envolées, les femmes ont traversé le dernier conflit mondial comme un interminable cauchemar dont elles conservent encore les cicatrices après quarante-cinq années de paix. Celles qui témoignent aujourd'hui avaient entre 20 et 30 ans à l'époque. Ce sont maintenant des dames avec des cheveux blancs. Elles ne parlent plus guère de ces temps difficiles. Qui voudrait les écouter ? De cette expérience, elles ont gagné en épaisseur humaine, mais perdu de leur gaieté, de leur faculté d'enthousiasme et de leur fantaisie. Une jeunesse vécue dans le péril quotidien et dans l'urgence extrême ne peut que laisser un goût de cendres dans la bouche.

CHAPITRE IV

LA GUERRE LEUR DONNE ENCORE PLUS DE TRAVAIL!

Simplifions! Temps de guerre = hommes au front = femmes seules face au pays.

Déjà durant la guerre de 1914-1918, les femmes étaient sorties de leur condition pour prendre en main les rênes de l'économie: qui de la ferme abandonnée, qui de la boutique sans patron, qui du cabinet désert, qui de l'usine sans direction et sans ouvriers.

Le premier conflit mondial a tué 1 500 000 Français. Il a bien fallu occuper les postes laissés vacants, et, même une fois la paix revenue, poursuivre jusqu'à ce qu'une nouvelle génération masculine soit en âge de prendre la relève.

Les femmes ont déployé une telle énergie qu'on rapporte à propos des services qu'elles ont rendus ce mot du maréchal Joffre: « Si elles s'étaient arrêtées de travailler pendant 20 minutes, les Alliés auraient perdu la guerre. » Car ce sont les femmes qui tournaient les obus. Quelqu'un avait même calculé qu'à raison de 14 kilos la pièce d'obus, les « munitionnettes » manipulaient 7 tonnes de métal par jour.

Étrange spectacle que celui des usines françaises pendant la guerre de 1914-1918! Ce sont les femmes qui font marcher les machines, toutes les machines, depuis le tour à fraiser jusqu'au chalumeau à souder, depuis le rabot du menuisier jusqu'à l'enclume du ferronnier.

Arrive la Seconde Guerre mondiale, et le même spectacle se reproduit ! Les femmes s'extraient du douillet cocon de leur foyer pour manier la pelle et la pioche, aux champs et à la mine, pour conduire les tracteurs et les locomotives, passer derrière l'établi ou l'étal, monter jusqu'au bureau directorial où le fauteuil du patron les attend.

Le territoire des femmes

Nathalie Lukowy n'était qu'une simple jardinière dans l'entreprise maraîchère qui l'employait. La voilà promue, après le départ pour le front des dirigeants mâles de l'affaire, à de bien plus grandes responsabilités.

« Il n'y avait plus que des femmes, dit-elle, et le vieux patron qui n'était plus bon à grand-chose. La patronne n'avait pas une forte santé. C'est moi qui ai fait marcher l'affaire. J'y comprenais pas grand-chose dans la comptabilité, je savais juste lire et compter, mais je me suis débrouillée. On a continué à produire et à vendre nos légumes. On allait au marché deux fois par semaine. Je travaillais tous les jours et le dimanche je faisais les comptes. Le soir, quand je rentrais chez moi, fourbue, il y avait encore mes deux gosses à qui je devais faire à manger.

« Le jardinage, c'est pas un métier de femme. Elles ont pas les reins assez solides. Mais comme on trouvait plus personne, on a pris des ouvrières. C'étaient des vieilles qui avaient besoin d'un peu d'argent et qui travaillaient à mi-temps. Pour sarcler, désherber, elles se mettaient à genoux. C'était moins fatigant. »

Huguette Paumier habite en Touraine la ferme de ses beaux-parents qui la recueillent avec ses deux enfants dès qu'ils apprennent que leur fils a été fait prisonnier.

« Je suis arrivée au moment des vendanges. C'est très dur, le travail de la campagne, quand il faut tout faire en même temps, faire la cuisine pour tout le monde, s'occuper des enfants et aller vendanger aussi. Un moment est arrivé où j'étais si fatiguée que je n'ai pas pu continuer. Surtout que je nourrissais au sein mon petit. »

« Les femmes étaient partout, expose Marie-Madeleine

Fourcade (une des plus grandes résistantes françaises, par ailleurs très attentive à l'évolution des femmes dans la société). Les femmes étaient partout, aux champs et à la ville, aux affaires, dans les usines. La France était devenue le territoire des femmes. En 1914, on avait perdu 1 500 000 hommes. Entre 1939 et 1945, il y eut 1 500 000 absents, les prisonniers de guerre. Le même nombre : effrayant ! »

Dans tous les pays d'Europe, on assiste au même phénomène. Ce n'est qu'un vaste mouvement de femmes qui s'émancipent. Par la force des choses, par nécessité ! On a besoin d'elles, on les appelle, elles répondent présent. Plus tard, beaucoup plus tard, on leur conseillera de rentrer au bercail, le marché du travail étant saturé. Certaines ne seront pas d'accord, et on les comprend.

Les deux dernières guerres auront constitué des tremplins de l'émancipation féminine par le travail. Le fait est incontournable.

La règle des trois K

En Allemagne, la situation est pour le moins paradoxale. Dès 1933, Hitler accédant au pouvoir, le gouvernement du Reich édicte la règle des trois K : K comme *Kirsche* (église), K comme *Kinder* (enfants), K comme *Kuche* (cuisine). C'est donc la promotion de la fée du foyer. La femme allemande doit se taire et prier, faire des enfants et se cantonner à la cuisine. Telle est la place de la femme dans la société idéale envisagée par Hitler. Les hommes seront des guerriers et des seigneurs. Ils travailleront à la grandeur de l'empire et à la perpétuation d'une race dont on va entreprendre l'épuration. Ce beau projet va s'écrouler devant les réalités de la guerre. On va avoir besoin de plus en plus de bras, et dès 1943, quand les choses se gâtent, on se souvient que la population féminine constitue une main-d'œuvre qu'il faudra se résoudre à réquisitionner.

Le gouvernement procédera par étapes. Ainsi, les jeunes filles qui patrouillent dans les sections des jeunesses hitlériennes et chantent la gloire du Führer au milieu d'activités de plein air, proches du scoutisme, vont devoir se rendre utiles. Elles iront aux champs, à l'usine et à l'atelier pour donner un coup de main, sans oublier les bonnes œuvres pour lesquelles elles ont vocation.

Brigitte Reithmuller, qui dirigeait une section de « Jeunesse hitlérienne » du côté de Nuremberg, raconte :

« Le travail ne manquait pas. Le soir, on se rassemblait à la veillée pour préparer la tâche du lendemain. Une fois, il fallait organiser une quête pour les soldats blessés, une autre fois il fallait aller visiter les mères malades, une autre fois, il fallait aller chanter dans les hôpitaux. Chaque jour, il y avait une tâche différente à accomplir. »

Dans les établissements scolaires, on institua une année de service obligatoire pour tous les jeunes gens. Ceux-ci devaient se rendre à la ville ou la campagne et offrir leurs bras pendant un an à qui en avait besoin. Ce pouvait être dans une menuiserie où la main-d'œuvre s'était faite rare, dans l'organisation des transports en commun où l'on manquait de personnel, guichetiers, poinçonneurs, chefs de gare, conducteurs de tramway, ou dans les Postes pour distribuer le courrier, ou encore à la voierie.

Les mères de famille ont longtemps été épargnées. A partir de 1944, tout le monde ayant été réquisitionné pour soutenir l'effort de guerre, elles ont tout de même été invitées à se mettre au travail. Gerda Zorn se souvient très bien du moment où sa mère a été réquisitionnée.

« On était prêt à l'envoyer loin de la maison, dit-elle. Ma mère s'en est tirée en acceptant de travailler chez un voisin qui dirigeait une entreprise de machines-outils. Mais le travail était très dur. Elle a été affectée à la presse, une tâche très primitive, pendant dix heures par jour. »

De la sueur pour les Anglaises

Les chiffres sont assez impressionnants, quoique imprécis : entre 6 et 8 millions d'Allemandes s'étaient mises au travail vers la fin de la guerre. En Union soviétique dès 1941, 3 millions de femmes abandonnaient leur foyer pour remplacer aux champs, aux usines, à la mine et dans l'administration, les hommes envoyés au front.

En Angleterre, certaines statistiques donnent le chiffre de 1 500 000 femmes affectées principalement au travail de l'armement, et celui de 2 millions pour les femmes engagées dans les services sanitaires et sociaux. Ce pays, qui fut outrageusement bombardé durant toute la guerre (même s'il y avait des moments de répit), utilisa toutes ses forces vives pour préparer les instruments de la riposte. Si les hommes partaient en première ligne, les femmes assuraient les arrières et l'intendance. Le gouvernement, toutefois, mit tout en œuvre pour protéger les mères de famille. Stella Willmott était de celles-là :

« Je me sentais un peu frustrée, dit-elle en voyant toutes ces femmes qui allaient travailler pour le pays. J'y serais allée aussi si je n'avais pas eu charge d'âmes. Mais les femmes qui restaient à la maison ne s'amusaient pas. On ne trouvait rien à acheter, on faisait tout soi-même, des vestes dans des vieilles couvertures et même des chaussures dans des vieux sacs de cuir. Celles qui savaient manier l'aiguille ne chômaient pas, sans compter toutes celles qui ont tricoté pour les soldats ! »

Il y a eu des opérateurs des Actualités pour aller filmer les Anglaises au travail. Leurs images, aujourd'hui archivées, nous les montrent affectées dans les usines d'aviation à l'habillage du fuselage des bombardiers, maniant le marteau et le tournevis, d'autres plongées dans la mécanique automobile, la clé anglaise à la main, d'autres encore ajustant les pièces d'un projecteur de DCA. Une formation intensive et accélérée était fournie. La main-d'œuvre ainsi créée était immédiatement exploitée.

Ces images ne nous paraissent pas si insolites qu'elles le paraissaient à l'époque. On a pris l'habitude de voir les femmes occuper les postes les plus variés et les moins typiquement « féminins » dans tous les domaines de l'activité professionnelle. Dans les années 1940-1945, il était surprenant de découvrir ces armées de femmes qui troquaient leur chapeau à voilette contre une casquette, leurs escarpins contre des godillots et leur tailleur en lainage contre une salopette. Là encore, on peut noter l'effet émancipateur de cette libération vestimentaire, que les événements ont imposée, mais dont le goût est resté.

CHAPITRE V

AU RAS DES RUTABAGAS

On attendait tout le temps!

En France, dès septembre 1940, les principaux produits alimentaires furent soumis au rationnement, pain et sucre, en particulier. Un an plus tard, tous les produits l'étaient, mais aussi les vêtements, les chaussures, le tabac...

Les ménagères devaient ranger soigneusement leurs cartes et leurs tickets, faute de quoi elles risquaient de faire mourir de faim leur famille. Il fallait s'inscrire chez le commerçant local qui recevait une marchandise contingentée. Dans toutes les villes, il y eut des queues impressionnantes devant les boutiques et des attentes maussades, car on n'était jamais sûr d'arriver avant l'épuisement du stock.

« J'ai vu faire la queue pendant une heure et demie, raconte Anne-Marie Raimond, pour acheter un malheureux kilo de rutabagas, et repartir les mains vides parce que la personne qui me précédait venait d'embarquer les derniers spécimens. On repart furieuse! C'était une période où on attendait tout le temps. Les rues étaient bourrées de gens qui attendaient quelque chose, comme dans les pays de l'Est où la pénurie sévit. On attendait devant les mairies pour avoir son lot de tickets. On attendait devant les boutiques pour se faire servir. On attendait le courrier à la poste, pour envoyer, ou retirer un colis. On attendait à la gare, car tous les trains étaient bondés. Quelquefois, on avait plus vite fait pour en descendre de passer par la fenêtre. Quant à trouver une place assise, c'était un cadeau du ciel... On attendait pour aller au spectacle, car les gens allaient au spectacle, oui, pour penser à autre chose pendant quelques heures. Il fallait un peu d'argent pour y aller. Cela provoquait la jalousie des gens qui faisaient des commentaires aigre-doux du genre : "ha, la, la, faire la queue pour aller au cinéma, elle ferait mieux de consacrer ce temps à son approvisionnement." Ça m'est arrivé. Il n'empêche que j'allais souvent au cinéma. »

« Moi, raconte Georgette Hertaux, qui habitait la banlieue parisienne, j'ai mangé n'importe quoi pendant la guerre, et ce n'importe quoi, j'étais encore bien contente de le trouver ! Evidemment, nous n'avons pas manqué de topinambours, les Allemands n'aimaient pas ça ! Mais dans les charcuteries, on vous servait n'importe quoi. Une fois, on a trouvé des arêtes dans un pâté de charcuterie. Il ne fallait pas y regarder de trop près. On demandait un morceau de fromage et on vous servait une espèce de pâte grisâtre qu'on appelait la Springaline. Je n'aurais pas su dire avec quoi c'était fait. Quant à la viande, on avait sa ration : deux cent cinquante grammes par semaine, je crois. »

Le règne de l'astuce

La viande rationnée, le pain distribué à raison de 350 grammes par jour, le sucre à 500 grammes par mois, et le beurre à 150 grammes. En 1944, la ration calorique du Parisien était de 1 200 par jour, soit la ration du régime le plus amaigrissant pratiqué de nos jours. Les femmes des villes ont beaucoup maigri, ce qui leur allait assez bien, mais les adolescents ont beaucoup pâti ainsi que les jeunes bébés, qui avaient pourtant droit à un supplément alimentaire. Ce furent les fameux J3. Les statistiques établies plus tard ont montré que la génération de la guerre avait vu sa croissance en hauteur réduite de 5 à 8 centimètres. Les cas de rachitisme furent nombreux. On les combattit avec une potion à base d'huile de foie de morue dont les mouflets de l'époque se souviennent encore.

Les femmes ont passé beaucoup de temps pendant la guerre à essayer de mettre quelque chose dans la marmite pour nourrir leur nichée. Beaucoup partaient en expédition alimentaire à la campagne, le plus souvent à vélo, mais aussi par le train. Jean-Pierre Azéma, dans son livre *De Munich à la Libération*[1] note que la petite gare de Toury, en Beauce, vit son nombre mensuel de voyageurs passer de 700 avant la guerre à 12 000 en 1943.

Lucie Aubrac, qui habitait la région de Lyon, raconte qu'elle partait en expédition dans le pays de Bresse, et qu'elle en rapportait, quand elle pouvait, des sacs de blé. « Mon moulin à café ne me servait plus, explique-t-elle. On n'avait pas de moulin électrique à l'époque. Alors ce moulin me servait à broyer ce blé — il fallait avoir de la patience — et si je pouvais avoir de la graisse de bœuf, ou mieux encore de la graisse de porc, je mélangeais ce blé moulu et la graisse, et j'en faisais des galettes très nourrissantes. Ça m'a servi à dépanner bien des copains de la résistance qui arrivaient chez moi affamés.

« Les œufs ont été une denrée rarissime[2] pendant la guerre pour tous les citadins. On a souvent plaisanté à propos des omelettes sans œufs à l'époque! On déployait des astuces à n'en plus finir pour conserver les œufs. Quand par hasard, on avait réussi à s'en procurer une douzaine, on les roulait un par un dans du papier journal, on les mettait dans un carton qu'on descendait à la cave. On n'était pas sûr de les retrouver un peu plus tard. Il s'en périmait en cours de route. On les mettait dans de l'eau de chaux, dans du sable, dans des pots de grès, plongés dans l'eau salée, pour soi-disant les retrouver plus tard. »

Le marché noir

Les difficultés d'approvisionnement n'ont pas été les mêmes pour les citadines et les campagnardes. Paris a connu la famine. On y a mangé du chat en civet, et même, dit-on, du rat. Une affiche placardée dans les rues de Paris en 1944

---

1. Le Seuil.
2. En 1943, un œuf valait 11 francs pièce.

mettait en garde la population contre les dangers qu'on encourait si on mangeait du rat, animal porteur de germes de maladies infâmes.

En réalité, si les paysans manquaient aux champs et à l'élevage, si les circuits de distribution étaient désorganisés, si l'occupant ponctionnait largement sa part de nourriture et expédiait les denrées de luxe outre-Rhin, on pouvait tout de même trouver en France de quoi se nourrir. Il suffisait d'y mettre le prix. D'où l'organisation d'un marché noir qui prit de l'ampleur au fil des années :

« A côté de chez nous, raconte Marguerite Bécart, qui habitait un bourg rural de la région du Nord, il y avait des fermiers. Je les entendais qui tuaient leurs porcs, pendant la nuit. On les entendait hurler... les porcs, pas les fermiers, bien sûr. Les bêtes étaient ensuite débitées par quartiers et envoyées à la ville dans des paquets. Les facteurs ont eu beaucoup de travail pendant la guerre[1] ! Ces fermiers se sont énormément enrichis. Ils ont édifié une véritable fortune pendant la guerre. Les gens achetaient à n'importe quel prix. L'important était de se suffire. »

Odette Fabius, une Parisienne qui se livrait dans la région de Marseille a des activités de résistance, avoue qu'elle n'a manqué de rien durant cette époque (qui devait s'achever avec sa déportation au camp de Ravensbrück) :

« On trouvait de tout, dit-elle, du champagne, du foie gras, des confits de canard, aussi bien le luxe que le nécessaire. Il fallait être malin, et aussi avoir de l'argent. »

Le système D

Dans les régions agricoles, les femmes semblent avoir moins souffert. Marguerite Bécart possède un jardin où elle fait pousser des légumes.

« On manquait seulement de produits d'épicerie, dit-elle. Quand on n'a plus trouvé d'huile, mon mari a fait pousser de l'œillette. Ça nous a donné une huile pas très fine, c'était mieux que rien. Il a élevé des plants de tabac également. On

---

1. Des statistiques postales font état de 14 millions de colis « familiaux » au cours de l'année 1942. Cela représente près de 300 000 tonnes de denrées !

récoltait les longues feuilles qu'on faisait sécher dans le grenier, et puis on roulait ça en longues cigarettes brunes. Le sucre? Je l'ai remplacé un temps par du miel. D'autres utilisaient la mélasse. Comme j'avais une sœur à Orléans dont le mari travaillait dans une raffinerie, je lui envoyais des choses, des haricots secs par exemple, et elle m'envoyait en retour du sucre. On a trouvé le moyen d'avoir de la farine en portant un sac de blé dans un vieux moulin qui ne tournait plus, qu'on a remis en marche. Ça nous a fait une farine brunâtre qui gardait le son. Plus tard, on a trouvé de la farine de maïs, qui faisait du pain dur comme de la pierre et très indigeste. La nourriture à cette époque n'était pas riche en protéines. Je pourrais presque dire que j'ai élevé mes enfants avec des gâteaux, ce qui les rendait un peu bouffis et pas très solides, comme soufflés. A la longue, on attrapait certaines maladies, comme des furoncles. La furonculose était commune dans mon village, alors qu'on la rencontre très rarement aujourd'hui. On attrapait aussi beaucoup de caries. Tous mes enfants ont eu des caries très tôt. Ça a été une époque de pauvreté, de misère, mais pas de famine. Ça a été une époque de troc aussi. Il fallait avoir quelque chose à échanger. On pouvait en ce temps-là avoir une batterie de cuisine entière contre un kilo de beurre!...

« A propos de beurre, je dois dire qu'on en a fabriqué nous-mêmes à la baratte, à partir d'un lait non écrémé qu'on trouvait facilement à la ferme. Il fallait tourner la manivelle pendant des heures pour obtenir une petite pièce de beurre cru qu'on tassait dans un moule en terre et qu'on faisait durer le plus longtemps possible. On a beaucoup mangé de beurre ranci pendant la guerre. Les frites étaient cuites dans un saindoux grossier, mais les gens du Nord ne s'en seraient privés pour rien au monde. »

Sur les astuces qu'il a fallu déployer en ce temps de guerre pour pouvoir se nourrir, les femmes sont intarissables. Une certaine gaieté s'exprime d'ailleurs à travers leurs souvenirs. On la retrouvera dans cet extrait du livre de Simone Martin-Chauffier, une grande résistante lyonnaise, qui a consigné ses Mémoires dans un livre intitulé *A bientôt quand même*[1].

1. Calmann-Lévy.

« ... Le ravitaillement était toujours au plus bas, et si je mangeais quelquefois des primevères en y retrouvant le plaisir délicat et sucré de mon enfance, je ne pouvais décemment pas en servir un plat. J'aurais voulu recourir au marché noir qui n'était même plus interdit par l'Église, le cardinal Suhard ayant déclaré justifiées ces modestes opérations extra-légales, vu leur peu d'importance et les nécessités de la vie. Une loi récente (on est en 1942) de Vichy ne craignait d'ailleurs pas d'en autoriser l'usage lorsqu'il s'agissait d'infractions "uniquement commises en vue de la satisfaction des besoins personnels ou familiaux". Selon la lettre du texte, il était donc permis d'acheter mais non de vendre, puisque la vente comportait certainement des bénéfices supérieurs aux besoins personnels ou familiaux... Pétain n'en restait pas moins fidèle à sa propre logique, les rations ayant été établies, déclarait-il à qui voulait l'entendre, compte tenu du "système D" cher à tous les Français. Mais pour ce système D à la maréchal, il fallait de l'argent et la "fortune" de Claude aurait rapidement fondu sous ce noir soleil. Je cherchais pourtant, et je découvris, dans un café de Lyon, une source pour les cigarettes à 25 francs le paquet, trois ou quatre fois le prix légal.

« Cette incapacité à nourrir la famille me détraquait de plus en plus les nerfs. J'en parlais un jour aux Selz. Françoise compatit puis me raconta leur dernière mésaventure quand, ayant trouvé un jambon entier, ils l'avaient vu plein d'asticots.

— Si plein que ça ? demandai-je. Qu'est-ce que vous allez en faire ? Le jeter ?

« Jeter un jambon ! idée insupportable. Et peut-être les asticots étaient-ils comestibles ?

— Donnez-le moi, suggérai-je.

« Ils me le donnèrent, bien emballé, avec de grands rires, étant entendu que personne ne connaîtrait jamais les particularités de ce morceau de choix.

« A la maison, je dus m'avouer que ça grouillait. Mais le feu purifie tout et Hélène me servit de complice. Aux repas suivants, elle manqua nettement d'appétit. Louis s'en étonna tandis que Claude trouvait absurde mon entêtement à servir du jambon chaud. Les asticots défunts ne firent de mal à personne. »

Expéditions de ravitaillement

Un autre extrait de ces souvenirs montre assez bien les
difficultés des expéditions à la campagne :
« La journée fut dure. Nous allâmes de ferme en ferme,
glaner deux œufs ici, quelques pommes de terre là.
— Je suppose que les haricots ne vous intéressent pas ?
nous dit quelqu'un. Il faudrait les écosser !
« Je fis bâiller avidement le plus grand des sacs qui s'en
trouva rempli. Mais comme notre ambition croissait nous
nous arrêtâmes au coin d'un chemin pour nous débarrasser
des cosses et faire de la place. Aussi beaux, aussi luisants que
leurs frères dont la vue m'avait arraché des larmes de convoi-
tise, l'hiver précédent, chez la grainetière impitoyable. Les
haricots roulaient sous mes doigts avares. Hélène en dévora
tout crus. Nos casse-croûte étaient maigres bien qu'embellis
par quelques carottes crues, pour moi plus comestibles (...)
Le retour fut épuisant. Alourdies par les sacs et les valises,
nous devions arracher, un pas après l'autre, nos semelles de
bois à la terre meuble des prairies, que je trouvais de plus en
plus vastes et de moins en moins belles. »

Les tickets

Une autre grande résistante, Lucie Aubrac, a eu la bonne
idée de mettre en scène quelques-unes des journées fortes
qu'elle a vécues au cours de l'année 1943 dans un livre intitulé
Ils partiront dans l'ivresse[1]. Un petit passage évoque à la fois
son travail de professeur d'histoire engagé et ses difficultés à
faire les courses :
« J'ai un cours à préparer pour les élèves de 3e : l'agri-
culture en France. Sournoisement, j'expédie en deux petits
paragraphes les conditions du sol et du climat, et je développe un peu ce qui colle à l'actualité : la rareté de la
main-d'œuvre, avec plus d'un million de prisonniers de
guerre dont les trois quarts sont paysans. Le matériel agricole
qui s'use, les pièces de rechange rares qui s'obtiennent avec
des bons, le carburant livré au compte-gouttes, car c'est la

1. Le Seuil.

denrée la plus précieuse pour l'occupant. Plus longuement encore, j'étudie les ressources agricoles et leurs débouchés : statistiques d'avant-guerre, les surplus de vin, de blé, de viande, la mise en place de l'office du blé pour aider les paysans à écouler leurs récoltes. J'ai un texte formidable de 1938 qui encourage les Français à consommer davantage de pain et de pâtisserie : "conseils aux mamans : la pâtisserie française, la plus fine du monde, attrayante et variée, est un aliment complet. Faite de belle farine, de beurre, d'œufs et de lait, elle nourrit agréablement vos enfants et aide leur croissance".

« Faire ce cours le jour où on débloque les tickets KC qui donnent droit à 125 grammes de charcuterie pour les travailleurs de force, et K8 qui allouent 250 grammes de sucre supplémentaire aux J1 J2 et J3, c'est sûr que les enfants en parleront chez eux !

« Ces tickets et ces cartes de rationnement à retirer chaque mois dans les permanences municipales sont un vrai cassetête. Quand et à quoi a-t-on droit ? Sauf à lire les affiches devant les mairies ou aux devantures des magasins, il faut bien se résoudre à consulter le journal. Toute la population est divisée en catégories. Quels dialogues chez les commerçants !

— Vous avez un J3, madame ?
— Non, mais j'ai deux travailleurs de force !

« Quel travail n'est pas fatigant quand les rutabagas remplacent les pommes de terre, quand il faut être du dernier bien avec son poissonnier pour pouvoir lui acheter une tête de carpe sans ticket ?

« La décade définit l'attribution d'un litre de vin. Trois litres par mois, et seulement pour les adultes, à condition que le marchand soit approvisionné. Comme il faut rapporter les bouteilles, j'ai toujours dans le porte-bagages de mon vélo six litres vides que je fais remplir au hasard des déplacements.

« C'est la décade aussi pour avoir du tabac. Tous les dix jours, un paquet de caporal, ou deux paquets de gauloises pour les hommes adultes, uniquement. C'est ce qui donne lieu au plus gros trafic. Un pain et deux litres de vin pour UN paquet de cigarettes. Tout se rapetisse avec ces échanges grotesques. Les adultes y mettent la même âpreté, le même sérieux que lorsque, enfants, ils trafiquaient des billes et des bonbons ! »

Les Anglaises se serrent la ceinture

L'Angleterre n'ayant pas été occupée, la pénurie alimentaire y a sans doute sévi avec moins de cruauté qu'ailleurs. Elle a néanmoins sévi, du fait de l'amenuisement des récoltes après le départ pour la guerre des paysans (remplacés parfois par des équipes féminines de la Land Army, l'armée des champs constituée de citadines volontaires pour les travaux de la terre) et de la raréfaction des importations en provenance de pays eux-mêmes appauvris par la guerre.

Un système de rationnement marqué par les cartes d'alimentation a été mis en place. Le *Black Market* a sévi là aussi, avec le système D.

Stella Willmott ne se souvient pas d'avoir eu vraiment faim, mais pour nourrir sa famille, elle s'est donné du mal :

« Nous n'avions jamais été riches et ça ne faisait pas une grande différence pour nous les restrictions. Nous étions 4 à la maison et avec 4 cartes d'alimentation, nous nous sommes bien débrouillés. Nous avons toujours eu nos rations, c'était très bien organisé. J'avais surtout la chance d'avoir un jardin qui me donnait des légumes et des fruits, un poulailler qui me donnait des poulets et des œufs. C'était suffisant. Je n'ai pas eu besoin de recourir au marché noir. »

Stella figure parmi les privilégiés. Les Anglaises dont la maison avait été bombardée (et elles furent très nombreuses) durent longtemps se contenter de la nourriture des « soupes populaires » et autres centres d'hébergement. Toutefois, aucune famine n'est signalée.

Vaches grasses, vaches maigres en Allemagne

Jusqu'à la fin de l'année 1943, la guerre ouvre aux Allemandes une ère de vaches grasses. Les Allemandes avaient eu faim avant l'arrivée de Hitler. Dès 1940, c'est l'abondance sur les tables familiales et dans les magasins qui regorgent de marchandises. Le pays a reçu par trains entiers le butin de guerre que les occupants expédiaient outre-Rhin, *via* les bureaux d'achats clandestins. Des tonnes de viande française ont franchi la frontière, ainsi qu'une grande partie des comestibles de luxe, vins fins, foies gras, etc. Vers 1943, les stocks sont épuisés, les pays occupés exsangues et l'Allemagne à bout de souffle. Alors, dans ce pays s'institue le rationnement et le spectre de la famine apparaît.

« Vers la fin de la guerre, raconte Gerda Zorn, j'ai découvert ce que c'était qu'avoir faim, d'une façon ininterrompue et systématique. On ne trouvait plus rien dans les boutiques, sauf avec les tickets, qu'on n'avait pas toujours. En temps ordinaire, je ne raffole pas des œufs, mais je me souviens d'avoir fantasmé à propos d'un œuf, au cours d'un trajet de 20 minutes qui me conduisait de la gare à chez moi. Je me disais : voyons, si tu avais un œuf, comment le mangerais-tu ? A la coque, en omelette, brouillé, cuit ou cru ? J'en salivais, par imagination. C'était du délire.

« Moi, je me suis débrouillée, parce que j'avais des relations et je connaissais toujours quelqu'un qui me faisait profiter d'un colis qu'il avait reçu. Mais à la maison, je me souviens d'un jour où ma mère a confectionné un gâteau, non pas avec des pommes de terre, mais seulement avec les épluchures. Et nous l'avons mangé avec appétit ! »

Tous les pays d'Europe ont eu faim pendant la guerre, de la Pologne à la Russie, de la Grèce où la famine tua beaucoup de monde, à l'Italie où cela demeure un souvenir cauchemardesque, jusqu'à la Hollande et la Norvège. On ne peut pas à la fois faire la guerre et cultiver les champs. Les femmes ont fait de leur mieux en remplaçant les paysans. C'est grâce à elles si chacun a tout de même pu avoir son quignon de pain quotidien et résister jusqu'au retour des jours meilleurs.

Les femmes ont appris en ces temps de disette à ne rien gaspiller et à considérer le produit alimentaire avec respect. L'avènement de la société de consommation n'a pas chamboulé leur mentalité de fourmi économe, ni effacé leur « peur de manquer ».

CHAPITRE VI

LE GRAND FROID DU CORPS ET DU COEUR

Le grand froid est supportable quand on peut répondre à ses attaques par des vêtements de laine et des maisons chaudes. Durant la guerre, il n'y eut bientôt plus de lainages et pratiquement pas de combustibles — du moins dans les villes.

Voici un tableau saisissant de la situation, peint par Simone Martin-Chauffier dans *A bientôt quand même :*

« Avec le mois de janvier 1942, le thermomètre s'établit au-dessous de zéro et y demeura jusqu'au 21 février, marqué le matin par — 13°. Nos deux robinets intérieurs étant gelés, nous utilisions la pompe de la cour enrobée de paille. Ce soir-là, Hélène qui était allée après le dîner remplir quelques brocs de secours à employer avant la nuit — car l'eau gelait aussi dans les chambres — rouvrit la porte de la salle à manger :

— Vite, maman, venez voir comme il fait bon.

Il faisait bon en effet. Il faisait 1°. Nous aspirions l'air tiède avec délice. Nous n'en étions pas moins au fond de la misère. »

Le temps des pis-aller

« Il y a une chose qui était caractéristique pendant ces hivers-là, raconte Anne-Marie Raimond, c'est que partout où on allait, il faisait froid. De nos jours, il fait froid, on sort dans la rue, on a froid, puis on rentre chez soi, on a chaud, on rentre dans un café, on a chaud, on rentre dans un cinéma, on a chaud. Pendant la guerre, partout où on allait, on avait froid. Les sols étaient glacés. Dans les hôtels, il n'y avait pas d'eau chaude. Dans les cinémas, pas de chauffage, ni dans les boutiques. Alors, on avait froid tout le temps. C'est difficile à imaginer aujourd'hui une société complètement frigorifiée. Alors, il fallait trouver des astuces. Quelqu'un avait inventé le système des boules chaudes. C'était des petites boules. Il y avait un produit chimique à l'intérieur, je ne sais pas ce que c'était. On trempait ces boules dans l'eau bouillante avant de sortir et on les mettait dans nos poches, et on posait nos mains dessus. Rien que d'avoir chaud aux mains, c'était précieux et très agréable. »

« On a eu des engelures ! s'exclame Lucie Aubrac. Moi, j'ai eu des engelures aux mains, aux nœuds des mains. J'en garde encore les cicatrices ! Et les engelures aux doigts de pied, ça c'était encore pire, c'était très long à soigner ! »

« Le papier journal, reprend Anne-Marie Raimond, nous a été d'un grand secours, en tant que coupe-vent et isolant. On coupait des semelles dans plusieurs épaisseurs de papier journal et on mettait ça dans la chaussure. On changeait chaque fois que c'était humide. On en a fait des plastrons également. On glissait ce plastron de plusieurs épaisseurs sous la blouse, ça protégeait la poitrine. Ça, c'était des petits trucs pour la ville. Il y en a eu beaucoup d'autres. A la campagne, c'était différent. On essayait de trouver dans les fermes des peaux de mouton et des peaux de lapin. On les faisait tanner, avec les moyens du bord, c'est-à-dire que ça gardait une grande raideur. Là-dedans, on taillait des blousons, pour les hommes, pour les femmes, pour les moutards. Des blousons qu'on portait en canadienne, le poil par-dessous et ça tenait bien chaud. Dans les peaux de lapin on a taillé aussi bien des jupes que des hauts, que des boléros, que des toques. Il le fallait, car on ne trouvait plus le moindre métrage de laine. C'est une époque où on tricotait sans cesse. Comme il n'y avait plus de laine en pelote, on détricotait les vieux chandails. On lavait cette laine qu'on faisait sécher au dos des chaises. Ensuite, il fallait reconstituer la pelote et se mettre à activer les aiguilles. Une fois qu'on était fatigué du vêtement tricoté, on le démontait, et on refaisait autre chose. »

« Dans presque toutes les familles, raconte Lucie Aubrac, il y a des greniers pleins de vieilles nippes. On est allé chercher ces vieilleries et on a coupé dedans. Les revues féminines de l'époque montraient aux femmes comment faire du neuf avec du vieux. Pendant cette période où les points de textiles étaient insuffisants, les greniers ont littéralement été dévalisés. »

« J'avais la chance, dit Marguerite Bécart, d'avoir une machine à coudre, une des premières machines à coudre, très rudimentaire mais qui pouvait coudre des tissus épais. Je me souviens d'avoir fabriqué des chaussons dans de vieilles vestes d'homme. On a d'ailleurs fabriqué aussi des chaussures. Mon mari s'était procuré une semelle de cordonnier. Il a fabriqué pour notre fillette une paire de bottines très convenables. Dans la région du Nord où j'habitais, la plupart des ateliers de textile avaient fermé. Mais il y restait des rouleaux de tissu. Je me rappelle avec une amie être allée récupérer ces pièces de tissu pour confectionner des vêtements. En ce qui concerne le chauffage, le charbon auquel on avait droit était tout à fait insuffisant. Là encore, expéditions pour aller ramasser au pied des terrils ce que nous appelions du "poussier" de charbon. On trouvait ça dans les ruisseaux qui passaient au pied des terrils. On ramassait cette poussière de charbon agglomérée avec de l'eau. On la faisait sécher et on mettait ça sur les braises. On avait des poêles à cette époque-là. On mettait ça sur les braises et ça faisait durer le charbon. Évidemment ça fumait, mais la fumée était moins insupportable que le froid qui régnait dans les maisons, surtout au cours de l'hiver 1942 où le pays a été pris dans les glaces pendant deux mois. Des tas de systèmes avaient été trouvés pour se fabriquer du combustible. Il y avait le crottin de cheval, par exemple. Des femmes allaient le ramasser dans le village et mettaient ça dans leur poêle. D'autres ont fabriqué des briques de papier journal. Bien aplaties, ces briques duraient quelque temps. »

« Ma mère, raconte Mireille Albrecht, qui n'était jamais à court d'idées, m'a appris à faire du combustible avec du papier journal. Nous nous servions des journaux (qui ne paraissaient plus que sur une page) et de tout ce qui traînait çà et là, y compris dans le grenier de Mme Lenoir, notre voisine, riche en vieilles revues qui sans doute, aujourd'hui, vaudraient des fortunes. Voici la recette : il fallait rouler en boulette très serrée chaque feuille de papier, ensuite la tremper dans l'eau, puis la faire sécher. Après quoi elle devenait dure comme de la pierre, et une fois dans le poêle brûlait lentement, donnant autant de chaleur qu'un morceau d'anthracite.

« Comme le papier journal rendait de grands services, il s'était instauré un véritable troc. Je me souviens que maman échangeait ses tickets de tabac contre des journaux, avec lesquels elle m'avait confectionné des gilets que je mettais sous ma veste pour aller au lycée. C'était très efficace, comme je roulais à bicyclette, cela coupait du vent. Il paraît que c'est un truc de clochard. Berty s'était mise à tricoter, ce qui pour moi était une autre révélation.

« Elle entretenait d'excellentes relations avec la mercière du quartier qui lui vendait tous ses restants de laine. Il n'y en avait jamais assez pour faire un tricot d'une seule couleur. C'est ainsi que j'arborai un pull-over extrêmement chic, au dos bleu marin, au devant rayé de bandes de toutes les couleurs.

« Ne voulant pas être en reste, je me suis tricoté des moufles sur lesquelles j'ai brodé des croix de Lorraine. »

Mode et nouvelles matières

C'est un des talents de la société humaine que de savoir s'adapter aux conditions d'existence qui lui sont faites. Les matières premières nobles, laine et coton, s'étant raréfiées, et la pétrochimie ayant fait des progrès, on mit au point de nouvelles fibres. La fibrane fit une entrée en force sur le marché pendant la guerre, bientôt suivie de la rayonne et plus tard du nylon. Pour réchauffer la fibrane, matière froide s'il en est, on eut l'idée un temps de la mélanger à quelque chose de chaud, et on ne trouva rien de mieux que les cheveux humains. Il se mit bientôt en place, surtout à Paris, un circuit de ramassage des cheveux dans les salons de coiffure et chez les particuliers, qui furent acheminés vers les ateliers de textiles. Là, ils y étaient dégraissés, lavés et séchés, puis incorporés dans la trame de la fibrane. On tailla de tout dans cette nouvelle matière, des pull-overs comme des chaussons. Mais la technique n'eut pas de lendemain.

Pour remplacer le cuir qui manquait cruellement, on inventa la semelle de bois et la semelle de liège qui vinrent ressemeler des souliers d'avant-guerre qui avaient pourtant fait leur temps. On avait trouvé le moyen de travailler le bois pour le rendre plus souple, grâce à une série d'encoches. Anne-Marie Raimond a porté ce genre de chaussures.

« J'ai beaucoup plaint les Japonaises pendant tout ce temps-là, car c'était très raide aux pieds, on marchait difficilement. Les semelles de bois articulées, c'était déjà mieux. Et le liège, c'était plus léger. Mais enfin, pour la silhouette, c'était vraiment l'horreur. On portait ça avec des socquettes, car il n'y avait plus de bas. »

A propos des bas qui faisaient défaut, Lucie Aubrac se souvient de l'astuce que les femmes trouvèrent pour habiller leurs jambes.

« On avait trouvé un produit teintant et on l'étalait sur la jambe jusqu'à mi-cuisse. Et pour que ça ait l'air d'être vraiment des bas, on est allé jusqu'à peindre avec un fin pinceau la couture du bas (car autrefois, tous les bas avaient des coutures!), et même on a peint le talon de consolidation du bas, qui sortait légèrement de la chaussure. »

Plus de tissus pour faire des robes! Qu'à cela ne tienne, nous prendrons les tissus où ils sont! Anne-Marie Raimond qui avait toujours eu beaucoup de goût pour s'habiller, ne baissa pas les bras:

« A ce moment, on n'avait pas tellement envie d'installer ou de décorer son appartement. Ce n'était pas une priorité pour les jeunes femmes comme moi. Je me souviens qu'un jour, avec une amie, nous avons décroché les doubles rideaux du salon qui étaient en percale fleurie et nous nous sommes taillé chacune une robe là-dedans. Grâce à toutes ces astuces, le spectacle de la rue n'était pas triste et les femmes n'avaient pas l'air trop misérable. Il n'aurait plus manqué que ça!... La pénurie a généré une mode un peu bricolée, mais qui était fraîche et gaie. »

Côté accessoires, le chapeau, dont on aurait pourtant pu se passer en ces temps de disette, fut confectionné dans les matières les plus inattendues : papier journal, copeaux de bois, verre brisé, etc. Les modistes firent preuve d'une imagination débordante pour des bibis sophistiqués et tarabiscotés à l'intention des élégantes qui n'avaient renoncé à rien.

« On voyait ça aux courses et dans les grandes avenues chics de la capitale, dit Marguerite Bécart. A la campagne, on se contentait de garnir son vieux chapeau d'osier avec de gros nœuds, des voilettes qu'on trouvait assez facilement chez les marchands, on encore des plumes, ou encore des fruits en bois peint. En y repensant, c'était assez ridicule et aujourd'hui, ça nous ferait rire. Mais à l'époque, ça nous permettait de faire bonne figure à une communion ou à un mariage. »

« Les femmes, dit Lucie Aubrac en fine observatrice de son temps qu'elle était, lisaient trop les magazines de mode où on leur donnait d'invraisemblables conseils pour "frimer quand même". Pendant qu'elles pensaient à ça, elles ne pensaient pas à autre chose. Ça endormait leur conscience, ça les aidait à s'accommoder de la situation, à un moment où il aurait peut-être mieux valu se mobiliser. »

Anne-Marie Raimond, qui devint plus tard journaliste pour le magazine *Elle*, considère que la mode du temps de guerre était une réponse à la dureté du moment et qu'elle constitua une étape dans l'évolution vestimentaire.

« La femme d'hier et la femme de demain se côtoyaient, dit-elle. On avait du goût pour "s'apprêter" à la manière ancienne, avec chapeau à voilette, gants, sac à main, etc. Mais par ailleurs, pour la première fois, on a porté des shorts (à cause de la bicyclette qu'on enfourchait si souvent) et des jupes plus courtes, et aussi les jambes nues. Il y a eu là une petite libération vestimentaire qui est allée en s'amplifiant. »

Femmes de prisonniers

Avoir froid dans son cœur, les épouses des prisonniers de guerre ont souvent éprouvé cette sensation. Peut-on imaginer ce que représente pour une jeune femme encore amoureuse — car cet état concernait surtout les jeunes femmes — que d'être séparée de son amant, de son mari, du père de ses enfants, quand elle en avait!

Il y a eu plus d'un million et demi de prisonniers français entre 1940 et 1945. Leur absence a duré cinq ans, une éternité! Le temps d'une législature, le temps qu'il faut à un gamin pour devenir un homme, à un bébé pour apprendre à lire et compter, le temps à une jeune fille pour devenir une mère de famille, le temps à une jeune femme pour prendre quelques rides! Rien n'était plus pareil à leur retour. Elle avait changé, elle avait vieilli, elle avait pris des habitudes de solitude et d'autonomie. Quant à lui, il était devenu un vieux garçon, il avait vécu dans des difficultés sans nom, il avait risqué parfois sa vie en tentant de s'évader, parfois il n'avait pas fait l'amour pendant cinq ans! Rentré au pays, il ne reconnaissait plus sa ville, sa maison, sa famille. Il ne retrouvait plus son métier. Il fallait tout recommencer à zéro, en ayant un peu perdu la notion des réalités, dans une patrie où l'on avait appris à se passer de lui, auprès d'enfants qu'il n'avait pas élevés et qui parfois le rejetaient. Beaucoup de ménages n'ont pas résisté à pareille épreuve. Pourtant, on s'était écrit tous les quinze jours. On avait envoyé des photos et des colis de victuailles. On avait gardé contact. Mais cinq ans, c'était long, très long, et on avait plus ou moins oublié les traits de l'aimé, ou de l'aimée. Tant d'autres images étaient venues recouvrir cette image-là. Parfois, on s'était soupçonné d'infidélité, et parfois cette infidélité avait eu lieu.

« Il m'a avoué, dit Georgette Hertaux, à son retour, qu'il n'avait pas vécu une vie de garçon. Il avait eu des relations avec une jeune Tchécoslovaque. Je ne lui en ai pas voulu. J'ai pardonné cette infidélité. Pourtant je l'avais attendu sans broncher. Jamais il ne me serait venu à l'idée de "blaguer" avec quelqu'un pendant que mon mari était prisonnier. C'était mon premier amour. J'ai attendu son retour, supporté l'abstinence pendant cinq ans. Il n'en a pas fait autant. Les

hommes sont différents de nous, peut-être. L'important était
qu'il soit revenu. Je me suis dit : s'il est revenu, c'est qu'il
tient à toi. Y en a d'autres qui sont pas revenus d'Allemagne !
Alors, j'ai tiré un trait sur cette affaire. »

Si le retour posa de sacrés problèmes conjugaux et familiaux, l'attente ne fut pas moins pénible. Jacqueline Deroy,
dans son étude sur les femmes de prisonniers, note qu'un
grand sentiment de solitude s'était abattu sur elles.

« Elles réagissaient comme elles pouvaient. Certaines
prirent un peu trop à cœur leur tâche d'éducatrice. On vit se
former des couples mère-fille ou fils, très soudés ; on vit des
enfants trop couvés. Par exemple, les miens. J'avais décidé de
prendre en charge moi-même leur instruction et je ne les ai
pas envoyés à l'école. Résultat : ils ont eu des difficultés
quand il a fallu y aller. Je ne leur ai pas rendu service. »

« Avec moi, mon fils faisait ce qu'il voulait, dit Huguette
Paumier. Il n'était pas habitué à l'autorité paternelle. Mon
mari a voulu le dresser à son retour. Mal lui en a pris. Les
débuts ont été difficiles. Ensuite, tout est rentré dans
l'ordre. »

« Je suis retournée vivre avec mon vieux père, dit Marguerite Bécart. Je l'aidais à tenir le jardin et la maison. Ça a été
une morne période, d'autant plus que pendant longtemps je
n'ai pas su où était mon mari. Il avait été mobilisé quelques
jours après la naissance de notre première fille. Ensuite plus
de nouvelles ! Jusqu'au jour où une dame est venue m'apporter un bout de papier plié qu'elle avait ramassé sur un quai de
gare et qui portait mon adresse, ainsi que quelques lignes
écrites de la main de mon mari : "Je suis prisonnier, je pars
pour l'Allemagne, pense à moi, je t'aime." C'est comme ça
que j'ai su qu'il était encore en vie. C'était déjà ça, mais
l'avenir paraissait très incertain. Il s'est passé près de six mois
avant que j'aie de nouveau un mot de lui, une carte postale
officielle qu'on donnait aux prisonniers et sur laquelle ils
pouvaient dire l'essentiel en quelques lignes. J'ai appris de
cette manière qu'il avait passé quelques jours dans un stalag
et qu'on l'avait placé très vite dans une ferme pour le faire
travailler aux champs. A partir de là, les nouvelles me sont
parvenues assez régulièrement. J'ai appris que les paysans
allemands ne le traitaient pas trop mal et même que la

patronne de la ferme, une grosse gretchen, lui lavait son linge. Malgré cela, il ne se faisait pas à sa vie allemande, il voulait rentrer. Je lui recommandais de prendre patience, de ne pas courir de risques, car il me semblait que tout ça n'allait pas durer. Il ne m'a pas écoutée. Il s'est laissé dépérir ; on a dû l'emmener à l'hôpital. Là, il a découvert que des trains sanitaires emportaient les prisonniers malades vers la France. Alors, il s'est fabriqué un eczéma suintant à partir de quelques plaques d'eczéma qu'il avait, et qui avaient empiré du fait des durs travaux qu'il exécutait chaque jour. C'est comme ça qu'il a réussi à se faire rapatrier après un peu plus de deux ans de captivité. Il est arrivé par une nuit de février glaciale. Je n'avais pas été avertie de son retour. Alors je ne suis pas allée l'attendre à la gare. Une nuit, j'ai entendu son pas qui crissait sur l'herbe gelée. Je l'ai tout de suite reconnu. Ça a été de grandes effusions. Il avait une mine épouvantable, il était squelettique, mais dans son baluchon, j'ai trouvé une poupée, qu'il s'était procurée je ne sais comment, pour sa fille. »

« Quand mon mari est revenu, dit Huguette Paumier, mon fils avait 4 ans. Il n'avait jamais vu son père, et il a commencé par dire : "Qui c'est ce monsieur ? Je ne le connais pas !" Ça faisait un drôle d'effet ; mon mari en avait les larmes aux yeux. Je lui disais "C'est ton père, c'est père." L'enfant avait du mal à le croire. Pourtant, je lui avais montré des photos, mais pour un petit gosse, c'était abstrait, une photo. Ma fille l'avait connu avant son départ ; les retrouvailles ont été sans problèmes. Mais pour le petit, c'était difficile à faire admettre, ce père qui brusquement apparaissait dans sa vie alors que jusque-là, il n'avait vécu qu'à travers moi et s'était fait à l'idée qu'il n'avait qu'un seul parent. »

Non seulement beaucoup de jeunes ménages ont été ébranlés par l'expérience de la captivité, mais le caractère des enfants nés au moment de la guerre et élevés hors de la présence du père l'a été aussi. Devenus aujourd'hui des adultes dans la force de l'âge, ils prétendent qu'il leur reste encore un « recul » vis-à-vis de leur père, quand ce n'est pas au fond de leur inconscient, comme un « rejet ».

« Pourtant, dit Jacqueline Deroy, les femmes de prisonniers ont toutes entretenu leurs enfants dans la perspective du retour de leur père. Elles ont préparé le terrain, en lisant à haute voix les lettres qu'elles recevaient, en montrant les photos d'Allemagne qui leur arrivaient, en évoquant des souvenirs, des traits de caractère, en en parlant constamment. "Si ton père te voyait, il ne serait pas d'accord." Ou "Ton père serait fier d'apprendre que tu es le premier de la classe." Ça n'a pas vraiment empêché les "difficultés psychologiques" de se produire ; c'est surtout vrai pour les enfants trop jeunes au moment du départ de leur père pour en garder un souvenir physique et affectif. »

Femmes de soldats

Les Françaises n'ont pas été longtemps des femmes de soldat puisque la « drôle de guerre » qui tint lieu d'affrontements militaires fut en quelque sorte une débandade qui dura moins de six mois. L'état de femme de soldat a surtout été vécu par les Allemandes dont le mari a été requis pour partir sur les fronts durant le même temps qu'a duré la captivité des soldats français, au moins cinq années, parfois plus. Leur situation ressemblait un peu à celle des femmes de marins, avec cette différence que leur mari avait beaucoup de moins de chances de revenir vivant.

Voici sur ce sujet le témoignage de Brigitte Reithmuller qui se maria au début de la guerre et mit au monde deux enfants durant celle-ci :

« Mon mari était officier dans l'aviation. Je le voyais tous les six mois pour quelques heures ou le temps d'une soirée. D'autres mères de mes amies n'ont pas vu leur mari pendant des années. L'une d'elles qui s'était mariée par procuration en 1942 n'a revu son mari que dans les années 1950, car il avait été fait prisonnier après la guerre et n'est rentré que fort tard. Quant à moi, j'ai vécu dans une angoisse perpétuelle. Dans l'aviation, mon mari a dû faire plusieurs fois le tour de la planète. Un coup, il était en Afrique, un autre coup en Russie, puis sur le front en Grèce pendant l'offensive contre la Crète... En Italie, puis en Afrique, et puis encore en Russie. J'en avais le tournis. A la fin, il était sur Berlin pour défendre la ville. Il n'a jamais habité avec moi. Mariée en

1940, j'avais un foyer qu'il n'a jamais habité. Il venait me voir quand, au cours d'une mission, on l'envoyait dans le coin. Évidemment, à son retour, ça a été dur, pour lui et pour beaucoup d'autres soldats qui rentraient après tant d'années de dangers et de vie rude. Ils avaient laissé une femme qui se tenait un peu en retrait. Ils retrouvaient une femme qui avait fait l'exode, qui avait subi les bombardements, qui s'était débrouillée pour trouver du travail, gagner de l'argent, élever les gosses. Cette femme était devenue un chef, une femme à poigne. Rien à voir avec l'oie blanche qu'ils avaient quittée. Pour moi et pour beaucoup d'autres femmes de mon pays, la plus grande contrainte de la guerre, ça a été la séparation. Nous avons certes été des national-socialistes convaincues et nous avons apprécié les efforts d'Hitler pour remettre l'Allemagne debout. Mais, la guerre, les femmes ne l'ont pas voulue. Cette période, malgré les victoires du début, est une période douloureuse, qui nous a laissées amères et désemparées pour très longtemps. »

CHAPITRE VII

SOUS LA CONTRAINTE DES IDÉOLOGIES AUTORITAIRES

Guerre d'expansion, pour ce IIIe Reich qui devait durer mille ans et se rendre maître de l'Europe, la Seconde Guerre mondiale a été également une guerre idéologique. « Plutôt Hitler que Staline », « Plutôt mort que rouge », « Je souhaite la victoire à l'Allemagne car sans elle le bolchevisme déferlerait sur l'Europe », ces slogans et phrases célèbres révèlent bien la nature idéologique de cette guerre. Celle-ci n'a pas été sans influer profondément sur la vie et la mentalité des femmes.

Travail, famille, patrie

La « révolution nationale » instaurée par Philippe Pétain concernait les femmes au premier chef. Il y était question d'une moralisation des mœurs, laquelle commence par les mœurs féminines du retour aux valeurs séculaires : travail, famille, patrie, lesquelles s'adressent également aux femmes.

Le travail : c'était pour elles celui du foyer, à partir du moment où elles se mariaient. Une loi interdisant aux femmes mariées de travailler à l'extérieur fut édictée par le gouvernement de Vichy. En pratique, elle n'a jamais été appliquée. Elle n'en constituait pas moins une menace sur la liberté de la femme à disposer librement de sa vie.

La famille : il lui fut demandé d'en constituer une, la plus nombreuse possible, et de la protéger. On essaya d'instaurer une loi interdisant le divorce. En vain.

Quant à la patrie, elle était l'affaire des hommes qui avaient à la défendre, en l'occurrence à supporter leur condition de prisonniers en Allemagne. Mais elle fut aussi l'affaire des femmes, créatrices du pays, éducatrices d'enfants élevés au son de *Maréchal, nous voilà !*, bonnes mères, bonnes épouses, prélevant sur leurs maigres rations de quoi améliorer le quotidien de leur homme, nourri au brouet du stalag ou de l'oflag.

L'idéologie pétainiste a fait des ravages dans la population féminine française. Beaucoup de femmes se sont appliquées à satisfaire les désirs du vainqueur de Verdun. Les historiens ont découvert dans les archives des lettres de Françaises adressées au Maréchal, tel le patriarche tout-puissant d'une famille, pour lui signaler que la procréation allait bon train et qu'on venait de mettre au monde son quatrième ou son cinquième enfant, qu'il s'appellerait Philippe et que le maréchal serait son parrain spirituel.

La fête des mères

Pour valoriser la famille, en 1941, le maréchal institua la *fête des mères*. Elle fut lancée, tel un produit de lessive aujourd'hui, à grand renfort d'affiches, de prospectus, d'articles dans la presse et de petits films de propagande, diffusés par le cinéma dans les salles alors très fréquentées, entre le documentaire et le film, dans le magazine intitulé « Les Actualités françaises » puis « France-Actualités ». Une grande sensiblerie, un ton bon enfant, des images tendres, un commentaire lénifiant, ces produits de propagande touchaient le cœur de femmes par ailleurs traumatisées par la défaite de leur pays, la solitude et les difficultés de l'existence. Jusqu'en 1942, la majorité des femmes ont écouté d'une oreille attentive les rodomontades du Père de la patrie. Puis cette majorité est allée s'effritant jusqu'à la fin 1944, pour ne plus représenter qu'une poignée d'inconditionnelles qui considèrent même encore aujourd'hui que Pétain indiquait clairement la bonne voie. Ce dernier sursaut réactionnaire n'a nullement entravé la marche de la libération féminine, qui au contraire se renforça à travers la Résistance.

Car si la « révolution nationale » conduisait à la collaboration avec l'occupant dans son esprit, celles qui en rejetaient le discours n'avaient plus, logiquement, qu'à s'engager dans la Résistance. Ce qu'elles firent en grand nombre, et nous verrons comment plus loin.

Lucie Aubrac, jeune mère à l'époque et résistante active, s'indignait de la politique nataliste du Maréchal :

« J'écoutais ça, n'en croyant pas mes oreilles. Il était bien bon le maréchal, mais encourager les femmes à faire des enfants... Avec qui d'abord ? La majorité des hommes en âge de faire des enfants étaient prisonniers de guerre. Quant à celles qui auraient pu faire des enfants, elles étaient les femmes des prisonniers de guerre. Et ce n'était vraiment pas le moment de leur demander d'enfanter alors qu'elles avaient déjà du mal à nourrir ceux qui étaient nés... De plus, on avait vraiment autre chose à penser à ce moment-là. Les problèmes de l'heure étaient autrement plus urgents à régler. Mais c'est vrai que beaucoup de femmes qui avaient encore leur mari sous la main se sont mises au travail. On avait même institué un comité qui remettait un diplôme et une médaille aux mères les plus prolifiques ! Et leur photo passait dans le journal, vous vous rendez compte, comme celle de la meilleure poulinière du canton ! Pour moi, cette politique cachait une autre ambition, qui était celle de faire oublier aux femmes les réalités crues que la politique du maréchal mettait à jour ; c'était une manière de les endormir. On montait la famille en épingle, il n'y avait pas d'autre salut qu'à travers la famille qu'on créait, on devait y occuper toutes ses forces. Pendant ce temps-là, on restait tranquille. Ça ne mangeait pas de pain, comme on dit. »

Pour Marie-Madeleine Fourcade, la politique nataliste de Pétain n'était qu'un vain projet, qui n'a touché que de pauvres femmes. « Elles écoutaient le maréchal parce qu'elles croyaient qu'il allait tout mettre en œuvre pour faire revenir les prisonniers. Quand elles ont constaté que rien ne se produisait, elles l'ont lâché. »

La propagande du maréchal ne semble pas s'être enfoncée très profondément dans les foyers campagnards. Marguerite Bécart qui pendant longtemps n'a pas eu la radio, et qui ne lisait pas les journaux, ne se souvient pas de ces encouragements répétés à faire des enfants. « De toute manière, dit-elle, on fait les enfants qu'on peut, dont on a envie, qu'on est capable d'élever. On ne fait pas des enfants sur ordre. Dans ma campagne, on a toujours bien aimé les familles nombreuses. On n'avait pas besoin des encouragements du maréchal. »

Quant à Huguette Paumier, qui écoutait la radio dans son village de Touraine, elle observe que « le maréchal savait trouver les mots pour toucher le cœur des femmes et que dans son village on y était sensible. Moi, j'étais communiste comme mon mari. Tout ce qui venait de Pétain me semblait suspect. J'avais deux enfants, je n'ai jamais eu envie d'en faire d'autres pour lui faire plaisir. D'ailleurs mon mari était prisonnier, et quand il est revenu, le maréchal était parti. »

La femme sous Mussolini

En Italie, on aime faire l'amour, on n'avait aucune idée à l'époque de la contraception et on y a toujours beaucoup aimé les familles nombreuses. Dans ce pays autrefois machiste, la mama italienne lourdement chargée de progéniture n'était pas une simple figure de style. C'était une réalité de toujours. Toutefois un mouvement émancipateur s'était levé à l'issue de la Première Guerre mondiale. Quelques droits avaient été accordés aux femmes, que Mussolini s'empressa de supprimer.

« Pour lui, dit Lidia Rolfi, qui habitait Milan dans les années 1940, les femmes n'avaient aucun droit, sinon celui de faire beaucoup d'enfants pour faire beaucoup de soldats. Celles qui travaillaient dans les usines devaient accepter leur condition d'esclave sans rechigner. Être bien moins payées que les hommes, travailler beaucoup plus, aux postes les plus durs, les moins intéressants, et se taire. Des génitrices d'un côté, des esclaves de l'autre, tel était le sort de la femme dans l'Italie de Mussolini. Les mères de famille se fichaient pas mal de la politique nataliste de Mussolini. Par contre, il est allé trop loin avec les ouvrières. Elles se sont mises en grève plusieurs fois et comme elles étaient très nombreuses, l'économie du pays s'en est trouvée menacée. Il y a eu des représailles terribles, mais pas de prison pour ces grévistes. On avait trop besoin d'elles. »

Quant à l'idéologie fasciste, Lidia Rolfi estime que ce sont les femmes de la bourgeoisie qui l'ont le mieux acceptée, car elle favorisait les intérêts des nantis.

« Par ailleurs, dit-elle, les professeurs ont été des propagandistes de Mussolini. Ils ont fait le travail de bourrage de crâne sur les écoliers. Moi, les premiers mots que j'ai appris à écrire, c'était "Viva el Duce". Quand on commence sur les bancs de l'école, on est sûr d'avoir de bons fascistes. C'est ce qu'a fait Mussolini en Italie et Hitler en Allemagne. »

Ma tête à couper pour Hitler

Bien des Françaises ont aimé Pétain, bien des Italiennes Mussolini, bien des Allemandes ont raffolé de Hitler. Décidément, les femmes de cette époque étaient sensibles au charme pourtant discutable des dictateurs ! Mais les femmes sont également très pacifistes, à la manière de toutes les femelles du monde vivant, pour qui un climat de paix est nécessaire à la croissance de la couvée. Pétain avait mis un terme à la guerre, dans des conditions déplorables, mais il avait fait « arrêter la boucherie » et les femmes lui en furent reconnaissantes, pour la plupart. Les Italiennes se sont retournées contre Mussolini « quand on a vu ce que c'était que la guerre » dit Lidia Rolfi. Quant aux Allemandes, la faveur qu'elles vouaient à Hitler a décru de façon proportionnelle à l'intensification de la guerre. C'est ce qui ressort des témoignages que nous avons récoltés pour la réalisation de l'émission. Quant à la naissance de cette faveur, Brigitte Reithmüller l'explique très bien :

« Ma fascisation s'est installée d'une manière insidieuse. A l'école comme à la maison, j'avais été élevée dans une ambiance national-socialiste. J'en étais imprégnée dès mon plus jeune âge. Nous avions connu une époque de chômage

terrible ; nous avons vu des ouvriers mourir de faim. Moi
même, j'ai eu faim et j'en ai souffert. Et puis Hitler est arrivé
et ça a été mieux très vite. Nous n'avions aucune raison de ne
pas aimer Hitler. Pour ma génération, le national-socialisme
qu'il a incarné a été une évidence. La grande période pro-
hitlérienne a commencé en 1933. Ça a été une aventure
incroyable. Les gens descendaient dans les rues comme des
fous pour acclamer Hitler. Il y avait ces exhortations à la
radio qui nous exaltaient. J'ai été très fascinée par tout cela.
J'ai assisté aux Jeux Olympiques de 1936 dans l'éblouisse-
ment. Un peu plus tard, lors d'une journée du parti, j'ai été
présentée, en tant que responsable d'une section de Jeunesses
hitlériennes, au Führer. Comme les autres filles, j'étais très
excitée. La fête était impressionnante, elle se déroulait dans
un amphithéâtre ; tous les jeunes gens portaient leurs couleurs. Nous avons chanté, Hitler est arrivé au milieu de nos
chants. Tout cela était fascinant pour la jeune fille que j'étais.
Si Hitler avait demandé à cette époque-là laquelle d'entre
nous mettrait sa tête sur l'échafaud pour lui, je crois bien que
nous nous serions bousculées pour y aller.

« C'est après que c'est devenu oppressant. Je me revois
dans le train qui me ramenait à Bamberg. J'étais incapable de
volonté, comme paralysée. Je me suis fait peur. Je crois que
j'ai compris confusément que nous étions au bord de la folie,
qu'il y avait un danger. A partir de ce jour, j'ai évité de
participer à un mouvement de masse. Avec le déroulement de
la guerre, des doutes se sont infiltrés dans notre esprit, mais
le national-socialisme m'apparaissait toujours comme une
idéologie valable. Un jour, nous avons capté sur une radio
clandestine une information concernant le gazage des juifs.
Ça m'a paru si énorme, si invraisemblable que j'en ai parlé
partout autour de moi. Je n'y croyais pas. On avait déjà
raconté pendant la Première Guerre que des Allemands
avaient arraché les mains des enfants belges, ce qui était faux.
J'ai pensé à un bobard lancé par la contre-propagande. Dans
ma ville, je n'ai pas connu de juifs déportés. Pourtant, nous
habitions entre deux famille juives. Nous connaissions le
professeur Heidenheim. Rien ne lui est arrivé. Dans ma
section, une de mes filles était à moitié juive. On m'a
conseillé de la renvoyer. Elle se débrouillait très bien. Je n'ai
pas trouvé de raison de la renvoyer et je l'ai gardée. »

« Profite de la guerre, la paix sera terrible »

Un autre témoignage d'une femme allemande, Gerda Zorn, qui effectuait pendant la guerre un travail de secrétariat dans une agence de presse, montre à quel point dans son pays les femmes qui ne « pensaient pas dans le sens des flèches devaient se tenir sur leurs gardes » :

« Dans ma famille, on avait toujours été social-démocrate et l'arrivée des nazis m'avait été, ainsi qu'à toute ma famille, très antipathique. Je me souviens que mon père me disait souvent "Fais-toi petite, ne dis rien, cela vaut mieux pour toi."

« Je me rendais compte qu'au bureau tout le monde en faisait autant. Les gens choisissaient de se taire. Pourtant, l'hostilité pour Hitler m'apparaissait parfois, quand, par exemple, les journalistes me dictaient leurs papiers. Ils continuaient à écrire des articles élogieux, mais ils étaient pensifs, et ils l'ont été de plus en plus. C'était une époque où on avait ce mot : "Profite de la guerre, la paix sera terrible." Dans ma famille même, il fallait être prudent. Ma cousine s'était mariée à un petit SA. Nous nous trouvions réunis pour un repas de famille. Il y a eu une discussion d'où il ressortait que mon père et mon grand-père n'étaient pas pro-nazis. Ce SA s'est levé et a dit qu'il les dénoncerait. Il a fallu que tout le monde s'y mette pour le dissuader de dénoncer des membres de sa propre famille. A l'annonce de la défaite de Hitler, cet homme s'est pendu à la fenêtre de sa cuisine. Ma cousine et ses trois enfants l'ont découvert en rentrant à la maison.

J'aurais pu moi-même m'engager dans la résistance. J'ai essayé, car dans mon agence de presse, je captais des informations qui auraient été intéressantes pour des résistants. J'en ai recopié quelques-unes et j'ai cherché à qui les communiquer. Mais je n'ai trouvé personne. Mon père, ayant appris ce que je faisais, m'a de nouveau mise en garde. Et puis un jour, j'ai appris que deux jeunes filles, qui faisaient du renseignement, avaient été arrêtées et exécutées. Elles avaient été dénoncées. A partir de là, je n'ai plus rien tenté, j'ai continué à faire mon métier, sans beaucoup de fierté. J'étais en assez piteux état. J'ai évité les fêtes nazies sous prétexte que j'avais trop de travail à l'agence. J'ai fait comme les autres, dont les conver-

sations tournaient toujours autour du mari ou du fiancé qui
était à la guerre, dont on n'avait pas de nouvelles, dont on ne
savait pas sur quel front il se trouvait, etc. Je suis sûre que si la
peur de la Gestapo n'avait pas été aussi grande, l'opinion
aurait évolué plus vite. »

Un enfant pour le Führer

Hitler avait des idées très arrêtées concernant le sort de la
femme allemande. Une de ses premières initiatives fut, on l'a
vu, de faire édicter la règle des trois K (enfant, cuisine, église)
qui disait bien dans quel état il la situait. D'après Charlotte
Treuman, cette politique faisait l'affaire de beaucoup d'Allemandes :

« Les femmes étaient ravies de disparaître dans leur cuisine
où elles n'avaient pas à prendre de responsabilités. D'une
manière générale, leur conduite a été lamentable. Elles se sont
laissé faire, alors que toutes ne portaient pas le Führer dans
leur cœur. Certaines se sont appliquées à faire des enfants
pour avoir, après le 3e ou le 4e enfant, la "croix maternelle",
une médaille qui récompensait les mères prolifiques. »

La demande du gouvernement en bébés a, par ailleurs, pris
un tour particulier lorsque les principes d'épuration de la
race furent mis en application. Il s'agissait, face aux sangs
mêlés sémites et aryens qui peuplaient l'Allemagne, de diriger les actes de procréation afin d'obtenir une nouvelle
génération purement aryenne. Les individus purement sémites disparaîtraient d'eux-mêmes, au besoin on les y aide-
rait, et c'est ce qui fut entrepris avec le génocide des juifs. En
attendant, tout mariage non purement aryen fut, sinon interdit, du moins fortement désapprouvé et tout à fait risqué.
Gerda Zorn a été confrontée à ces problèmes raciaux :

« Un de mes amis avait une mère juive et voulait se marier
avec une de mes amies qu'il aimait profondément. Un jour,
elle a rompu ses fiançailles en déclarant qu'elle voulait avoir
des enfants purement aryens. Elle aimait cet homme, mais
c'était plus fort qu'elle. »

Charlotte Treuman avait épousé avant la guerre un juif
dont elle eut une petite fille :

« J'ai été convoquée sept fois à la Gestapo, avec à chaque fois un interrogatoire poussé. Non seulement j'étais harcelée tout le temps, mais on a essayé de m'impressionner sur le sujet de ma fille. Mon mari avait émigré. J'étais seule avec elle. Ils ont commencé par me proposer de l'aryaniser, c'est-à-dire de lui trouver un père aryen qui accepterait de la reconnaître, ce qui permettrait de lui fabriquer un autre état civil. J'ai refusé et j'ai tenu bon jusqu'à la publication des arrêtés de Nuremberg qui m'ont enlevé mes derniers droits. Ma fille m'a été enlevée et a été placée dans un camp de "sangs mêlés au premier degré". La fillette a vécu dans ce camp dans des conditions affreuses. Les baraques n'étaient pas chauffées, la nourriture infâme. La toilette se déroulait dans la cour, par moins dix degrés parfois, devant les SA qui rigolaient entre eux... tout ça parce qu'elle était à moitié juive. »

Les problèmes de race ont été omniprésents durant la guerre et ont pesé lourdement sur la vie des Allemandes. Sur cinq femmes témoins retenues en Allemagne pour la réalisation de l'émission, trois ont dû se soumettre aux épreuves de contrôle de l'aryanité. Gerda Zorn, entre autres :

« J'étais encore dans mon bureau d'agence quand on m'a demandé de faire contrôler mon aryanité. Je me suis rendue dans un des services de la mairie. On m'a remis un questionnaire d'état civil que je devais remplir et qui comptait 4 pages. On me demandait de donner nom et origine de mes parents, grands-parents, arrière-grands-parents. Il fallait remonter très loin dans le passé. Or j'avais des grands-parents orphelins, qui venaient de Prusse occidentale. Mon père, venu à Berlin, avait épousé une Berlinoise. En fait, j'étais incapable de remonter au-delà de ces grands-parents. Je n'ai donc pas complètement rempli ce questionnaire. On m'a quand même donné un certificat d'aryanité. J'étais blonde aux yeux bleus et j'avais le type nordique. Je crois que c'était ce qui leur importait le plus. Car j'avais une amie qui avait des cheveux bruns et des yeux noirs, mais qui n'avait pas une goutte de sang juif dans les veines. Mais comme elle avait vaguement le type du Sud, on lui a fait des tas de problèmes. Un jour, elle a même été insultée sur un quai de gare, comme si c'était une vraie juive. »

Brigitte Reithmüller, qui a également subi ce contrôle, élude :

« Je n'ai pas très bien compris à quoi ça servait. J'y suis allée. On a pris des mesures de mon crâne dans tous les sens, et à la fin on m'a remis un papier. Ça n'avait pas l'air très sérieux. »

Charlotte Treuman a reçu une convocation à laquelle elle ne s'est pas rendue :

« J'avais épousé un juif dont j'avais déjà un enfant. Je ne vois pas à quoi ça leur aurait servi d'établir mon aryanité. J'étais blonde avec des yeux bleus, ça leur aurait suffi. Mais pour eux, le mal était fait puisque j'avais mélangé les sangs. »

En fait, les certificats d'aryanité ont surtout été exigés dans les *Lebensborns*, ces maternités spécialisées où l'on venait mettre au monde de purs aryens et d'où l'on ressortait parfois les bras vides, l'enfant étant offert en cadeau au Führer, par le biais d'une organisation d'État qui allait se charger de l'élever.

« Un jour, raconte Gerda Zorn, une de mes amies, qui était aussi ma collègue de bureau, se met à pleurer. Je m'approche d'elle et tente de la consoler. Elle me fait alors des confidences. Elle avait un enfant qui vivait quelque part dans un château, elle ne savait pas où exactement. Elle en avait fait cadeau au Führer. Ce bébé était né de ses amours avec un aryen qu'on lui avait fait rencontrer, qu'elle ne connaissait pas, qu'elle n'aimait pas et qui était d'accord lui aussi pour ne pas réclamer l'enfant qui naîtrait de leurs amours. Les années avaient passé et maintenant l'enfant lui manquait. Elle aurait aimé le récupérer, d'autant plus qu'elle venait de se marier avec un homme qui était prêt à re-connaître l'enfant. Elle l'avait donc réclamé et on refusait de le lui rendre. »

Charlotte Treuman a assisté de son côté à l'origine de ces manœuvres dirigées d'en haut :

« Je travaillais au journal depuis quelques mois lorsque deux SS sont arrivés et nous ont raconté qu'ils allaient être pères. Ils riaient, ils avaient l'air très contents d'eux-mêmes. Ils disaient que leur enfant serait entièrement pris en charge par un *Lebensborn* et qu'ils n'auraient pas à s'en occuper. Ils ont sorti une série de photos de leur poche qui étaient des portraits de jeunes filles, expliqué qu'ils avaient choisi celle qui leur plaisait le mieux. On leur avait ensuite organisé un séjour de deux semaines dans une sorte d'hôtel avec la jeune fille de leur choix, dont ils avaient oublié jusqu'au nom, mais qu'ils appelaient leur "sweet mary". Ils étaient satisfaits comme des hommes qui viennent de profiter d'une bonne aubaine. »

Brigitte Reithmüller a connu les *Lebensborns* par l'intermédiaire d'une de ses amies :

« Elle s'était engagée comme infirmière dans un de ces établissements, mais quand elle a vu ce qui s'y passait, elle a démissionné. J'étais au courant de ce qui se trafiquait dans ces endroits et je n'approuvais pas. Pourtant à l'époque je pensais qu'il valait mieux se marier avec un non-juif si on voulait réussir son mariage et avoir la paix sur le plan politique. Mais là, ils sont allés trop loin et je plains les pauvres femmes qui se sont laissé faire. Elles ont dû s'en mordre les doigts après. »

Quelle fut exactement l'ampleur du phénomène *Lebensborn ?* Les chiffres sont imprécis. Charlotte Treuman, qui était journaliste sous le IIIᵉ Reich, bientôt d'ailleurs interdite de plume puisque soupçonnée de sympathie avec les juifs (elle en avait épousé un), estime qu'il y avait une clinique spécialisée dans la réception des enfants aryens dans chaque grande ville d'Allemagne et qu'il s'en ouvrit dans les pays occupés. En France, le château de Chantilly, réquisitionné par l'occupant et transformé en clinique, aurait servi de cadre à la naissance de 100 000 petits aryens franco-allemands. Marc Rydell, dans l'enquête qu'il a menée pour son livre *Au nom de la race,* considère qu'il est difficile de faire le point sur ce sujet, toujours entouré du plus grand mystère, les derniers témoins vivant retranchés dans un mutisme gêné. Quant aux enfants nés dans ces conditions si étrangères à la normalité, ils n'en ont pas le souvenir (et pour cause !), ils ne savent que ce qu'on a bien voulu leur en dire à l'âge où ils étaient en mesure de comprendre, à l'âge où ils ont posé des questions sur leurs origines. Ils ont été pour la plupart recueillis par des familles adoptives, ou élevés dans des établissements sociaux. Ont-ils cherché à retrouver leurs

géniteurs ? Il y a de fortes chances que leur entourage les en
ait dissuadés. Si des cas se sont produits, ils ne sont pas
connus de ceux qui ont pour mission de véhiculer l'information.

La lèpre raciste

Mal endémique, le racisme a connu une flambée particulièrement meurtrière pendant la dernière guerre, et son
apogée à travers le génocide des juifs dans les camps d'extermination. Telle une lèpre, il se répandit à partir des années
1930 à travers l'Europe (y compris en URSS), entretenu par
des mouvements d'extrême droite et des ligues fascistes.
Hitler devait le récupérer au profit de sa politique d'épuration de la race et de germanisation de l'économie du Reich,
certains leviers de commande se trouvant aux mains des juifs.
    Comment les femmes ont-elles accepté, et supporté, les
pressions antisémites qui s'exerçaient sur elles?
    Brigitte Reithmüller, national-socialiste convaincue et fer-
vente admiratrice d'Hitler, suffisamment courageuse pour
reconnaître aujourd'hui qu'elle s'est trompée, déclare être
restée en dehors des mouvements de haine antijuive.
    « On m'avait entraînée, avec des jeunes filles de ma section
de BDM, voir un film qui s'intitulait Le Juif Süss. Je ne suis
pas restée à la projection. J'en suis sortie indignée, autant par
ce que je voyais à l'écran que par les réactions violentes de la
salle. »
    Charlotte Treuman, 35 ans à l'époque, mariée à un juif qui
avait émigré pour se mettre à l'abri des poursuites, a beaucoup souffert de l'antisémitisme virulent qui sévissait: interrogatoires répétés de la Gestapo, enfant placée dans un camp,
elle se voit peu à peu dépouillée de tout. Elle était journaliste,
on la renvoie. Elle s'occupe des soldats blessés, on la juge
indigne de cette fonction, elle doit y renoncer. Par la suite, il
a fallu jouer d'adresse et composer:
    « Je n'avais jamais hissé le drapeau nazi devant ma maison.
Un jour, un responsable national-socialiste qui surveillait
plusieurs maisons, dont la mienne, dans le but de s'assurer
que rien n'était commis contre Hitler, vint me dire: "Demain, les SA défilent devant votre maison et vous n'avez pas

encore sorti votre drapeau ! Votre mari étant absent, vous devez le hisser, sinon, je ne garantis pas ce qui arrivera. " J'ai donc pris le plus petit drapeau que j'ai trouvé et je l'ai hissé. Je ne voulais pas attirer encore davantage d'ennuis à ma fille. A cette époque, je logeais un couple de juifs qui préparait son émigration et qui n'avait pas encore trouvé d'hôtel. Pendant la nuit, mon protégé juif m'a accroché, sans lumière, la croix gammée à mon pignon. Comme ça, personne n'est monté, pour nous arrêter et nous déporter dans un camp. On était obligé de porter des masques pour survivre. Ma famille s'est bien comportée dans l'ensemble. Au début, on m'avait envoyé des quolibets dans le genre, "toi, l'Allemande de pure souche, tu épouses un youpin !" Ça n'a pas été plus loin. Quant à mes amis, mes vrais amis, ils ne se sont pas détournés de moi parce que j'avais épousé un juif. Mais c'était un tout petit cercle. Dans mes relations, beaucoup se sont éloignés. Dans mon voisinage, il y a des gens qui ont écrit à la Gestapo pour dire que mon "chauffeur était juif" : c'était mon mari. Quant aux relations d'affaires que nous avions, elles se sont volatilisées. Personne ne voulait plus faire d'affaires avec un juif. Ma petite fille a subi le contrecoup de ce racisme. Elle aurait voulu se joindre à ces groupes de jeunes filles qui se formaient. Elle était rejetée partout, y compris au "service obligatoire" où tous les jeunes de 18 ans se trouvaient, y compris de l'enseignement secondaire. J'ai dû la mettre en apprentissage chez un tailleur juif. C'est là qu'ils sont venus la prendre pour la mettre dans un camp de "sangs mêlés".

« Les camps de concentration, j'en ai personnellement entendu parler très vite. J'avais fait l'expérience d'un camp de travail en Tchécoslovaquie, à Yega. Ça n'a pas duré longtemps, car j'ai réussi à m'évader lors d'une promenade de santé qu'on nous faisait faire. C'est là que j'ai vu des photos des camps de concentration pour la première fois. Je me suis dit : "Mon Dieu, mon pauvre mari se trouve peut-être dans un endroit aussi abominable !" Il faut dire que j'avais eu de ses nouvelles par des voies détournées. Il était allé s'installer en Yougoslavie où il avait essayé de monter une affaire. Les Allemands sont arrivés, l'ont découvert, arrêté et enfermé. Je ne savais pas que je ne devais plus le revoir. Après la guerre, j'ai entrepris des recherches par l'intermédiaire de la Croix-

Rouge, et avec l'aide d'amis juifs. Nous n'avons jamais pu savoir s'il était mort. Même chose pour ma belle-mère qui avait été internée à Theresienstadt. Après cinq ans de recherches vaines, nous avons considéré qu'ils étaient morts. »

Le cas de Charlotte Treuman est exemplaire des persécutions antisémites ordinaires qui pesèrent en Allemagne sur toute femme ayant quelque rapport, si éloigné fût-il, avec un juif. Quant aux femmes juives, elles ont été déportées avec l'ensemble de leur famille. On sait que beaucoup n'en sont jamais revenues et que celles qui ont survécu au calvaire qu'on leur a fait subir en sont traumatisées pour le reste de leurs jours.

Ce sort n'a pas été réservé aux seules femmes allemandes. Tous les pays d'Europe occupés ont eu à subir les mêmes persécutions, de la Pologne à la Norvège en passant par la Hollande et la France. Régine Beer, jeune étudiante de la Belgique flamande qui habitait Anvers, rapporte son histoire :

« Tout s'est passé si bêtement. J'allais encore à l'École normale à ce moment-là. Un jour, je rencontre ma directrice qui me dit : "Régine, vous devriez un peu aller voir au Registre des juifs si vous ne devez pas vous inscrire." C'était le moment où les Allemands demandaient aux Belges juifs de se faire recenser. On ne savait pas encore très bien pourquoi, même si on s'en doutait un peu. J'étais très jeune, mon père venait de mourir. Lui était juif, ma mère ne l'était pas. J'avais l'habitude de bien obéir. C'est pourquoi je dis aujourd'hui aux jeunes de bien réfléchir quand on leur donne un conseil, de s'assurer d'abord que c'est un bon conseil. Moi, j'ai écouté et je suis allée au registre des juifs. Monsieur Lambert qui me recevait m'a dit :

— Écoute Régine, qu'est-ce que tu fais ici ? On ne le voit pas que tu es à moitié juive. Ton nom ne dit pas grand-chose. Mais enfin, tu es venue. Les Allemands sont là, complètement armés. Je ne peux rien faire d'autre que de t'inscrire. Mais tu peux encore espérer être tranquille, car les Allemands ont promis qu'ils arrêteraient les juifs étrangers mais pas les juifs belges.

« C'était en 1940 et j'ai eu effectivement quelques années de tranquillité. Et puis est arrivé un moment où les Allemands ne trouvaient plus assez de juifs belges. Alors, ils ont fait de grands ramassages dans les grandes villes, aussi bien à Bruxelles, qu'à Liège et à Gand. Un soir, minuit sonnait. J'étais en train de terminer un discours que je devais lire le lendemain. J'avais tout juste passé mes examens pour être professeur de culture physique. Soudain un camion s'arrête devant la maison. Deux Allemands armés en sortent, avec deux autres hommes qui étaient belges. On frappe à la porte. On cogne. J'entends: "Aufmachen, aufmachen"! Ma mère va ouvrir. Je descends. Ma mère était en larmes et disait:

— C'est ma fille, vous ne pouvez pas l'emmener, elle n'a rien fait!

— Ça ne fait rien, elle est juive, elle doit venir.

« J'ai été poussée dans le camion, dans l'état où j'étais. Il y avait déjà du monde à l'intérieur. On s'est tous retrouvés à la prison, sous bonne garde. Et deux jours après, on était tous emmenés dans un camp de rassemblement à Malines, non loin de la frontière française. J'ai vécu là pendant près d'une année. Pendant ce temps, on complétait mon dossier. Des membres de ma famille ont bien essayé de me faire libérer, mais on a découvert que j'avais aidé la résistance belge et mon cas s'en est trouvé aggravé. Les conditions de vie étaient très dures dans ce camp, mais on mangeait à peu près correctement, on recevait du courrier, et quand j'y repense, par rapport à ce que j'ai connu après, c'était supportable. »

Régine Beer devait être déportée à Auschwitz, d'où elle revint deux ans après, dans un état de total délabrement physique. Nous la retrouverons au chapitre consacré à la déportation des femmes.

Le juif et la France

En 1941, il s'est ouvert à Paris au palais Berlitz une exposition qui résumait en elle-même l'état d'esprit qu'on voulait développer en France. Elle s'intitulait « Le juif et la France », et elle connut une importante fréquentation. Des croquis, des textes, des moulages divers de nez, de crânes, de faciès, étaient censés informer les populations des particularités morphologiques de la race sémite. « Apprenez à re-

connaître un juif » annonçait une pancarte à l'entrée, sous-
entendant « afin de mieux pouvoir dénoncer ceux qui vous
entourent ».

« Elle n'avait rien de surprenant, déclare Lucie Aubrac,
cette exposition, car il y avait, depuis 1936 déjà, des ligues
fascistes qui traquaient les émigrés et les juifs. En 1940, sont
parues les premières lois sur le statut des juifs, édictées par
Vichy. Donc, on savait à quoi s'en tenir. Au début, on s'était
bien douté que si un gouvernement fort venait, il prendrait
des mesures autoritaires contre les juifs, mais on n'avait pas
imaginé que l'opinion française les accepterait aussi vite. En
ce qui me concerne, j'étais prête en 1939 à m'embarquer pour
les États-Unis où j'avais été invitée à venir faire une thèse de
géographie. Tout était prêt, et au dernier moment j'ai renoncé. Je m'étais fiancée à un garçon qui appartenait à une famille
juive, Raymond Samuel. J'ai réalisé que je ne pouvais pas
m'éloigner au moment où, d'abord il était mobilisé pour la
guerre, et ensuite risquait d'avoir de gros problèmes raciaux. »

Selon l'historien Jean-Pierre Azéma[1], 300 000 juifs vivaient en France à la veille de la guerre, dont la moitié de
nationalité française et un quart nés de parents français. Ils
furent frappés dès 1940, aussi bien par les dispositions de
Vichy que celles de l'occupant. Vichy a pratiqué ce que
Xavier Vallat a appelé « l'antijudaïsme d'État », c'est-à-dire
une politique d'exclusion des juifs de tous les grands corps de
l'État et des professions libérales. Les occupants étaient
davantage motivés par leur idéologie.

De ce fait, dès 1941, la France s'est couverte de ghettos, des
camps sordides à Gurs, Rivesaltes, Vernet, Noé, etc., camps
de rassemblement à partir desquels les juifs furent transférés
à Drancy, et de là déportés à Auschwitz. Ils furent environ
75 000 en France, dont 10 000 enfants, à être acheminés vers
la « solution finale ». 3 % seulement des déportés raciaux
ont survécu. 740 femmes sont revenues d'Auschwitz.

---

1. Cf. *De Munich à la Libération.*

Troisième partie

Femmes engagées
ou
le temps du service

Les femmes n'ont pas vocation à prendre les armes pour aller défendre leur pays contre l'agresseur. Le fait est établi depuis la nuit des temps et l'histoire de nos civilisations ne mentionne que quelques cas exceptionnels où il fut dérogé à cet ordre des choses. Leur rôle en temps de guerre est d'assurer la pérennité du foyer momentanément abandonné par l'homme, d'élever les enfants en attendant le retour du père.

Ce rôle traditionnel s'est quelque peu transformé au cours de la dernière guerre mondiale, du fait du caractère tous azimuts de sa violence, avec des bombardements aveugles sur les populations civiles qui firent beaucoup de blessés et de sinistrés. Le besoin de secours a incité de nombreuses femmes, qui n'en avaient ni la vocation ni la formation, à s'engager dans les services sociaux et sanitaires où elles firent, une fois de plus, la démonstration de leur courage et de leur efficacité. Les femmes anglaises dans ce domaine se sont surpassées, en nombre et en bonne volonté.

Par ailleurs, les portes closes jusqu'alors du monde militaire, se sont entrouvertes pour elles. Les services auxiliaires de l'armée ont pour la première fois recruté massivement des femmes afin de les affecter à des postes jusque-là occupés par des hommes, et d'envoyer ceux-ci au combat.

CHAPITRE VIII

ENGAGÉES DANS LES SERVICES SOCIAUX ET SANITAIRES

Deux grandes figures: Danielle Casanova et Berthie Albrecht

Deux grandes figures féminines françaises ont émergé des services sociaux générés par la guerre : Danielle Casanova et Berthie Albrecht, toutes deux mortes, l'une en déportation à Auschwitz, l'autre à la prison de Fresnes, avant la fin de la guerre. Si leurs deux noms sont passés à la postérité, ce n'est pas pour leur action sociale, qui ne fut pour elles qu'un tremplin, mais pour leur héroïsme de résistantes.

Née de parents instituteurs en Corse, Danielle Casanova était une femme déjà mûre quand la guerre arriva. Mariée, elle exerçait le métier de dentiste. Ses activités sociales et politiques avaient pris corps bien plus tôt, à travers le parti communiste et la création de l'Union des Jeunes filles de France qui regroupait alors des ouvrières, des employées et des étudiantes politisées et pacifistes. Cette association s'était occupée dès 1938 de l'aide aux réfugiés espagnols de la guerre civile. Des convois de vivres aux enfants espagnols avaient quitté la capitale française, transportant du lait et des vivres jusqu'à Barcelone et à Madrid, conduits par Danielle Casanova. Une publication était née de cette association, *Filles de*

France, qui diffusait une parole généreuse et engageante. Lorsque la guerre éclate, Danielle Casanova voit partir son mari, rapidement prisonnier. Les temps ont changé et son entreprise va rapidement se transformer pour s'adapter aux besoins du moment. D'idéaliste, elle devient réaliste. Elle ne recrute plus seulement parmi les jeunes filles, mais parmi les femmes de prisonniers et toutes celles de bonne volonté. Voici comment Marie-Claude Vaillant-Couturier, qui fut son amie, décrit le personnage et son action :

« Elle était de ces êtres dont on dit qu'ils ont un charisme. Elle était capable de vous faire faire des choses qu'on ne se croyait pas capable de faire. Elle avait également des idées très avancées pour l'époque. Elle croyait, par exemple, à l'égalité complète des filles et des femmes avec les hommes, et elle a consacré beaucoup d'énergie à démontrer pourquoi les être féminins ne devaient pas se sentir inférieurs. Elle s'est occupée de beaucoup de choses à la fois, et tout d'abord de faire le bien autour d'elle. Elle incarnait l'altruisme, la bonté pour autrui. Par ailleurs c'était une femme d'idées et une femme d'action. Ses idées étaient surtout égalitaires, entre les hommes et les femmes, entre les classes, entre les êtres. Son action : elle consista à réunir des femmes de tous horizons en les mobilisant sur les besoins qu'elles avaient à ce moment-là, c'est-à-dire surtout du ravitaillement pour les enfants, et le mari fait prisonnier. Donc revendications sous toutes les formes, marches sur les mairies, et même manifestations de femmes dans les rues. L'une d'elles a rassemblé plus de 2 000 femmes. Sous l'Occupation, il fallait le faire ! » Après 1941, elle anime et dirige un groupe de francs-tireurs et partisans. Elle sera arrêtée en février 1942, alors qu'elle porte à bout de bras deux paniers à provisions pleins de charbon destinés à ses amis Politzer qui meurent de froid.

Plus tard, à Auschwitz, elle trouvera encore le moyen de se rendre utile à la collectivité. Dentiste, elle occupe un poste au *Revier*, soigne les dents de ses compagnes avec les moyens du bord, vole des médicaments et de la nourriture à ses gardiens pour adoucir le sort des plus malheureuses. C'est en soignant ses semblables du typhus qu'elle attrape la maladie dont elle meurt. « Dis-leur que je suis morte pour la France » seront ses dernières paroles.

Berthie Albrecht est un être dont les activités sociales ont débouché sur des activités politiques, les ont rejointes, doublées, enrichies. Loin d'être une enfant des classes laborieuses, comme Danielle Casanova, elle était née à Marseille dans une famille de la bourgeoisie protestante. Elle épousa un homme d'affaires hollandais dont elle eut deux enfants, Frédéric et Mireille. Cet itinéraire classique se dédouble cependant à l'issue de ses études. Elle aspire à sortir d'elle-même et brûle de servir les autres. Elle devient infirmière de la Croix-Rouge et traverse la guerre de 1914-1918 au chevet des blessés. Elle dépasse la quarantaine quand survient celle de 1939-1945. Devenue surintendante d'usine, elle s'occupe d'améliorer le sort des ouvriers. Sa fille Mireille Albrecht a publié un ouvrage sur la vie de Berthie Albrecht[1] et en raconte un épisode :

« A l'usine, les ouvriers déjeunaient dans leurs ateliers dont la température variait entre −20 et 0°, mangeant des sandwichs ou le contenu froid de leur gamelle. Berty envisage l'installation d'une cantine ; elle doit y renoncer devant les très gros frais que cela occasionnerait. Elle décide alors de faire distribuer une soupe, sa préparation ne nécessitant que deux femmes de ménage et une dépense minime pour l'achat des légumes. Un bureau désaffecté servirait de cuisine de fortune. Il lui fallait pour cela l'autorisation du colonel :

— Mais madame, vous n'y pensez pas ? Une soupe chaude pour les ouvriers ? Si on commence comme ça, où va-t-on s'arrêter ? Ah ! toutes ces belles idées, c'est au socialisme que nous les devons. Nous sommes en guerre, madame, je vous prie de ne pas l'oublier. La plupart des ouvriers sont mobilisés sur place au lieu d'être au front. Non, madame, n'insistez pas. Il n'y aura pas de distribution de soupe !

« C'était exactement le genre de discours qu'il ne fallait pas tenir à Berty. Dès le lendemain, accompagnée d'une femme de ménage, elle va au marché acheter des légumes, puis dans un magasin d'articles ménagers pour l'acquisition d'un réchaud et d'un énorme fait-tout, installe le tout dans le bureau vide et se met à la corvée d'épluchage. A la pause de midi fut distribuée une bonne soupe à la surprise et à la joie des

1. *Berty*, Robert Laffont.

ouvriers. Il n'y eut aucune réaction de la part du colonel et Berty continua la distribution à ses frais. Au bout d'une semaine, la situation ne pouvant s'éterniser, le colonel la convoque pour lui dire d'un ton sec :

— Madame Albrecht, l'épluchage des légumes et la distribution de soupe ne font pas partie de vos fonctions. Vous aurez désormais l'argent et le personnel nécessaires à cette entreprise. »

Parallèlement à ses activités de surintendante, Berthie Albrecht avait créé avec l'aide du Secours national, organisation du gouvernement de Vichy, un centre d'accueil pour les chômeurs et les gens déplacés. Elle s'était servi pour cela des structures d'accueil d'un centre de l'Armée du salut, dirigé alors par une femme, le major Perrot.

« Cette dernière, raconte Mireille Albrecht, était une femme assez dure mais très compétente. Maman avait pour elle une certaine admiration. Du reste, alors qu'elle n'aimait pas les œuvres de charité, je me souviens qu'avant guerre, lors des quêtes de fin d'année, elle donnait son obole aux Petites Sœurs des pauvres et à l'Armée du salut, les seules lui paraissant dignes d'intérêt... A l'Armée du salut, il n'était jamais question de politique et il était difficile de connaître l'opinion de la major Perrot sur la situation dans laquelle nous avait plongés la défaite. Dirigeant ce centre d'accueil d'une main de fer non gantée de velours, il ne lui restait guère de temps pour penser à autre chose.

« Berty avait essayé de lui parler de résistance, l'attitude de la major lui fit comprendre qu'il valait mieux ne pas insister. »

On voit bien à travers ce récit comment les activités sociales de Berthie Albrecht furent, en fait, son cheval de Troie en même temps que sa couverture à l'égard de ses activités de résistante.

A l'automne 1941, elle eut l'idée d'organiser un service social des prisonniers du mouvement Combat. Elle en confia la responsabilité à une jeune surintendante, Yvette Baumann, qui lui avait été envoyée de Paris pour travailler au Commissariat au chômage.

Yvette Baumann raconte ses premiers contacts avec Berthie Albrecht :

« Je suis allée au Commissariat au chômage, ne sachant pas du tout ce qui m'attendait, et je me suis trouvée devant une femme qui écrivait derrière un bureau, qui n'a pas levé la tête, qui a continué à écrire ses petits papiers, et moi j'étais intimidée. Et puis d'un coup, elle m'a regardée. J'ai vu ses yeux bleus stupéfiants, extraordinaires, des yeux très violents, très brillants... merveilleux. Elle m'a demandé mon nom, puis m'a dit :
"Voulez-vous travailler avec moi ?" Ça me paraissait insolite cette question, puisque j'étais venue pour ça ! J'ai dit oui. Alors, elle m'a demandé de revenir le lendemain matin, ce que j'ai fait. Elle m'a dit alors :
— Bon, nous avons 18 garçons à la prison de Clermont-Ferrand, vous allez leur apporter du ravitaillement et nous rapporter des renseignements.
— Et avec quoi je vais acheter du ravitaillement ? ai-je demandé.
« Sa réponse fut :
— Débrouillez-vous !
— Mais je n'ai pas d'argent !
— Eh bien, débrouillez-vous !
— Je n'ai même pas d'argent pour prendre le train !
— Trouvez-en, ce n'est pas difficile. Débrouillez-vous.
« C'est ainsi, conclut Mireille Albrecht, que la surintendante d'usine Yvette Baumann, embauchée au Commissariat au chômage féminin, n'y fit rien d'autre que de la résistance. Comme elle se débrouillait très bien, Berty lui confia la responsabilité du service social de Combat, afin de se consacrer davantage à d'autres tâches. »
Il semble que partout où elle est passée, Berthie Albrecht se soit souciée des conditions de vie des êtres humains. C'est ainsi que le service social de Combat s'occupait de secourir ceux qui étaient arrêtés ainsi que leur famille, souvent menacée et démunie. Henri Frenay, son compagnon à l'époque et patron du mouvement, avait obtenu de Jean Moulin, de passage en France, les subsides nécessaires au fonctionnement de ce service.
Plus tard, alors qu'elle est arrêtée et emprisonnée à Saint-Joseph, parmi des détenues de droit commun, Berthie Albrecht trouve le moyen de poursuivre son œuvre au service

de l'humanité souffrante. Micheline Eude[1] une jeune résistante de 19 ans, partageait sa captivité :

« Madame Albrecht était notre doyenne et nous avait toutes prises sous sa protection. Elle avait suggéré d'établir un emploi du temps quotidien de manière que les journées nous paraissent moins longues. Levées à six heures et demie du matin, nous commencions par faire notre toilette au lavoir situé dans une cour, après quoi nous ingurgitions à la hâte un infâme breuvage du nom de consommé. Madame Albrecht, la plus âgée d'entre nous, s'était improvisée notre professeur de gymnastique. Nous étions généralement fatiguées avant elle et avions du mal à la suivre dans son agilité et sa souplesse. Il fallait la voir faisant la course dans la petite cour de la prison, ignorant les regards moqueurs des détenues de droit commun... A l'arrivée des colis, elle refrénait notre voracité, faisant mettre de côté les denrées de résistance, autorisait de temps à autre un goûter quand le moral était au plus bas. »

Une autre détenue politique de la prison de Saint-Joseph, Mme Fradin, raconte encore ceci :

« Elle s'adapta très vite à cette nouvelle vie de prison ; elle trouvait même cette expérience intéressante et son âme "sociale" immédiatement s'émut des conditions de vie qui nous étaient faites : manque de propreté, d'air, d'hygiène. Ce qui lui parut le plus horrible, ce fut la présence de nouveau-nés dans la salle contiguë à la nôtre. Et deux ou trois jours après son arrivée, empruntant papier et encre, elle s'est mise à rédiger un rapport qu'elle destinait à faire passer dehors afin qu'on sache comment était la vie des prisons. Elle mit même sur pied un plan de réforme et elle essaya d'avoir l'opinion "du côté des hommes" afin que le rapport soit plus complet. Et si, disait-elle, nous n'arrivons à rien maintenant, je vous promets bien qu'après il faudra faire quelque chose. Elle était résolue à le faire, cette question la passionnait... Deux ou trois jours après son arrivée, nous étions en train de nettoyer la cour, cela n'avait pas été fait depuis des semaines et après plusieurs heures nous étions exténuées. (...) La séance de nettoyage des WC fut épique : nous nous tordions littéralement de rire car Berthie Albrecht ne pouvait malgré tout

1. Aujourd'hui Micheline Altman.

s'empêcher de penser au temps où à Londres elle fréquentait le même couturier que la reine. Elle ne regrettait rien, bien au contraire ; c'était, parmi les sacrifices qu'elle avait faits pour la France et pour le bien des autres, un petit sacrifice de plus. (...) Elle donnait des conseils aux unes et aux autres, se faisait raconter leur vie. Une l'intéressa particulièrement, une pauvre fille de vingt-six ans, un vrai déchet déjà. Prostituée depuis de longues années, elle la prit en amitié, lui donna des conseils et surtout le peu de nourriture dont elle avait tant besoin elle-même... La fille lui vouait une fidélité de caniche. Pourtant, un jour où son abjection lui faisait particulièrement horreur, elle se pendit la nuit dans sa cellule. Ce fut encore Berty qui vint à son secours et la dépendit... Les journées étant longues, Berty inventa un jeu. Tous les après-midi nous confectionnions un jeu de l'oie, nouveau modèle. Par de savants petits dessins, nous devions relater tous les événements depuis l'arrivée au pouvoir de Hitler, les persécutions de toutes natures, la Tchécoslovaquie, la Pologne, l'entrée en guerre, la défaite, etc., et nous devions terminer par la victoire des Alliés. »

Ce témoignage montre, une fois de plus, à quel point le social et le politique faisaient cause commune dans l'esprit de Berthie Albrecht.

Nous retrouverons plus loin cette figure exemplaire de la Résistance.

Des millions d'Anglaises aux petits soins

L'Angleterre est, à coup sûr, le pays d'Europe qui a le plus incité ses habitants à s'engager dans les services de soins et de secours aux blessés et sinistrés. Deux millions de femmes auraient répondu aux appels lancés par le gouvernement. Rappelons que ce pays, qui n'a pas été occupé, a subi des bombardements intensifs et qu'il a bien failli, comme Hitler l'avait annoncé, être rayé de la carte. Le pilonnage avait pour but, non seulement de détruire, mais aussi de démoraliser le peuple anglais, l'amenant à la capitulation. On sait qu'il n'en a rien été, qu'au lieu de « craquer » les Anglais se sont organisés.

Les femmes n'ont pas joué un mince rôle dans cette résistance à la guerre des nerfs. On a vu comment elles sont allées prendre du service dans les usines et les ateliers qui travaillaient pour la guerre. Les autres sont allées gonfler les effectifs des diverses organisations à caractère social ou sanitaire, existant déjà, ou fraîchement créées. A côté de la Red Cross, la Croix-Rouge britannique, il y avait les Fanny's, plus versées dans les soins à apporter aux blessés de guerre et qui suivirent les armées dans les combats en Méditerranée. Il y eut la Land Army[1], dont la tâche d'aide humanitaire consista à former des brigades de femmes pour aller travailler aux champs et assurer une production céréalière et herbagère. Il y eut aussi le Women Volontary Service, qui multiplia par cent ses effectifs ordinaires pour assurer aux populations sinistrées un gîte et un couvert de fortune. On trouve dans les archives anglaises de nombreux petits films de propagande qui relatent à la fois la formation et les exploits de ces jeunes femmes qui quittaient leur foyer sans aucune disposition ni compétence particulière, pour le service des autres, et qui se mettaient au travail après avoir reçu un enseignement aussi précis et professionnel que rapide : apprentissage de la boucherie, de la boulangerie, de la pâtisserie, de la cuisine, du service hôtelier. Rien n'était laissé au hasard malgré l'urgence de la situation. Les centres d'hébergement n'ont pas désempli de toute la guerre. Il fallait faire face, et ce sont les femmes qui se sont emparées de cette tâche, qu'elles ont menée à bien, puisque le pays a pu, de la sorte, non seulement « tenir » rapidement, n'ayant pas trop de pertes en vies humaines à déplorer.

Certaines femmes, qui avaient déjà une situation en main, se sont reconverties sans hésiter. Ce fut le cas de Jessica Crew :

« A l'époque, je travaillais dans un bureau qui avait à voir avec l'aviation, en qualité de dessinatrice. Je traçais des plans. Mais les bureaux ont été déplacés et je me suis dit qu'il fallait profiter de l'occasion pour faire quelque chose de plus positif. J'avais toujours eu envie d'être infirmière et là c'était vraiment le moment car il y avait beaucoup de monde à soigner[2]. Alors je me suis inscrite dans une école qui donnait

---

1. 70 000 femmes composèrent la Land Army.
2. 700 000 Anglaises ont travaillé dans les services de santé, sous l'autorité du ministère.

une formation intensive. Il y avait des examens à passer. Il fallait travailler dur et vite. Je l'ai fait, j'ai passé les examens, j'ai été reçue et suis rentrée aussitôt dans les hôpitaux où ma tâche m'attendait. Ma préparation a duré six mois en tout, d'une vie de chien. Quand on avait deux minutes de retard, on recevait des coups de bâton. On devait faire en même temps les travaux domestiques car il n'y avait pas de service d'entretien. C'était un luxe. A l'hôpital, ce fut la même chose : il n'y avait personne pour laver les sols, nettoyer les draps, stériliser les pansements, les instruments. Ce qui fait que quand on avait travaillé douze heures à soigner les patients, on ne se couchait pas pour autant. Il restait toutes les tâches matérielles à faire. Et le matin, c'était encore l'infirmière qui coupait le pain et mettait le beurre sur les tartines du petit déjeuner des malades.

« L'ambiance dans ces hôpitaux à soldats était épouvantable. Nous recevions beaucoup de brûlés, des amputés, ou des gens qui devaient se faire amputer. On n'avait plus assez de lits et on a mis les blessés un peu partout, dans tous les coins. Nous en avons eu de toutes nationalités, y compris des soldats allemands. Comme nous étions Croix-Rouge, c'est-à-dire neutres, nous n'avions pas à tenir compte des nationalités. D'ailleurs, ils ne se conduisaient pas plus mal que les autres. Je me souviens que j'ai eu des hommes de l'Afrika Korps qui s'étaient battus aux côtés de Rommel. L'un d'eux était très abattu et semblait décidé à se laisser mourir. Je me suis occupée de lui, je lui ai apporté des livres de la bibliothèque pour l'aider à passer le temps. Quand il est parti, il m'a donné un de ses insignes parce qu'il avait su que je collectionnais les insignes des soldats que je soignais. Je me suis demandé si je devais l'accepter. J'en ai parlé à mon père et à mes collègues, qui étaient pour que j'accepte. Ça m'a un peu étonnée, mais j'ai accepté cet insigne que j'ai accroché avec les autres sur une cape doublée de lainage rouge que je portais souvent. En fait, cette cape est un symbole de l'universalité de la médecine qui ne fait pas de différence entre les hommes. C'est comme ça que j'ai traversé la guerre, en fréquentant par la force des choses des soldats de toutes origines, blessés dans leur corps et sans doute aussi dans leur âme, et qui avaient perdu toute agressivité à partir de cet instant. C'est assez curieux quand j'y pense. Ça m'a formé l'esprit. Je crois que la guerre a vraiment changé ma vie, complètement changé ! »

Dame Ann Bryans était entrée dans les services de la Croix-Rouge à 17 ans, succédant à une tante qui était VAD et dont elle reprit l'uniforme[1]. Elle fut d'abord une simple infirmière dans sa robe bleu pâle avec un tablier blanc barré d'une croix rouge sur le cœur, puis cheftaine des infirmières et enfin commandante. Lorsque la guerre éclate, elle rentre à la direction où elle est chargée d'un bureau de renseignement et de recrutement.

« Mon travail consistait à recevoir les gens qui voulaient savoir comment ils pouvaient être aidés, ou comment ils pouvaient aider eux-mêmes. Nous recevions un énorme mélange de gens. Nous avons dû former une équipe de quartiers généraux, ouvrir des départements pour faire face à toutes les tâches qui se présentaient : s'occuper des prisonniers de guerre, des réfugiés, des blessés, des inquiets, des désespérés, des gens qui avaient perdu leur famille ou un des leurs qui était en Europe et dont ils n'avaient pas de nouvelles. C'était aussi notre boulot de leur fournir les informations qu'ils réclamaient. Par la suite, nous avons organisé un service de colis pour les prisonniers. Nos femmes, car c'étaient surtout des femmes qui venaient à nous, avaient souvent des engagements familiaux et ne pouvaient que travailler à mi-temps. Il fallait organiser des tableaux de service. Celles qui entraient pour de bon à la Croix-Rouge avaient entre 17 et 25 ans. Une fois qu'elles avaient reçu leur formation, elles prenaient leur travail de guerre. Beaucoup entraient dans les hôpitaux. Les femmes plus âgées étaient employées à la confection et à l'expédition des colis. Toutes les classes sociales se rejoignaient dans les diverses tâches de la Croix-Rouge.

« Personnelllement, j'avais la chance de vivre à Londres, à quelques pas de mon travail. Mon mari travaillait dans une manufacture d'avions toute la jóurnée. Le soir, il était *home-guard*. Mon fils avait été évacué à la campagne. J'étais donc

---

1. Elle appartenait à la famille de Florence Nightingale, qui avait créé au XIXᵉ siècle des hôpitaux de fortune sur les champs de bataille de Crimée.

seule et libre d'aller et venir. Souvent la nuit venue, je montais sur ma bicyclette et j'allais voir les gens qui vivaient dans les abris. J'y rencontrais nos VAD qui étaient là pour les soigner et les réconforter. Elles jouaient parfois un rôle d'animatrice. "Allez, on va jouer aux cartes", disait l'une d'elles à un groupe de réfugiés démoralisés. Ou bien, on leur faisait un petit cours de secourisme. Il y avait un grand abri sous l'hôtel Savoy, où vivaient beaucoup de dames âgées qui ne remontaient plus en surface parce qu'elles étaient trop handicapées. Je prenais le thé avec elles pour les réconforter, et puis j'enfourchais de nouveau ma bicyclette et j'allais voir ailleurs. Ce n'était pas sans risque évidemment de circuler dans Londres à cette époque-là, mais on avait appris à vivre dangereusement. On s'y attendait tellement à cette guerre. On s'y était préparé. On savait que ce serait dur et que nous n'aurions pas le choix de faire autrement que de résister chacun à sa manière. Ce qui nous a aidé, ça a été l'extraordinaire cohésion des familles. Les hommes étaient partis, les femmes étaient abandonnées à elles-mêmes, et donc il était né une grande solidarité entre les unes et les autres. Pourtant, le temps des suffragettes était loin. On avait retrouvé le même climat de cohésion et de solidarité. Et puis il y avait les grands-mères. Ah! s'il n'y avait pas eu les grands-mères! Elles avaient traversé la guerre de 1914, elles avaient souffert de la séparation d'avec leur famille. Elles avaient l'expérience et leur exemple nous était très utile, à nous les plus jeunes.»

Deux millions d'infirmières et d'assistantes sociales en Angleterre! Toutes ne se sont pas engagées de gaieté de cœur. Monique Agazarian, française par sa mère, anglaise par son père d'origine arménienne, brûlait à dix-huit ans de devenir pilote, comme ses frères qui volaient pour la RAF. En attendant un recrutement féminin, qui a fini par arriver, elle s'est engagée dans un service de santé:

« Au début de la guerre, les femmes ne pouvaient pas faire grand-chose d'autre quand elles voulaient se rendre utiles. Moi, une infirmière? Je n'étais pas faite pour ça, mais j'y suis allée quand même. J'avais 18 ans, j'étais très jeune. On m'avait affectée à un poste d'urgence, au milieu de Londres. Au début je recevais les blessés et je les dirigeais vers les hôpitaux. C'était assez calme, mais après nous avons été pilonnées sans relâche. On m'a mise dans un hôpital au nord de la ville, et là c'était pire. Il y avait un barrage de ballons avant d'arriver à Londres ; les avions lâchaient au-dessus de nous une bonne partie de leur cargaison. Je voyais arriver les gens sur des civières, mourants ou déjà morts. Je ne savais pas trop quoi faire d'eux. Une nuit, nous avons été obligés d'évacuer les survivants parce que l'hôpital était bombardé. Je me souviendrai toujours de la traversée de Londres en pleine nuit, au milieu du Blitz, la ville en flammes[1], le tintamarre infernal des bombardiers, et moi j'étais à l'arrière du camion-ambulance, et on fonçait à travers le Blitz comme Ben Hur sur son char. C'était follement excitant. »

Aux colis et aux ambulances

Bien que la France ne se soit pas transformée en un immense hôpital comme la Grande-Bretagne, les services sociaux et sanitaires y ont été légion. La pagaille de l'exode dans le courant de 1940, les bombardements sporadiques, la famine créée par l'occupation, les hivers rigoureux supportés sans chauffage par manque de combustible, l'économie du pays affaiblie par les ponctions de l'occupant, les hommes valides retenus dans les camps de prisonniers en Allemagne, les déportations en tout genre avaient mis ce pays au bord d'une grande faillite humaine.

Secours d'hiver, Secours national, Commissariat au chômage, aux gens déplacés, Croix-Rouge, soupes populaires, Secours Catholique, Armée du Salut, etc., tous ces organismes ont fait appel au volontariat féminin pour grossir des effectifs littéralement débordés.

Georgette Hertaux est un exemple de ces femmes qui ont cherché durant la guerre comment se rendre utiles à leurs semblables. Alors qu'elle travaillait comme secrétaire chez un notaire de banlieue, elle alla proposer ses services au ministère des Anciens combattants et participa à l'envoi des

---

1. 76 000 Anglaises ont été chargées de lutter contre les incendies provoqués par les bombardements. A vingt-deux ans, Betty Blankes a créé le Service volontaire féminin contre l'incendie.

colis aux prisonniers, colis assez spéciaux, de vivres, mais
aussi de documents :

« Je me suis occupée des colis de deux manières, dit-elle.
D'une part pour mon mari qui était prisonnier de guerre,
d'autre part, pour des prisonniers dont on me remettait la
liste et qui étaient susceptibles de s'évader. Car évidemment,
nous encouragions l'évasion. Alors mon boulot, c'était de
glisser dans ces colis des cartes, des messages, des boussoles,
le tout sans attirer l'attention du geôlier allemand qui probablement allait ouvrir le paquet. On avait des astuces
incroyables pour cacher notre petit arsenal. Mais les vivres,
c'était important aussi. On répondait à la demande comme
on pouvait. On a envoyé beaucoup de pâtes et souvent de la
lessive. Comme il était devenu très diffcile de trouver de la
marchandise, on se procurait des faux tickets avec lesquels on
achetait ce qui fallait. »

Vers la fin de la guerre, Georgette Hertaux estime qu'elle
sera plus utile dans les services de santé. Et la voilà partie avec
un brassard sur les routes pilonnées par les bombardements
de 1944-1945 :

« Je n'étais jamais tranquille sur ma bicyclette, dit-elle.
Mais je n'ai jamais été arrêtée par les Allemands. Un jour, j'ai
été sifflée. Je me suis retournée, j'ai montré mon brassard.
On m'a fait signe de continuer ma route. N'empêche que j'ai
eu drôlement peur ce jour-là. Le plus éprouvant dans mon
travail, ça a été lorsque je me suis occupée des déportées qui
arrivaient gare de l'Est et que je devais accueillir. Je me
souviendrai toujours de cette vision que j'ai eue à l'arrivée de
ces femmes qui étaient souvent tondues, souvent très
maigres, squelettiques, avec des mines cireuses et un air
abattu. Elles étaient trop faibles pour se réjouir d'être enfin
libres, elles ne savaient pas où aller. Quand j'ai vu ça, j'ai
vraiment éprouvé de la haine pour les nazis. Je me suis dit
que vraiment il faudrait venger tout ça. »

Service administratif, service de santé et aussi service dans
la Résistance : Georgette Hertaux est l'incarnation d'un dévouement qui pendant la guerre n'eut pas de bornes.

Dans les services sanitaires et sociaux, on trouve également
beaucoup de femmes de la bourgeoisie et de l'aristocratie.
Manière pour elles de perpétuer leurs « bonnes œuvres » ?

Peut-être, avec cette différence tout de même que le temps de guerre parait leurs activités d'une auréole d'héroïsme, car les risques encourus n'étaient pas négligeables.

Odette Fabius est l'une de ces grandes bourgeoises qui se sont dépensées sans compter pour convoyer les réfugiés qui arrivaient en grand nombre des régions de l'Est et du Nord au cours de l'année 1940, vers des centres d'hébergement. « Je suis entrée, dit-elle, dans les services de Suzanne Crémieux au ministère de la Santé. J'occupais un bureau et au début, je brassais surtout du papier. Un jour, Suzanne Crémieux me téléphone et me demande de la remplacer dans l'évacuation des enfants et des vieillards de Rethel. J'avais suivi un petit cours auparavant sur l'art et la manière de diriger un convoi d'ambulances à travers une région qui risquait d'être bombardée. Si un raid s'annonçait, je devais arrêter le convoi, siffler et veiller à ce que toutes les infirmières se mettent sous leur ambulance. Alors nous sommes parties. Et arrivées dans la région de Compiègne, raid ! Je descends, je siffle. Les filles obéissent et se glissent sous leur voiture. Et moi, à ce moment-là, j'ai levé le nez, et j'ai vu dans le ciel qui était très bleu, un spectacle d'une beauté incroyable. C'était un ballet d'avions qui dansaient autour de nous, mais qui ne lâchaient pas de bombes. Alors je suis restée debout près de mon ambulance et j'ai réalisé que je n'avais pas peur. Le raid a duré près d'un quart d'heure. A la fin, une bombe a été lâchée qui a endommagé un camion, mais personne n'a été blessé. C'est là que j'ai compris que probablement j'avais du courage. J'ai raconté ça à mon mari quand je l'ai revu. Il ne comprenait pas très bien pourquoi je voulais risquer ma vie ainsi. »

Odette Fabius s'était engagée dans la SSA (Section sanitaire automobile) qu'avaient créée Jeanne Reynaud, la femme de Paul Reynaud, et Edna Nicole. Leur position auprès du gouvernement a facilité le succès de leur entreprise. Ces deux femmes avaient fait appel à la générosité et au besoin de se rendre utile des « femmes du monde », qui répondirent en grand nombre. L'argent parvenait à flots et permit d'acheter les premières ambulances, après intervention de Paul Reynaud auprès de la régie Renault. Un comité s'est formé, présidé par la comtesse Roussy de Salle, avec Jeanne Reynaud, Suzanne Crémieux, égérie de Herriot, et Edna Nicole, femme d'affaires accomplie. Très vite, ces dames ont eu leurs ambulances. La princesse Joseph de Broglie, la comtesse de Tocqueville, la baronne Claude de Peyrhimoff, la comtesse Anne de La Rochefoucauld, Colette Swob de Lure, Hélène Terré les rejoignirent et formèrent l'état-major de la Section sanitaire automobile. Elles se donneront des grades fictifs, jamais homologués, qui leur serviront pour les contacts à prendre tant que durera leur mission.

« Alors que les Allemands ne sont pas très loin de Paris, raconte encore Odette Fabius, je reçois l'ordre de partir avec ma Simca pour apporter l'argent de la Croix-Rouge à Bordeaux. Je pars en fin de journée avec une amie, Ginette Boyessen, qui mourra à Ravensbrück. Nous décidons de passer par Orléans plutôt que par Vendôme pour essayer de voir un ami à Salbris. Les routes sont tellement encombrées que nous ne pouvons aller jusqu'au camp. Nous nous arrêtons dans un hôtel à Orléans. A trois heures du matin, la ville subit un bombardement aérien. Vingt personnes sont tuées dans notre hôtel. Dès la fin du raid, nous reprenons la route car je n'ai pas envie d'être accusée d'avoir disparu avec le million de la Croix-Rouge.

Plus tard, Odette Fabius prend d'autres risques :
« Je suis envoyée avec un groupe d'ambulances dans différents camps de prisonniers : Châteaubriant, Saint-Lô, Amiens, Bordeaux où se trouvent des prisonniers noirs, pour apporter des colis. Nous remplissons toujours ces missions à deux et nous trouvons le moyen à chaque fois de ramener du courrier écrit par les prisonniers à leur famille, pour lequel nous avons aménagé des cachettes sous nos sièges recouverts d'une forte épaisseur de cuir. C'est à l'occasion d'une de ces missions, en compagnie de Paulette Poniatowska, que je rencontrai Ruth Dubonnet, épouse d'André Dubonnet. Elle visitait les camps de prisonniers avec une ambulance qu'elle avait offerte à la Croix-Rouge. Lorsque je la vis la première fois, elle était en panne sur une route obscure avec une ambulance chargée d'un orchestre complet qu'elle avait acheté et qu'elle amenait à un chef de camp à qui elle l'avait promis (les chefs de camp étaient français). Celui-ci avait beaucoup de mélomanes autour de lui et il voulait organiser des concerts. »

Comme quoi, il y a des braves gens dans toutes les couches de la société ! Odette Fabius, jeune, belle, riche et de surcroît juive, a traversé la guerre de la manière la plus dangereuse et la plus tragique qui soit (puisqu'elle fut déportée) sans jamais perdre son entrain, ses certitudes, son goût des mondanités, son snobisme, ses principes d'élégance et de bonne tenue, son langage châtié et ses bijoux de haute joaillerie, protégée par une sorte d'inconscience frivole et une bonne humeur inaltérable que confèrent peut-être une haute naissance et une vie aisée. En cela, la figure est attachante et parfois même bouleversante. On la retrouvera dans les chapitres consacrés à la résistance et à la déportation.

Ailleurs en Europe

Un pays où les femmes se sont illustrées dans les milieux sanitaires surdéveloppés par la guerre, c'est la Yougoslavie. Dans tous les pays de l'Est, les soins à apporter aux blessés furent effectués par des femmes, les hommes ne représentant qu'un pourcentage infime du milieu hospitalier. On peut assez bien imaginer quelle fut la tâche des Soviétiques dans un pays où la guerre à outrance a fait 20 millions de morts et d'innombrables blessés. Les jeunes filles s'engageaient souvent très tôt, telle Olga Omeltcheko qui témoigne, dans un film réalisé en URSS par Victor Dachouk, de la tragique aventure qu'elle a vécue en tant qu'infirmière sur le front :
« J'avais 16 ans, raconte-t-elle, quand je suis partie sur le front. J'étais l'infirmière d'une compagnie d'infanterie. Les Allemands effectuaient à une époque de sept à huit raids par jour, et moi j'arrivais entre chaque tuerie. Je ramassais les blessés pour les évacuer vers l'hôpital. Un jour, j'en ai ramassé 57 en quelques heures. J'avais la sensation de m'être dédoublée. Ce n'était pas moi qui faisais ce travail. »
Quand cette jeune fille, devenue aujourd'hui une grand-mère, est rentrée de la guerre, elle avait 21 ans. Elle avait passé son âge tendre, l'âge des premières amours, dans l'enfer des champs de bataille, au milieu du sang et des gémissements. Elle est rentrée traumatisée et a dû être placée entre les mains d'un médecin psychothérapeute. Les cicatrices de la

guerre n'ont jamais disparu. Seuls, un mariage réussi et cinq enfants lui ont permis de vivre à peu près normalement.

L'expérience du docteur Sacha Bojovic en Yougoslavie aurait pu être tout aussi tragique car les événements qu'elle a vécus sont de ceux dont on se remet difficilement. Mais elle avait déjà 27 ans quand elle est allée prendre son poste de médecin des maquis. Elle était mieux armée pour se défendre contre les horreurs de la guerre. Elle raconte un épisode de ce temps-là[1] :

« Nous avons traversé une épidémie de typhus qui nous a fait beaucoup de morts. On enterrait de dix à quinze cadavres par jour. On ne pouvait pas les enterrer un à un, il n'y aurait pas eu assez de bras pour creuser les tombes. De plus, par mesure d'hygiène il fallait déverser de la chaux vive sur les cadavres. Alors, j'ai décidé d'ouvrir de grandes fosses. J'ai dû prendre moi-même cette décision car j'étais le seul médecin-chef de l'endroit où je me trouvais. Il fallait protéger les villages environnants de la contagion. J'ai dû confier le creusement des fosses communes à quelques partisans. C'était mes infirmiers qui enfouissaient les morts. On m'avait envoyé pour m'aider une petite fille de 14 ans qui avait eu le typhus et qui avait d'ailleurs perdu ses cheveux à cette occasion. Elle avait le crâne dégarni et, en dessous, de très beaux yeux bleu-vert, immenses dans son visage amaigri. Elle s'appelait Rado et je lui avais confié la mission d'accompagner les morts à leur dernière demeure. Après chaque enterrement, je montais sur mon cheval et j'allais vérifier si toutes les consignes avaient bien été respectées. Un jour, j'arrive un peu en avance, et qu'est-ce que je vois ?... La petite Rado était penchée sur les cadavres, et elle leur pliait les bras, elle arrangeait leur képi et leur veste. J'allais la gronder, mais elle a levé sur moi ses beaux yeux tristes et elle m'a dit: "Docteur, je les arrange pour qu'ils ne s'abîment pas dans leur mort." »

Sacha Bojovic est sortie de la guerre avec le grade de colonel. Elle a acquis dans son pays une notoriété importante, autant pour ses actions héroïques pendant la guerre que pour les livres qu'elle publie sur cette période. Elle entretenait à l'époque une correspondance amicale avec la

---

1. Traduction de Predrag Golubovic.

pasionaria espagnole, Dolores Ibarurri, et donna le prénom de Dolores à sa petite fille. Celle-ci est née en prison pendant la guerre (nous retrouverons le récit de cet accouchement dans une prison nazie au chapitre consacré aux femmes emprisonnées). Sortie de prison avec son bébé dans les bras, Sacha Bojovic reprend son poste de médecin dans un hôpital de la Croix-Rouge yougoslave et tente, tant bien que mal, d'élever l'enfant tout en soignant les blessés:

« L'enfant avait 11 jours quand je suis arrivée dans cet hôpital du front. Il y avait très peu de médecins et j'ai été nommée leur chef tout de suite, ce qui me prenait tout mon temps. Parfois, pour panser les blessés, je devais déposer mon enfant dans l'herbe, tout en me demandant si la prochaine balle, le prochain éclat d'obus ne serait pas pour lui. Ou bien, je le laissais à un de mes patients à l'hôpital. Les soldats avaient pris la petite fille en affection. Ils lui avaient confectionné un minuscule képi avec une étoile rouge et ils l'appelaient la "petite partisane". En mon absence, ils la nourrissaient, la baignaient. La pauvre gosse n'aura pas connu le goût du chocolat et des gâteaux! Elle n'aura connu que le rata et la soupe aux choux! J'ai réussi à tenir comme ça pendant près de deux ans, à être à la fois une mère pour la petite et un médecin pour les autres. Et puis, un jour de 1943, il faisait très froid, nous étions peu couvertes: elle a gelé dans mes bras. C'était horrible. Elle marchait, elle parlait déjà. Et elle a gelé dans mes bras!... Quand on l'a enterrée, les soldats de l'hôpital lui ont rendu les hommages, comme à un soldat mort à la guerre. Elle en était la plus jeune victime, et c'était logique... Quant à moi, cet événement m'a complètement bouleversée. Il fallait que je continue à soigner mes malades, mais le cœur n'y était plus. J'ai perdu l'appétit et le sommeil. Je ne buvais que de l'eau et me suis mise à fumer beaucoup. Mes camarades ont pensé que j'étais en train de me laisser mourir. C'était en 1943, je venais d'adhérer au parti communiste et ils ont essayé de me ramener à la raison en me parlant de mon devoir de communiste. Rien n'y a fait. Alors ils ont tenu une réunion. Ça se passait sous une hutte et il pleuvait. On était assis dans le foin, il y avait un feu au milieu de la hutte. Le commissaire (c'était une femme d'ailleurs) a pris la parole pour dire que la réunion avait pour objet d'examiner mon cas. C'est tout ce que j'ai entendu. Je me suis endormie dans les bras de mon voisin, il s'appelait Gruja, et je ne me suis réveillée que 24 heures plus tard, toujours dans les bras de Gruja d'ailleurs qui n'avait pas bougé et qui était tout ankylosé. En fait, ce long sommeil, dont je manquais depuis longtemps, m'a réparée, ainsi que l'affection dont on m'a entourée. Il n'y avait pas eu de soins pendant 24 heures. Mes blessés avaient attendu pour leurs pansements. Personne n'a protesté. Toute cette amitié m'a aidée à passer ce cap difficile de la perte d'un enfant, dans des conditions aussi affreuses. »

Sacha Bojovic s'était engagée dans la guerre, non par pur patriotisme, mais par amour, pour suivre l'homme qu'elle venait d'épouser et qui était aussi médecin. Elle espérait pouvoir exercer son métier à ses côtés, mais la guerre a rapidement séparé le couple :

« Deux médecins au même endroit, dit-elle, ça a été très vite un luxe et nous avons été séparés presque aussitôt. En fait, nous nous sommes seulement revus trois fois pendant la guerre. La première fois, nos relations amoureuses m'ont rendue enceinte. La deuxième fois, l'enfant était né. Il était venu voir sa fille, faire une visite rapide des services médicaux, et avant de partir, il a voulu passer quelques instants avec moi. Nous nous sommes retirés dans la forêt pour être tranquilles. Je portais une veste en fourrure. Il a introduit sa main sous ma veste pour me caresser et il a senti que j'étais moite. Or il ne pleuvait pas, il était très surpris. J'ai dû lui expliquer que je faisais sécher les couches de mon enfant à même ma peau, car ailleurs ça ne séchait pas assez vite. Il en a eu les larmes aux yeux, il a ôté ses lunettes embuées et il m'a embrassée tendrement. Voilà comment a évolué notre amour pendant la guerre. C'était vraiment une période très spéciale. »

CHAPITRE IX

ENGAGÉES DANS LES SERVICES AUXILIAIRES DE L'ARMÉE

C'est encore une des particularités de la Seconde Guerre mondiale que d'avoir incorporé en nombre relativement important des femmes dans les services auxiliaires de l'armée[1], et même dans l'armée tout court pour ce qui concerne les pays de l'Est. Le conflit fut si dur, si meurtrier, si long, qu'il exigea bientôt la participation de toutes les forces vives des nations. Les jeunes femmes, libres d'engagements familiaux ou pouvant aisément s'en libérer, furent sollicitées par toutes sortes d'appels, articles, circulaires, petits films de propagande dont on retrouve la trace aujourd'hui et qui font sourire par le côté cocardier et mélodramatiquement patriotique du commentaire. On y voit des femmes de tous âges, sanglées dans des uniformes militaires, portant casquette et galons à l'épaule, arborant l'air appliqué d'un élève en train de passer son brevet, pour défiler en ordre et cadence comme des petits soldats.

Le corps des volontaires françaises

La France occupée n'avait plus d'armée sur son territoire, et pour cause! Il y eut néanmoins des Françaises pour s'engager sous les drapeaux. Il leur suffisait de traverser la

1. La police britannique a recruté 4 000 femmes auxiliaires.

Manche. En Angleterre s'était constitué dès la fin 1940 un corps de volontaires françaises, rattaché aux Forces françaises libres, et copié sur le modèle anglais des ATS. La Bretonne Jeanne Bohec fut une des premières Françaises à s'engager. Ayant tenu un journal, et plus tard écrit un livre sur son aventure *La Plastiqueuse à bicyclette*[1], c'est avec une mémoire rafraîchie qu'elle nous en parle :

« Les volontaires françaises vivaient en caserne dans une grande maison du centre de Londres, dans Hill Street. Nous couchions en chambrée de six ou sept sur des lits de camp. Ceux-ci se composaient de châlits formés d'une toile tendue par deux tréteaux en X, et d'un matelas en trois parties. Chaque matin, il fallait refaire ce lit en forme de paquetage. Entre les lits, nous disposions de petites commodes avec un tiroir par personne. Au bout de quelques jours, on nous distribua notre uniforme, chemise kaki, cravate kaki et veste kaki, cette dernière boutonnée comme celle des hommes, c'est-à-dire boutons à droite et boutonnière à gauche, bas kaki, chaussures basses. Enfin, une capote kaki et l'horrible casquette complétaient notre équipement provisoire.

« Nous reçûmes ensuite nos papiers militaires. J'ai gardé mon livret militaire appelé "Soldier's Service Book", le même que celui des soldats anglais. On y lit sur les pages 2 et 3 mon numéro de matricule : 70 085, mon identité, ma religion, catholique, ma date d'engagement, 6.1.41 avec la mention : a signé son engagement définitif. Mon signalement 1 m49, poids 47 kilos, yeux bleus, teint pâle, cheveux châtains. Ma photo en uniforme y est agrafée. Sur les pages suivantes sont reportés le nombre de coupons d'habillement reçus, les dates des permissions et celles des différentes vaccinations obligatoires. Les dernières pages étaient réservées à la rédaction du testament. Enfin, il était complété par un carnet de solde : le "Soldier's pay book", sur lequel étaient portées les sommes reçues chaque quinzaine. Nous cousîmes le mot "France" en haut de chacune de nos manches, sur la veste et la capote, et deux écussons bleu ciel sur les revers, aux armes des volontaires françaises : un glaive surchargé d'une croix de Lorraine. Au-dessus de la poche droite, nous portions l'insigne des Forces terrestres de la France Libre. Pour compléter le

---

1. Mercure de France.

tout, nous reçûmes un masque à gaz et un casque français, fort utiles lors des bombardements. »

Qui étaient les volontaires françaises et d'où venaient-elles ? Jeanne Bohec explique que l'idée de vivre dans une France occupée lui était insupportable, son profond patriotisme s'y opposait. De surcroît, elle avait lu les aventures de Louise de Bettignies et l'arrivée de la guerre lui offrait l'occasion de tenter l'aventure, de mesurer son courage, de sortir d'une condition féminine traditionnelle qui ne lui souriait pas. Comme élève chimiste, elle avait travaillé dans une poudrière, du côté de Brest. Elle savait faire des explosifs et elle pensait que la guerre allait lui fournir l'occasion de démontrer ses talents. Bref, ses motivations étaient nombreuses et intéressantes.

« Beaucoup de volontaires françaises, dit-elle, étaient des réfugiées de France comme moi, mais aussi des Françaises vivant déjà en Angleterre, certaines mariées avec des Anglais, d'autres, des Anglaises préférant servir chez nous, soit parce que mariées à des Français, soit parce qu'ayant beaucoup d'affinités avec notre pays. Un peu plus tard, nos rangs furent grossis de femmes venues des colonies et des territoires français ralliés. Lors de mon engagement, nous étions une vingtaine. Nous étions deux cents quand je quittai ce corps en 1943. Par la suite, leur nombre ne cessa de croître jusqu'à leur transformation en AFAT (Auxiliaires féminines de l'armée de terre) et en auxiliaires de l'aviation et de la marine. Nous avons vraiment été le premier corps de femmes de tous les temps, en dehors des services sanitaires, enrôlées régulièrement dans l'armée française. Tous les milieux sociaux étaient représentés et tous les âges, depuis la benjamine qui n'avait pas dix-huit ans jusqu'à la plus âgée qui avait dépassé la cinquantaine. A notre tête, le capitaine Simone Mathieu, l'ancienne championne de tennis, et le lieutenant Maria Hackin[1] qui partit bientôt en Afrique avec son mari et périt en mer, sur leur bateau torpillé par un sous-marin.

« Deux sous-officiers : l'une grande et forte mais bonasse sous ses airs bougons, l'adjudant Belhomme, et une autre, petite, sèche et assez pète-sec.

« Parmi les filles beaucoup de Bretonnes, dont Nadine

---

1. Elle fut faite compagnon de la Libération à titre posthume.

Smith qui traversa la Manche sur une simple barque de pêche. Il y avait des Françaises d'autres régions de France, et une fille de Paris qui tenait un cabaret à Montmartre, Germaine.

« Nous avons vu arriver également des Françaises de Saint-Pierre-et-Miquelon et de Nouvelle-Calédonie.

« Quelle que soit notre origine, nous avions en commun le désir de servir notre pays, et jamais aucune volontaire ne renâcla au travail. »

Si toutes ces femmes en uniforme militaire ressemblaient à des petits soldats, elles ne portaient néanmoins jamais le fusil. En fait, elles allaient travailler tous les matins dans les différents services de l'armée, comme secrétaires surtout, mais aussi comme conductrices, infirmières, à tous les postes où une femme pouvait remplacer un homme. Leur vie était réglée à la militaire, avec une discipline horaire très stricte. On leur apprenait à marcher au pas et à défiler. Jeanne Bohec garde un souvenir très précis de ces leçons de marche:

« Cela se passait souvent dans Hyde Park. Nous commandions à tour de rôle. Pour nous former la voix, nous devions crier les commandements de très loin:

"en avant, marche", "une, deux, une, deux", "section, halte", "demi-tour à droite, droite"... C'est ce qu'on appelait "l'école de gueule". Vous savez que pour les femmes le garde-à-vous ne se fait pas le petit doigt sur la couture du pantalon, mais à la hauteur de la jarretière arrière?... »

D'autres aspects de la vie des volontaires françaises:

« Tous les dix jours environ, nous étions de service. Cela voulait dire: pointer les volontaires qui rentraient après le travail, puis attendre 23 h 30 le retour des permissionnaires. Si l'une d'elles manquait à l'appel, prévenir le sergent de semaine. Le lendemain matin, à 5 h 30, réveiller les cuisinières, puis à 6 h 30 passer la cloche dans les couloirs pour sonner le branle-bas de réveil. Les volontaires n'étaient jamais pressées de se lever, et pour la plupart nous le faisions au dernier moment. Beaucoup avaient leur petite technique personnelle. L'une, considérant que c'était très important, se maquillait les yeux avant de se coucher. Moi, j'avais calculé qu'il me fallait pour m'habiller 4 minutes et demie, pas une seconde de plus. J'avais fait ma toilette la veille à une heure où la salle de bains n'était pas occupée.

« Un jour, grand branle-bas dans la caserne. Nous sommes priées de doubler le temps d'astiquage de nos boutons de cuivre avec une "patience", de cirer nos chaussures plutôt trois fois qu'une, de balayer dans les plus petits coins, d'avoir des lits impeccables... Une visite d'inspection du général de Gaulle lui-même.

« Le voilà ! Nous sommes toutes intimidées. Dans le grand hall, nous sommes alignées impeccablement au garde-à-vous. Le général passe dans nos rangs. Chacune doit décliner son identité et donner le nom de son service. C'est mon tour.

— Caporal Bohec, secrétaire au Service technique et de l'armement.

« Le général me serre la main et passe à la suivante. »

Le livre de Jeanne Bohec, *la Plastiqueuse à bicyclette* (car cette femme petite par la taille mais grande par l'intrépidité entra plus tard dans la Résistance, comme spécialiste en explosifs) est une mine d'informations sur la vie à Londres durant la guerre, telle que les femmes de l'époque ont pu la vivre :

« Les rues de Londres fourmillaient d'uniformes les plus divers. On y rencontrait des Écossais avec le kilt. Ils étaient de haute taille, avec le teint fleuri. Les Gallois portaient un poireau comme insigne de leur régiment. On reconnaissait les Australiens à leur grand chapeau, les Canadiens en avaient un analogue à ceux des scouts. Quant aux Polonais, ils étaient coiffés d'une casquette dont le fond avait la forme d'un polygone.

Un soir, en compagnie d'Yvette Lhostis et de Nadine Smith, nous étions allées danser. Nous fûmes invitées par des Grecs. Eux aussi parlaient français.

« Nous fréquentions moins les Anglais, chose curieuse. Je me souviens cependant avoir été invitée à déjeuner un dimanche chez un couple de jeunes mariés. J'arrivai de bonne heure et la jeune femme fit la cuisine devant moi. Elle avait un magnifique morceau de rosbif très appétissant. Mais avant de le mettre à cuire, à ma profonde consternation, je la vis mettre la viande sous le robinet d'eau froide et la presser et la represser pour en exprimer tout le jus. Après quoi, elle le mit au four. Il était devenu noir et fibreux et je dus me forcer pour l'avaler. »

Le corps des volontaires françaises, devenu à la fin de la guerre le corps des AFAT, dans les Forces françaises libres du général de Gaulle, ne représente, certes, pas grand-chose par rapport au reste de l'armée, entièrement masculine, mais il témoigne d'une volonté féminine de participer aussi directement que permis à la défense de la patrie. Il est probable que bien des femmes de tempérament auraient aimé aller au-delà du service rendu dans les bureaux administratifs de l'armée. Le stade d'évolution de nos sociétés ne le permettait pas. Domaine réservé !... Comme le dit Jeanne Bohec :

« En tant que femme dans la résistance, je n'ai jamais eu de problèmes, mais dans l'armée, c'était pas du gâteau ! et je préfère oublier toutes les réflexions désagréables et sexistes que j'ai entendues ! »

Anglaises en uniforme

Si les Françaises n'ont pas été très nombreuses à endosser un uniforme militaire, les Anglaises ont été plusieurs milliers à jouer au petit soldat dans des tenues à l'allure martiale fournies par le ministère de la Guerre.

Trois services auxiliaires assistaient les trois grands corps d'armée : de terre, de mer et de l'air. Assistant l'armée de terre, les ATS, un service sur lequel s'aligna le corps des volontaires françaises. Secrétariat, transmissions, service du code, transports de troupes, surveillances en tout genre, les auxiliaires de l'armée de terre furent employées à plein temps. Assistaient l'armée de l'air les WAFF'S dont fit partie Yvonne Cormeau, alors que son mari venait de mourir en mission et tandis que sa fillette vivait réfugiée à la campagne :

« Je n'avais rien d'autre à faire à Londres qu'à essayer de me rendre utile à mon pays, dit-elle. Mon mari étant mort, il m'a semblé que mon devoir était de poursuivre la tâche qu'il avait entreprise et j'ai essayé de le remplacer aussi bien que je pouvais. Dans les WAFF'S, le service était très pénible du fait des horaires : on travaillait de 6 heures à minuit, ou de minuit à 6 heures. Pour chaque bombardier qui prenait l'air, nous devions vérifier que tout était bien conforme et transmettre les instructions, plans de vols, recommandations diverses, etc. La nuit, il nous fallait attendre le retour des pilotes pour les interroger et constituer le rapport de mission. Nous avions d'excellents rapports avec ces pilotes, de jeunes hommes pour la plupart, à qui nous servions un peu de nounous..., les consoler, les encourager, les réconforter. Mais notre situation dans l'armée prêtait parfois à des plaisanteries qui n'étaient pas dépourvues de sexisme. Ainsi une nuit, je travaillais dans mon bureau et une souris est sortie de son trou pour venir se promener sur nos cartes. Beaucoup de femmes d'autrefois auraient poussé des cris. Moi je me suis mise à rire, ce qui m'a valu un commentaire de ce genre :

— Voilà une femme qu'une souris n'effraie pas! Il y a vraiment quelque chose de changé sous le soleil!

« Je n'étais pas une femme particulièrement téméraire, mais j'avais beaucoup de flegme. Cela m'a bien servi par la suite. »

Yvonne Cormeau a sauté sur l'occasion qui lui était offerte d'entrer dans le SOE, service d'espionnage, où elle a pu donner toute sa mesure. Nous la retrouverons plus loin.

Un service annexe de la RAF s'appelait les ATA, auxiliaires de transport aérien. Monique Agazarian[1] qui rêvait de piloter des avions comme ses frères, pilotes de Spitfire, raconte comment elle réussit à s'y faire engager :

« Mon frère m'avait signalé l'existence de ce service et comme il savait que je brûlais de voler, il m'a dit : vas-y, c'est le moment! J'ai sauté sur l'occasion et j'ai immédiatement rédigé une lettre. Hélas, on m'a fait savoir qu'on n'engageait que des pilotes qualifiés. J'avais fait une croix sur ce beau rêve quand un peu plus tard je reçois une note m'informant que la Royal Air Force allait former dix pilotes femmes. Je me suis aussitôt présentée le cœur battant. On m'a fait subir une visite médicale. Jusque-là, ça allait bien. Ça s'est gâté quand ils ont pris ma mesure. Je n'étais pas tout à fait assez grande, il me manquait deux centimètres et demi. J'étais désespérée. J'ai dit au médecin : "Recommencez, vous avez dû vous tromper." Il a de nouveau placé sa toise. Je parlais, parlais, parlais, le noyant sous un flot de paroles. Pendant ce temps-

---

1. Traduction Geneviève Pessot.

là, je me tenais sur la pointe des pieds ? A-t-il été dupe ? Il m'a dit en riant :
— Effectivement, vous avez la taille qui convient !
« Et il m'a fait un clin d'œil. J'ai été acceptée parmi mille candidates qui s'étaient présentées. J'avais regardé mes rivales. C'étaient des grandes blondes magnifiques. Je n'ai jamais compris pourquoi ils avaient préféré prendre une petite brune... Enfin j'étais engagée, grâce à cet intense besoin qu'ils avaient de pilotes supplémentaires pour conduire les avions de l'usine où on les fabriquait jusqu'à leurs lieux d'utilisation. Les avions ne pouvaient pas s'attarder dans les entrepôts qui étaient trop souvent bombardés. On avait engagé pour faire ce travail des pilotes déjà âgés, ou handicapés, qui auraient dû normalement prendre leur retraite. Il ne restait plus qu'à prendre des femmes, ce qu'ils ont fait.

« Alors, l'entraînement a commencé. On nous a cantonnées dans une maison près d'un petit aéroport. Nous étions deux par chambre et chaque matin un bus nous amenait sur place, auprès d'un appareil qu'on appelait le "miles magister". On nous avait habillées avec des uniformes qui dataient de la guerre précédente, qui étaient trop grands pour nous, qui flottaient au vent. On pouvait à peine marcher. L'appareil ne possédait pas de radio, son cockpit était ouvert. Nous recevions des instructions hurlées d'en bas. C'était incroyable ! On nous a donné des notions de navigation, de météo. La météo, c'était important parce que nous allions naviguer "à vue", sans radio, sans radar, sans rien... pour ne pas déranger les relations-radio des pilotes de l'Air Force, ni nous faire repérer. En plus, pour ne rien arranger, il y avait des barrages de ballons au-dessus des grandes villes, des grandes usines, retenus au sol par des filins. Si un avion s'empêtrait dans ces filins, il était fichu. Il n'empêche qu'il fallait parfois atterrir dans ces endroits piégés. On nous a appris comment faire, simplement comme ça, à vue de nez, en appréciant le temps, les nuages, les distances, les obstacles. L'entraînement était fantastique, le même que celui de la RAF, mais en plus spécialisé. À la fin du stage, on devait être capable de piloter un avion qu'on n'avait jamais vu auparavant. On nous donnait un petit livre qu'on coinçait entre nos genoux. On se mettait à la bonne page selon le type d'appa-

reil pour savoir comment le faire décoller, quoi faire si le
moteur lâchait, comme atterrir, comment il se comporterait
dans certaines conditions. Le tout était expliqué en très peu
de mots. On faisait le tour de l'avion, on le regardait, et après
on démarrait. Évidemment, il fallait être un peu tête brûlée
pour faire ce travail. Mais j'étais tellement motivée, j'avais
tellement envie de voler et de me rendre utile que je l'ai fait.
Nous recevions nos ordres à tous instants depuis les quartiers
généraux de la RAF. Les chefs d'opérations s'appelaient au
téléphone. Il fallait tout de suite un Spitfire à Manchester, et à
Manchester, on nous confierait un Lancaster ou un Hudson à
conduire ailleurs, et de là il y aurait un Tempest à mener à sa
destination. On était toujours dans le ciel.

« Je pense qu'une femme est aussi capable qu'un homme
de piloter un avion. Il ne s'agit pas de combattre la machine,
mais de la comprendre techniquement, de l'amadouer pour
qu'elle rende les services qu'on en attend. Quand on a un bon
contrôle de soi, une fermeté de caractère, qu'on a mis sa peur
dans sa poche une fois pour toutes, il n'y a plus aucun
problème. Les femmes sont peureuses parce qu'on leur
apprend à avoir peur de tout. Moi j'ai été élevée dans une
famille de casse-cou et ma vraie nature a pu s'exprimer. »

Dans la marine, les auxiliaires des soldats de la mer
s'appelèrent par l'abréviation WREN'S. Elles furent des
centaines qui s'engagèrent dans les ports et sur les navires
occupant en général les postes administratifs que les hommes
occupaient précédemment. Ceux-ci étaient plus utiles sur les
fronts, et l'Angleterre avait besoin de tous ses soldats. Cas
plus rare, celui des femmes-marins engagées dans les services
techniques. Dans *la Seconde Guerre mondiale*, Pierre Miquel
cite la célèbre Victoria Drummon de Lambeth, femme-
mécanicien qui participa de son poste à la bataille de l'Atlan-
tique. Elle fut décorée de l'ordre de l'Empire britannique.

Par ailleurs, les WREN'S furent affectées à la surveillance
côtière. Les Anglais rendent hommage à trois cents d'entre elles
qui se sont distinguées par leur héroïsme et leur efficacité.

En conclusion, les statistiques font état de
7 750 000 femmes coopérant à la défense du sol britannique,
chiffre qui comprend les volontaires de la défense passive, la

protection civile (« pompières » et policières), l'aide sanitaire à l'armée.

Souris grises et Jeunesses hitlériennes

Des femmes en uniforme, il y en a eu en Allemagne sans doute plus qu'ailleurs, et d'innombrables associations et organisations pour les accueillir et les diriger. L'engagement était peut-être moins le fait d'une volonté individuelle que d'un mouvement collectif. On s'engageait pour rendre des services à la patrie et au grand Reich. Mêmes les petites filles (les *Jungmadel*) furent embrigadées, à la plus grande satisfaction de leurs mères. Geneviève Bianquis explique dans *l'Histoire mondiale de la femme*[1] que les organisations féministes du début du siècle avaient préparé le terrain :

« La guerre de 1914, dit-elle, trouva les femmes allemandes rangées dans leurs associations, toutes prêtes à offrir leurs services à la patrie. Il y en eut quelques-unes, et non des moindres, pour célébrer cette juste guerre, occasion unique offerte au peuple allemand de témoigner de ses éminentes vertus, pour réclamer une guerre sans merci, poussée jusqu'à la victoire qui devait être la victoire du peuple supérieur sur les peuples encore barbares et déjà corrompus. De nombreuses organisations fusionnèrent dans le Service national des femmes, création de la féministe Gertrude Baümer, englobant les soins aux blessés, le service des hôpitaux et des maternités, l'assistance aux familles de mobilisés, et d'une façon générale, tout ce qui pouvait servir à l'existence et soutenir le moral de la population, tant civile que militaire. L'idée d'un service obligatoire en temps de paix se fit jour et on alla jusqu'à en dresser le programme. D'éminents professeurs s'efforcèrent de démontrer aux femmes que leur unique devoir était de donner beaucoup d'enfants à la patrie. Peine perdue. Ces beaux projets, ardemment soutenus et ardemment combattus, n'eurent pas le temps de mûrir. Ils furent repris sous une forme plus agressive à l'époque hitlérienne (...) Quand vinrent les heures noires du national-socialisme, Hitler et ses collaborateurs les trouvèrent dispo-

---

1. Nouvelle Librairie de France.

sées dans leur immense majorité à se laisser embrigader dans les associations du régime, *Deutsche Frauenschaft* et autres. Elles ont contribué pour une large part au triomphe du national-socialisme, exception faite pour quelques résistantes qui payèrent de leur vie leur non-soumission, ou comme on disait à l'époque, leur « asocialité ».

Les recherches plus récentes de Rita Thalmann pour son livre, *Être femme sous le IIIᵉ Reich* confirment cette disposition de la femme allemande à s'engager dans des organisations de service à la patrie, soit par conviction idéologique, soit par civisme. Elles apportent volontiers quelques heures de leur temps, quelques parcelles de leur énergie à la réalisation de tel ou tel travail susceptible d'aider la collectivité, de faire avancer un projet, de faciliter le bon déroulement d'une entreprise, surtout s'il est à caractère social. Ainsi Brigitte Reithmuller, dans sa section de Jeunesses hitlériennes, jouait-elle plus souvent à l'assistante sociale qu'à autre chose :

« Quand la guerre a éclaté, j'étais libraire et chef de section à la Hitlerjugen. Ce n'est pas moi qui ai pris volontairement la tête de cette section. J'avais été scout, j'avais la formation, la mentalité. On m'a proposé le poste et je n'ai pas dit non. Mais ça m'a pris tout mon temps. Comme je travaillais dans la journée, c'est le soir, pendant la pause de midi et un peu le matin que je m'occupais de ma section. On avait de longues veillées pour mettre au point le programme du lendemain. Il y avait toujours des quêtes à organiser le dimanche pour l'aide contre le froid, pour les mères malades, pour les jeunes, pour les soldats. Je n'ai jamais eu assez de temps pour m'occuper de la formation morale et civique de mes filles. Il y avait un programme pour préparer les jeunes filles à leur rôle de mère. Je n'ai pas donné suite ; d'abord, parce que ça ne m'intéressait pas cet aspect de la politique, et ensuite parce que nous n'avions pas le temps pendant la guerre. C'était bon pour le temps de paix. Nous avons surtout fait des quêtes, des grosses quêtes, pour aider partout où c'était nécessaire. Par exemple en 1939, quand il y a eu le premier exode de Westwald : les gens étaient envoyés en Prusse orientale. Ils ont dû quitter leur maison du jour au lendemain. Ces gens arrivaient par trains entiers et sur les quais de gare, nous distribuions de la soupe et nous les réconfortions. Ça, c'était

notre devoir de BDM. Il fallait un grand sens du dévouement. Je n'ai jamais eu de doute quand à ce que j'avais à faire,
mais j'aspirais à la fin de la guerre. J'espérais qu'après la
victoire, on se débarrasserait de ces partis de pontes et qu'on
serait plus heureux...

« Plus tard, il a été question que je m'inscrive au Service du
travail, c'était à un moment où ça allait mal et beaucoup de
femmes autour de moi y allaient. Par je ne sais quel hasard,
on m'a proposé à la place de faire un stage d'un an dans une
école ménagère de Dantzig, où on nous apprenait à faire le
potage, à laver la salade, à repasser une chemise. Dans quel
but, je ne sais pas. J'étais une pure Allemande et je devais
servir de modèle à l'avenir, je suppose. De même, il y a eu un
moment où ma section de Jeunesses hitlériennes devait
prendre des cours de tir, un après-midi par semaine. Moi, je
m'en suis dispensée. J'avais deux enfants, je ne pouvais pas
tout faire. On disposait quand même d'une certaine liberté,
on était moins contraintes que certains peuvent l'imaginer. »

Comme en Angleterre, les services auxiliaires de l'armée
du Reich ont engagé toutes les volontaires féminines qui se
sont présentées, que ce soit pour l'armée de terre ou l'armée
de l'air. Communications, transmissions furent leur domaine
réservé. Les volontaires recevaient une formation qui mêlait
instruction et sport car on croyait là encore plus qu'ailleurs, à
la nécessité d'associer une âme saine à un corps sain. Des
films de propagande furent diffusés dans le pays pour attirer
vers ces écoles de l'armée le monde féminin. On est frappé en
les revoyant aujourd'hui, grâce aux services d'archivage qui
les ont conservés, par la similitude des arguments employés
dans les films de propagande anglais ou allemands. Mis côte à
côte, c'est le même discours, la même imagerie, la même
ambiance gaiement sportive, la même conviction patriotique.

De conviction patriotique, Lisel Bach n'en avait aucune.
En tout cas, elle s'en défend aujourd'hui. Cette aviatrice
spécialisée dans les acrobaties aériennes, qui fréquentait le
Gotha international des « gens du ciel », a considéré la
guerre comme un nouveau théâtre d'aventures.

« Je n'avais aucune opinion politique et ne m'intéressais
absolument pas à ce qui se tramait au sol. Moi, je voulais être
dans les airs, rien de plus. Quand la guerre a éclaté, je me suis

demandé de quelle manière je pourrais continuer à voler. On pouvait voler soit pour la Croix-Rouge, soit pour le transport d'avions militaires. J'ai choisi le transport et j'ai passé la guerre à sillonner le ciel d'Allemagne, du nord au sud et de l'est à l'ouest, partout où des avions étaient demandés. C'était assez dangereux, évidemment. Je devais faire attention de ne pas rencontrer des Anglais, ni même des Allemands, car nos avions n'étaient pas toujours immédiatement reconnaissables et une méprise était possible. D'autant plus que quand le temps était mauvais, on ne discernait pas nos indicatifs. Jamais il n'a été question de mettre des femmes sur les bombardiers. Hilter était contre les femmes dans le combat et je ne peux lui donner tort sur ce plan. Il ne convient pas du tout aux femmes de larguer des bombes. J'ai connu une aviatrice qui était à sa manière engagée dans la guerre, c'était Hanna Reisch. Elle agissait à la fois par passion politique et par goût de l'aviation. C'est pourquoi elle a pris des risques énormes pour sauver le Führer au moment de l'encerclement de Berlin. Elle a réussi à se poser sur une petite place avec son avion. Le vol était une grande performance. Mais elle était la seule responsable des causes qui l'avaient poussée à l'accomplir. En fait, ce qu'elle a fait de plus extraordinaire, ce sont les essais sur les V1. Ces machines ne se pilotaient pas, c'étaient des fusées, mais au moment des essais, il fallait quelqu'un aux commandes pour ajuster la direction. Comme elle était très petite, on a fabriqué un siège pour elle et elle a piloté ces engins pour leur mise au point. Elle a eu beaucoup de chance et beaucoup de courage. D'une manière générale, l'aviation est une école de courage. Est-ce que j'ai pensé à l'époque que je servais mon pays ? Sans doute, sinon j'aurais quitté l'Allemagne. Mais ma vraie grande motivation, c'était le plaisir de voler. Avant toute chose, je suis une sportive. »

Parmi les nombreuses Allemandes qui ont porté l'uniforme, les *souris grises* sont les plus connues. Ces femmes, vêtues de gris des pieds à la tête, accompagnaient les armées au gré de leurs déplacements sur les fronts et dans les pays occupés. Un régiment de souris grises défila sur les Champs-Élysées en avril 1941, à la stupeur des badauds. Elles étaient chargées de l'intendance et des tâches administratives.

En Union soviétique

Comme tous les pays de l'Europe en guerre, l'URSS a fait appel aux femmes pour remplacer les hommes aux postes administratifs de l'armée. Mais ce qui distingue ce pays de tous les autres fut d'avoir également engagé des femmes dans l'armée combattante, à partir du moment où elles en affirmaient la volonté. Nous en retrouverons quelques-unes au chapitre consacré aux femmes combattantes.

Quatrième partie

Femmes combattantes
ou
le temps du courage

Ce que reconnaissent les historiens

Pour avoir consacré un chapitre au rôle des femmes dans la Résistance française, l'historien Henri Noguères s'est vu inviter en 1975 à présider un colloque sur ce sujet, organisé par l'Union des femmes françaises. Sa première réaction a été de s'interroger sur l'opportunité d'une recherche qui lui semblait avoir pour conséquence, à première vue, d'établir une sorte de ségrégation historique. Qui songerait à organiser un colloque sur les hommes dans la Résistance ? Finalement, l'intérêt du sujet l'a emporté. Oui, l'action des femmes dans la Résistance méritait d'être étudiée et mise en évidence. Non seulement parce que les femmes ont été proportionnellement plus nombreuses dans la Résistance qu'elles ne l'étaient à la même époque dans la population dite active, mais aussi parce qu'elles se sont trop souvent heurtées au scepticisme, voire à la mauvaise volonté des hommes, qui rechignaient à les employer.

Henri Noguères s'est livré avant toute chose à une petite expérience qui consistait à dénombrer les femmes citées à l'index de l'*Histoire de la Résistance en France*... Ce sont plus de quatre cents noms ou pseudonymes qui y figurent, et ce chiffre est déjà par lui-même assez éloquent.

« Dès 1940, au sein du premier en date des mouvements organisés, le réseau du Musée de l'homme, on comptera une forte proportion de femmes : lors du procès, sur 19 accusés, il y aura 6 femmes ; sur dix condamnations à mort prononcées, celle de trois femmes ; sur 4 condamnations à des peines de prison, deux femmes.

« Mais il ne suffit pas de dresser, ou de tenter de dresser, un bilan quantitatif de la participation féminine dans la Résistance. Il faut s'interroger sur les emplois tenus, les fonctions occupées. Certes, il y eut, et il ne faut pas les mépriser, ni les sous-estimer, des activités spécifiquement féminines :

« — le service social, assuré tout naturellement par des femmes dans la Résistance, comme il l'était hors de la Résistance :

« — les agents de liaison, appelés à circuler à travers toute la France, fonction pour laquelle les hommes, surtout les plus jeunes, étaient jugés trop vulnérables à partir du moment où fut organisée une chasse aux réfractaires ;

« — les convoyeuses des filières de passage et d'évasion, préférées aux convoyeurs pour les mêmes raisons.

« — les secrétaires, tout simplement en raison de la très forte proportion de femmes ayant reçu ce type de formation professionnelle ;

« — les hôtesses, assurant chez elles, à leur foyer, l'hébergement des passagers empruntant dans l'un ou l'autre sens les moyens de transports aériens ou maritimes ;

« — enfin les extraordinaires combattantes du TA — le Travail allemand — qui cherchaient à nouer des relations avec des soldats et officiers allemands pour les démoraliser et les intoxiquer.

« Mais à côté de ces métiers féminins, combien de femmes ont exigé de faire de la Résistance comme on fait un métier d'homme. On en trouve qui ont occupé des responsabilités opérationnelles dans tous les mouvements et dans tous les réseaux. Et parmi elles, certaines ont exercé sur leur mouvement, ou sur leur réseau, l'autorité suprême, le commandement, que ce soit Madeleine Braun au "Front national" de zone Sud, ou Marie-Madeleine Fourcade au réseau "Alliance".

« Veut-on des chiffres ? Parmi les agents du service britannique SOE, plus connu sous le nom de réseaux Buckmaster et qui seront à l'été 1944 rattachés à la France combattante, on a compté 53 femmes envoyées "in the fields" en France, dont 30 ont été parachutées. Sur ces 53, 21 ont été déportées et 11 d'entre elles ont été exécutées dans les camps d'Allemagne juste avant l'arrivée des Alliés.

« Car il n'y a pas de discrimination à faire entre le travail accompli par les femmes dans la Résistance et celui accompli par les hommes, il faut savoir que l'ennemi n'a fait, lui non plus, aucune discrimination entre les femmes et les hommes lorsqu'il s'est agi de répression.

« Ainsi, poursuit Henri Noguères, lorsque j'ai parcouru, en songeant à ce colloque, l'index de l'*Histoire de la Résistance*, bien des noms ont évoqué pour moi le souvenir de visages disparus... Suzanne Buisson, qui s'est offerte en sacrifice, faisant les cent pas devant l'immeuble dans lequel les Allemands avaient établi une souricière, et ceci afin de tenter de prévenir un certain nombre de camarades qui y avaient rendez-vous. Danielle Casanova qui déjà au quartier Latin lors de notre jeunesse étudiante au temps du Front populaire donnait l'exemple du courage militant. Simone Michel-Levy, compagnon de la Libération à titre posthume, qui symbolise la résistance PTT. Vera Obolensky, décapitée à la hache, comme Berthie Albrecht. »

Henri Noguères souligne qu'il « en fut des femmes dans la Résistance, comme il en est quotidiennement des femmes dans la vie. Elles y ont fait toutes ces choses qu'elles seules pouvaient faire — ou qu'elles pouvaient faire indiscutablement mieux que les hommes. Et elles y ont fait aussi, et tout aussi bien que les hommes, tout ce que les hommes faisaient ».

Dans son livre *la Vie quotidienne des résistants*[1], Henri Noguères s'étend davantage sur la discrimination dont, selon lui, les femmes ont souffert :

« De même que l'on ne recrutait dans une entreprise ou une administration du personnel féminin que pour occuper des emplois de secrétaire, standardiste, réceptionniste ou à la rigueur, employée aux écritures, on ne faisait entrer dans la

---

1. Hachette.

Résistance les femmes et les jeunes filles que pour y être secrétaire ou agent de liaison. Parfois, dans les réseaux de renseignement pour y recueillir des informations. Mais jamais pour être chef de la résistance dans une ville, un arrondissement, sans même parler des départements ou des régions. Quant aux grands services figurant en bonne place sur les organigrammes des mouvements, le seul dans lequel il semblait normal de confier les plus hautes responsabilités à des femmes (il est vrai qu'il n'y avait à peu près que des femmes pour le constituer) était bien entendu le service social.

« Il est aisé de vérifier l'exactitude de ce qui peut paraître, avec un certain recul, aujourd'hui exagéré : Il n'y a eu aucune femme sur la liste dressée par Michel Debré, des commissaires de la république ou des préfets. Aucune sur la liste établie par Louis-Francis Closon des présidents de comités départementaux de Libération. Une femme en 1944 sera cependant président délégué du CDL de l'Yonne ; ailleurs, deux seront secrétaire et vice-présidente. Aucune femme parmi les chefs régionaux de mouvement, ni parmi les chefs régionaux ou départementaux des FFI. Une femme a été chef régional des maquis, Claude Gérard dans la région de Limoges. Deux femmes seulement, sauf erreur ou omission, ont été chefs de réseaux : Marie-Madeleine Meric (Fourcade) à Alliance, et Marie-Louise Dissart au réseau Françoise (Pat O'Leary — War Office). Et sur 1 059 croix de la Libération attribuées, on dénombre 1 030 compagnons de sexe mâle et 6 femmes (plus 5 villes et 18 unités combattantes).

« Les femmes dans la Résistance ont donc été dans leur immense majorité agents de liaison, secrétaires ou assistantes sociales. Ce n'était pas des emplois dépourvus d'importance, et celui d'agent de liaison était très certainement parmi tous les postes que l'on pouvait être amené à occuper dans la Résistance l'un de ceux comportant les plus gros risques.

« Rien que cela devrait inciter les résistants à faire amende honorable quant à l'emploi des femmes. Mais il y a plus : le poids des traditions millénaires a joué, là comme ailleurs. Si bien que dans tous les groupes de résistants, à commencer par les postes de commandement et les état-majors où se sont trouvées des femmes, qu'elles soient ou non les épouses ou les compagnes des guerriers, qu'elles aient ou non des fonctions reconnues, sédentaires pour assurer un secrétariat, il semblait normal de les voir accomplir en plus de ce qu'elles avaient à faire toutes les tâches qui sont, selon les canons de notre civilisation, indignes des hommes : tâches ménagères, ancillaires, par lesquelles la femme dans la Résistance, comme dans la vie courante lorsqu'elle occupait un emploi, faisait double journée, double charge de travail, double métier. »

Ce texte, l'un des seuls textes « officiels » que j'aie pu trouver sur le rôle des Françaises dans la Résistance (avec le résumé du colloque sur le même sujet et avec le même historien, Henri Noguères) présente une situation que les témoignages féminins corroborent dans ses grandes lignes. Il émane de ce texte un parfum de revendication féministe, agréable à humer, venant d'un homme éminent, qui fit partie de la Résistance (chef régional à Franc-Tireur), qui fut président de la Ligue des droits de l'homme, journaliste et historien d'une monumentale *Histoire de la Résistance.*

Un appel à la reconnaissance de leurs courageuses actions émane également du récit des expériences de nos témoins féminins, encore qu'il soit rarement formulé. Même Lucie Aubrac, partie prenante dans cette affaire, reconnaît que les femmes de la Résistance étaient rarement « leaders », mais bien plus souvent affectées aux tâches à caractère social ; qu'elle-même, si forte de caractère, si motivée, si politisée, n'a jamais occupé de poste de direction à part entière au mouvement Libération dont elle faisait partie, qu'il lui est seulement arrivé de diriger des opérations de groupes-francs particulières, pour lesquelles on lui trouvait les dispositions idoines, « mais, ajoute-t-elle, cela ne m'a pas empêchée de consacrer tout mon temps à la résistance ».

CHAPITRE X

LES GRANDS NOMS DE LA RÉSISTANCE FÉMININE EN FRANCE

Les Français, dans leur majorité, considèrent la croix de compagnon de la Libération comme la distinction la plus honorifique. Elle fut décernée par le général de Gaulle à Londres pendant la guerre et jusqu'en 1947. Un bon millier de personnes l'ont obtenue, dont six seulement sont de sexe féminin.

Ces femmes s'appelaient Berthie Albrecht, Laure Diebold, Émilienne Moreau, Maria Hackin, Marcelle Henry et Simone Michel-Levy.

Ces six femmes ont un point commun : elles ont toutes eu affaire avec Londres à un moment ou à un autre de leur carrière de résistante et elles se réclamaient toutes du chef de la France libre.

Ce choix, curieusement, ignore les résistantes communistes. Ségrégation ? Non, car des résistants communistes ont reçu la célèbre distinction.

Autre sujet d'étonnement : le tout petit nombre de femmes face à celui des hommes, alors que les femmes ont pris dans la Résistance des risques majeurs, même lorsqu'elles n'étaient qu'agent de liaison ou simple télégraphiste. Les prisons en furent pleines, et aussi les camps de concentration.

Enfin, on peut s'étonner de ne pas trouver dans la liste Marie-Madeleine Fourcade, Claude Gérard, Lucie Aubrac,

Madeleine Riffaud, Danielle Casanova, Germaine Tillion, Madeleine Marzin, Émilienne Mopty, etc., dont les actions courageuses et efficaces sont bien connues et l'étaient déjà à la fin de la guerre.

Force est de constater que la notion de compagnon de la Libération est limitative, personnelle et entachée de temporalité. La médaille de la Résistance et la croix de guerre, qui ont été distribuées plus largement, marquent davantage la reconnaissance de la patrie à celles qui l'ont défendue, au péril de leur vie. Encore pourrait-on trouver, en cherchant peu, en forçant la modestie de certaines, bien d'autres femmes qui se sont conduites en héroïnes authentiques et qui n'ont reçu aucune récompense officielle.

Les « compagnes » de la Libération

Berthie Albrecht, Émilienne Moreau et Marcelle Henry avaient plus de quarante ans lorsqu'elles se sont engagées dans la Résistance, un âge où l'on a appris la prudence et où les passions sont parfois, en partie, retombées. Elles n'ont agi ni par inconscience ou goût de l'aventure, mais par réflexion et expérience. Berthie Albrecht et Émilienne Moreau s'étaient déjà engagées dans la guerre de 1914-1918, Berthie comme infirmière à la Croix-Rouge, Émilienne comme combattante, abattant trois Allemands, lors d'un combat singulier, ce qui lui avait valu, à l'issue des hostilités, de recevoir la croix de guerre. Berthie est morte en prison, dans des conditions mystérieuses, en juin 1943 ; Émilienne a pu couler des jours tranquilles jusqu'en 1971 dans sa maison de Wingles, dans le Pas-de-Calais, et écrire un livre de souvenirs, la Guerre buissonnière[1]. Berthie n'en a pas eu le temps : sa fille Mireille s'en est chargé quelque quarante années plus tard.

Émilienne Moreau, devenue Evrard par son mariage, est à l'avant-garde de la Résistance, dès 1940, comme ses cinq compagnes de la Libération. Le général de Gaulle apprécia sans doute les ralliements de la première heure, car il n'y

---

1. Solar.

entrait point alors d'opportunisme, mais un sens profond de la patrie à défendre. Elle vivait à Lillers dans le Nord et, bien que sa maison fût connue des occupants pour être un « creuset » de résistance, elle y organisa toutes sortes d'actions et y planqua des armes. Lorsqu'elle dut se résigner à quitter l'endroit, elle se réfugia à Lens. Elle proposa ses services à l'Intelligence Service de Londres, et ce fut le début d'une fructueuse cueillette de renseignements sur les activités allemandes en zone interdite. Délogée de nouveau, elle se réfugia en zone libre et continua à effectuer de nombreuses liaisons, particulièrement dans le cadre du réseau « La France au combat ». Bien que repérée depuis la première heure et pourchassée durant des années, elle a réussi à mener son combat sans jamais se faire prendre. Elle se retrouva en 1944 à l'Assemblée consultative provisoire, aux côtés d'ailleurs de Lucie Aubrac qui avait cheminé aussi dangereusement qu'elle et accompli toutes sortes d'exploits, dont son mari, il faut le reconnaître, fut le principal bénéficiaire.

En récompensant Émilienne Moreau, le général de Gaulle récompensait à travers sa personne la Résistance du Nord, où deux autres Émilienne s'illustrèrent, Émilienne Mopty et Émilienne Flament, « la femme aux bottes rouges ».

En récompensant Laure Diebold, le Général a sans doute pensé à la Résistance alsacienne, d'autant plus courageuse en région annexée dans ses actions anti-nazies. Née Mutscheller, à Erstein dans le Bas-Rhin, Laure Diebold consacre la première année de la guerre à organiser l'évasion des prisonniers alliés. Repérée, elle s'enfuit en zone non occupée et à Lyon travaille au centre des réfugiés d'Alsace-Lorraine (comme l'a fait Claude Gérard). Elle y exécute un travail de secrétariat, puisque c'est son métier. Mais un secrétariat très spécial, car en réalité, il couvre des activités de renseignement pour le réseau « Mithridate » qui transmet à Londres son butin. Elle épouse M. Diebolt, prend le nom de « Mona » pour entrer dans la clandestinité, après avoir été arrêtée, avec son mari, par la police de Vichy.

En septembre 1942, elle devient la secrétaire particulière de Jean Moulin, le délégué général en France occupée du Général, tandis qu'elle est promue au grade de lieutenant. Elle passe ses soirées et ses nuits à déchiffrer des messages et à en coder d'autres. Elle est une « bureaucrate de l'aventure » et une sorte de « directrice administrative de la Résistance ». Jean Moulin étant arrêté, elle passe à Paris dans les services de son successeur, Serreules, puis aux côtés de Georges Bidault. Elle sait tout de la Résistance. En deux heures d'aveux, elle pourrait réduire à néant deux années d'efforts héroïques de milliers d'hommes. Mais elle ne parlera jamais, une fois arrêtée. Elle avoue tout de suite qu'elle travaille dans la Résistance, mais qu'elle n'est qu'une simple « boîte aux lettres ». Elle jouera son rôle avec une telle assurance que les Allemands ne soupçonneront pas une seule fois la véritable personnalité de leur capture. Échappant à la torture, elle échappe en même temps à une éventuelle trahison. Elle sera néanmoins déportée à Auschwitz, le plus terrible des camps, puis à Ravensbrück, puis à Taucha, car la guerre se termine. Elle se traîne, épuisée par la maladie et obsédée par ses secrets. Elle contracte le typhus, puis une angine diphtérique. Elle est vouée à la chambre à gaz, mais sera sauvée par un médecin tchèque. Laure Diebold rentra de déportation en 1945, très affaiblie, mais retrouva son mari et le couple essaya de renaître dans un quotidien misérable et douloureux, oublié de tous ceux qu'ils avaient si bien servis.

Marcelle Henry avait été professeur de lettres avant la guerre au lycée de Langres. En 1940, alors qu'elle a déjà 45 ans, elle occupe un poste de chef de bureau au ministère de l'Intérieur. Cela ne l'empêche pas de prendre position contre la collaboration. « Elle crée autour d'elle une atmosphère de résistance » disent ses collègues. Résistante, elle le sera tout de suite en liaison avec des organisations clandestines. Elle se livre à toutes les activités classiques de la résistance, y compris l'organisation des évasions au réseau « Vic », s'occupant plus particulièrement de trouver des « logeurs » dans Paris. Elle a été arrêtée le 4 juillet 1944, ainsi que seize agents de son réseau. Durant les interrogatoires, elle trouve le moyen de les faire disculper. Un jugement la condamne à mort. Elle sera du dernier convoi de déportées pour Ravensbrück. Elle parviendra à résister au régime cruel réservé au camp aux femmes de son âge, mais mourra huit jours après son retour.

Marcelle Henry a écrit un journal intime où l'on trouve des phrases comme celle-ci : « La joie est active, elle est donnée par la délivrance. Elle est surtout donnée par la souffrance : joie du sacrifice, joie du héros qui meurt pour son pays, du martyr qui meurt pour son Dieu, joie de qui s'oublie lui-même pour participer à la vie suprême. » Une rue d'Athis-Mons porte son nom, ainsi qu'une salle de l'ENA (École nationale d'administration).

Maria Hackin est une figure bien différente et doit sa médaille autant à son mari Joseph Hackin (un éminent intellectuel, conservateur du musée Guimet, archéologue et responsable à Londres du département des affaires extérieures) qu'à ses propres activités. Elles ne sont pas sans importance, puisque c'est elle qui eut l'idée de créer à Londres un corps féminin de la France libre (un de nos témoins, Jeanne Bohec s'y engagea et raconte son aventure dans les chapitres précédents). Joseph et Maria Hackin, couple modèle, ne se séparaient jamais. Ils sont morts ensemble sur le navire qui les emportait en Afrique-Occidentale et qui fut torpillé en 1941. Ils ont été promus tous les deux, par le même ordre du jour, compagnons de la Libération, et leurs états de service militaire s'achèvent sur la mention « morts pour la France ».

Il y avait un homme dans la carrière de Berthie Albrecht, de Laure Diebold, de Maria Hackin ; il n'y en a pas dans la vie de Simone Michel-Levy (alias Françoise) qui prit seule, semble-t-il, la décision d'utiliser l'organisation des PTT pour l'acheminement du courrier et du matériel destinés à la Résistance.

A peine promue au centre des recherches et du contrôle technique, elle entra en contact avec deux organisations clandestines, la Confrérie Notre-Dame et l'Organisation civile et militaire, qui la chargèrent de porter et d'installer des postes d'émission en Bretagne, Normandie et dans le Nord. Plus tard, le colonel Rémy la chargea de monter à l'intérieur de l'administration des PTT un réseau analogue à Résistance-Fer et qui prit le nom de EMPTT. « Elle monta, peut-on lire dans la biographie déposée à la chancellerie de l'ordre de la

Libération, un admirable système de transports de postes-émetteurs, d'armes et de parachutages, qui fonctionnèrent par l'intermédiaire des services ambulants des PTT. Elle réalisa également un excellent système d'acheminement du courrier à travers la France qui marcha à la perfection, soit par voie maritime jusqu'aux chalutiers, soit par voie aérienne, et cela dans les deux sens. »

Elle fut dénoncée par un membre de la Confrérie Notre-Dame (le chef du service radio), emmenée au centre de la Gestapo de l'avenue Henri-Martin et torturée par le sinistre Massuy qui lui infligea, entre autres, le supplice de la baignoire.

Déportée à Ravensbrück puis à Holleischen, elle continue son action pour la France. Alors qu'elle est chargée de contrôler le travail des détenues, elle monte deux ou trois sabotages, dont l'un se traduit par la perte de 10 000 balles de fusil. Elle est cette fois condamnée à mort et pendue le 13 avril 1945, alors que la France se libère. A la veille de sa mort, elle écrivait à sa mère :

« Ne pleurez pas, c'est un ordre. Ne soyez pas tristes, moi je ne le suis pas. Mon cœur est calme autant que mon esprit. Dans ma petite cellule, j'interroge le ciel, je pense à tout ce qui est beau, à tout ce qui est clair. »

On sait beaucoup plus de choses sur Berthie Albrecht que sur les cinq autres « compagnes » de la Libération (on doit dire compagnon, mais l'expression n'ayant pas été envisagée, nous en prenons l'initiative). Sa fille Mireille, qui avait entre 16 et 18 ans durant la période la plus « résistante » de sa mère, était à même d'évoquer son action et sa personnalité. Elle l'a fait dans un livre intitulé *Berty* et devant les caméras de télévision.

« Ma mère, dit-elle, n'a pas été une résistante à partir de 1940. Elle l'a toujours été, elle a toujours résisté, dès toute petite. Son action au mouvement Combat découle de ce qu'elle était, de ce qu'elle avait fait auparavant. Elle a toujours eu à supporter une vie difficile et choisissait toujours les solutions difficiles. C'était d'abord un caractère. Elle était toute petite, n'est-ce pas, puisqu'elle mesurait 1 m 51. Eh bien, les camarades s'en souviennent comme d'une très grande femme et me disent "ta mère mesurait au moins 1 m,75". Elle avait un regard qui surprenait toujours. Ses yeux étaient d'un bleu rare, très soutenu, le bleu des gentianes ou des myosotis. Et ce regard avait quelque chose qui vissait les gens au sol. De quoi tout cela venait-il ? J'ose dire de son âme. Je ne vois pas d'autre explication. En tout cas, partout où elle passait, personne ne pouvait l'oublier. »

Henri Frenay, ami intime de Berthie depuis 1934, fut le vrai chef de la Résistance intérieure en France, le premier à imaginer une organisation efficace, à constituer un modèle pour les autres mouvements qui se créèrent. Son mouvement, Combat, était le plus puissant, le plus architecturé, le plus complet, doublé d'une Armée secrète qui se constitua peu à peu en attendant le jour du débarquement allié. Berthie Albrecht le fonda avec lui. Elle en fut l'âme, s'il en était la tête.

« Il m'a été donné de lire dans certains ouvrages que Berty était la secrétaire d'Henri Frenay, ce qui est tout à fait inexact, déclare Mireille. Tout le monde appelait Henri "le patron", mais comme il l'a dit lui-même, Berty était en quelque sorte son chef d'état-major. Aucun problème du mouvement ne lui était étranger, et elle inspirait souvent la solution, ce qui n'était pas une mince affaire. Quand il était en déplacement, elle le remplaçait, prenant les décisions qui ne pouvaient attendre son retour. »

Pourtant, dans l'organigramme du mouvement Combat, le nom de Berty figure hors encadré sous le nom de Frenay, un peu comme celui d'une adjointe et non comme celui d'une égale. Comme quoi, même dans le meilleur des cas, les hommes ont bien du mal à partager un pouvoir, fût-il celui de diriger un combat clandestin.

Par contre, Berty ayant créé un service social à Combat pour s'occuper des militants arrêtés et emprisonnés, et de leurs familles abandonnées et sans ressources, le poste lui est attribué sans hésitation, avec un encadré !... L'itinéraire de Berthie Albrecht fut des plus brefs, mais il se déroula dans la période dure de l'Occupation, à un moment où tous les Français baissaient la tête et croyaient la défaite irréversible. Elle co-fonde Combat fin 1940 et meurt à la mi-1943, après six mois de vie carcérale où elle est devenue pour les siens davantage une charge et un souci qu'une aide et une utilité.

Au début de l'Occupation, elle est employée au Commissariat au chômage féminin de Vichy, un poste qui lui sert bien évidemment de paravent et où elle pourra recruter pour le mouvement Combat tous les bons éléments qui se présentent, par exemple Jeanne Sivadon qu'elle avait rencontrée à l'école des surintendantes d'usine, avant d'en devenir une elle-même. Elle organise des passages de la ligne de démarcation pour les évadés et réfugiés, rédige des tracts qu'elle fait distribuer, collecte des fonds, etc. C'est elle qui trouve l'imprimeur qui accepte d'imprimer pour le mouvement. Mireille Albrecht le raconte dans son livre :

« Berty se mit en quête d'un imprimeur pour *les Petites Ailes* (premier nom des publications qui précédèrent le journal *Combat*). L'entreprise était délicate et nécessitait beaucoup de prudence. Elle ne pouvait pas entrer dans une imprimerie et dire tout de go : "Voilà, je viens vous demander d'imprimer un hebdomadaire de la Résistance" ! Comme d'habitude, quand elle s'était mis quelque chose dans la tête, il était bien rare qu'elle ne parvienne pas à ses fins. Un soir qu'Henri et moi l'attendions, assez inquiets car elle était en retard, nous la vîmes arriver, très excitée, et criant :

— J'en ai un, j'en ai un !

— Un quoi, maman, explique-toi ?

— Un im-pri-meur ! Il s'appelle Martinet et il habite Villeurbanne. Il a un gros stock de papier, assez pour dix mille exemplaires ! »

Cet autre récit de Mireille Albrecht évoque bien ce que fut sa vie de « passeuse » de ligne, qui n'en restait pas moins celle d'une mère, préoccupée de faire plaisir à sa fille :

« J'ai le souvenir d'un retour à Paris où je l'ai vue arriver le visage livide, un gros pansement sur l'arcade sourcilière, bras et jambes couverts d'hématomes. En descendant l'escalier non éclairé de la maison d'un passeur, elle était tombée dans la cave, la trappe étant restée ouverte. Elle s'en tirait à bon compte mais souffrait beaucoup de ses nombreuses contusions, tout en me disant :

— Ce n'est rien, je t'assure. Regarde plutôt ce que je t'ai rapporté !

« Elle me tendit deux paquets sortis de son sac de voyage.

Dans le plus petit, il y avait une broche en bois sculpté, représentant un éléphant, dans l'autre une ravissante ombrelle en coton à carreaux, avec une bordure de petites fleurs. « Ça, c'était complètement Berty! Car que pouvait-il y avoir de plus merveilleusement inutile dans les temps que nous vivions qu'une ombrelle!

« (...) A la voir assise sur son lit, le dos bien droit malgré sa fatigue, demandant des nouvelles des uns et des autres, essayant de donner le change, j'ai compris l'expression "une volonté de fer". Elle prenait tellement sur elle, dirigeant, conseillant, consolant, toujours à l'écoute des autres, toujours disponible, débordante de vitalité, qu'il ne serait venu à l'idée de personne que derrière tout cela il y avait une femme avec sa fatigue, ses crises d'abattement, une certaine solitude... Ma tendresse et mon admiration ont grandi pour elle ce jour-là. »

Comment les activités illégales de Berthie Albrecht ont-elles été découvertes? Le mystère d'une trahison n'a pas été tout à fait éclairci. Vichy l'arrête et la fait interner dans un hôtel de Vals-les-Bains, où l'on a l'habitude de mettre les gêneurs à l'ombre.

De cette prison trois étoiles où l'internement administratif se prolonge au-delà des capacités de patience de Berthie, elle sort après une grève de la faim de treize jours. Mais ce n'est pas pour retrouver l'air libre. On la conduit directement à la prison des femmes Saint-Joseph de Lyon où elle se trouve mêlée à des criminelles et à des droit commun. Elle passe enfin en jugement après six mois de détention préventive. Condamnée à rester dans un camp d'internement jusqu'à la fin de la guerre, Berthie simule la folie et se voit ainsi transférée à l'asile de Bron. Mais vivre parmi les folles est une épreuve trop dangereuse. Elle simule la maladie pour gagner l'infirmerie, et là, avec la complicité d'un soignant, et l'aide d'un groupe franc de Combat, prend la clé des champs.

L'évasion n'est pas si simple et une fois dehors, il n'y a guère que sa jeune fille Mireille pour l'attendre et l'assister. Les deux femmes en fuite errent dans un village désert, sous la neige, à la recherche d'un refuge. Un curé leur ferme la porte au nez. Elles sont indésirables partout. Enfin, une bonne adresse: des amis à Toulouse qui l'hébergent le temps de se refaire une santé, et puis d'autres amis à Cluny-sur-Saône (les Gouze) où elle pourra enfin retrouver Henri Frenay. Elle reprend ses activités clandestines. Le 28 mai 1943, elle a un rendez-vous à Mâcon. C'est un piège, elle est arrêtée par les Allemands. Elle savait que sa fin était proche. Elle avait pris la précaution de faire passer sa fille en Suisse et lui avait fait ses adieux. On la conduit à la prison de Fresnes. Quinze jours après, on apprend sa mort, sans autre explication.

Il a été dit et imprimé un peu partout que Berthie Albrecht avait été décapitée à la hache. Or, à la Libération, le cadavre, enterré dans le petit potager de la prison de Fresnes, a été exhumé. Deux ans après, selon le médecin qui a procédé à l'examen du corps, celui-ci était encore en très bon état et le cou bien rattaché au corps. Il présentait seulement la cicatrice d'une blessure : entaille ou trace de strangulation ? Mireille, qui a enquêté au registre de la prison, levée d'écrou, etc., n'a trouvé que des informations vagues, des papiers raturés ou surchargés. « Finalement, dit-elle, on ne peut rien dire : ni comment elle est morte, ni même où, ni même quand ! La seule chose qu'on peut affirmer est qu'elle n'a pas été décapitée. »

Berthie Albrecht a été faite compagnon de la Libération à titre posthume. Son corps repose maintenant au mémorial du Mont-Valérien, le panthéon des résistants. Une rue de Paris porte son nom, près de l'Étoile, et en France plusieurs établissements. Une statue lui sera sans doute élevée non loin du palais omnisports de Bercy. Un timbre-poste a été édité à sa mémoire et ses reliques sont exposées à la chancellerie de l'ordre de la Libération, aux Invalides.

La pasionaria rouge de la Résistance, Danielle Casanova

Le passant, qui, à mi-hauteur de l'avenue de l'Opéra à Paris, désire rejoindre la rue de la Paix, peut emprunter une petite rue bordée de boutiques cossues, la rue Danielle-Casanova. L'auteur de cet ouvrage y a habité dans sa prime jeunesse et, comme le quidam évoqué plus haut, n'avait pas, à l'époque, la moindre idée de l'être humain qui avait porté ce nom et dont la ville honorait ainsi la mémoire.

Il n'est connu que d'un tout petit milieu. Or Danielle Casanova est l'une des très grandes figures de la Résistance française. Sous la bannière communiste, elle a mené le combat pour l'indépendance de la France, et a donné sa vie pour ses idées.

Peu d'études lui ont été consacrées. Dans ces monuments de l'édition que sont *l'Histoire de la Résistance* de Henri Noguères et *la Résistance* de Alain Guérin[1], elle n'apparaît pas en force et il est malaisé de retrouver la trace exacte de son action. Aussi le mieux était-il de demander à une personne qui l'avait bien connue de la raconter. Marie-Claude Vaillant-Couturier fut l'une de ses amies intimes et partagea sa captivité au fort de Romainville pendant cinq mois. C'est donc à elle que revient l'honneur d'évoquer sa mémoire :

« Elle était à la fois Passion et Raison. Elle était corse, c'est peut-être une explication. Elle avait des yeux très brillants, très noirs quand elle était en colère, mais aussi souriants et malicieux, quand elle le voulait. (...) Elle fut avant la guerre la secrétaire générale de l'Union des jeunes filles de France. C'était une organisation qui regroupait des jeunes filles, de toutes origines, ouvrières, employées, paysannes, étudiantes, et qui avait surtout des objectifs d'aide sociale. Danielle animait cette organisation et y faisait passer ses idées qui, à l'époque, étaient des idées d'égalité entre les sexes, ce qui était encore assez rare.

« La guerre est arrivée, et, de ces jeunes filles qu'elle avait réunies, elle a fait sous l'Occupation une pépinière de résistantes.

« Elle a toujours mené plusieurs activités de front, car elle avait la faculté de conduire sa vie tambour battant, sans perdre de temps, avec une grande efficacité. Ainsi, tout en dirigeant ces jeunes filles, elle exerçait la profession de chirurgien-dentiste. Elle était, par ailleurs, le rédacteur en chef, le metteur en scène du journal édité par l'Union. Elle savait tirer de bénévoles comme nous — j'en faisais partie — le maximum pour l'aider. Après l'arrivée des Allemands, non seulement elle a su utiliser les membres de l'Union dans le sens du combat pour la patrie, mais elle s'est mise à recruter parmi les femmes, surtout les femmes de prisonniers. Elle a

---

1. Livre Club Diderot.

alors conduit ses premières actions sur la base des problèmes qu'avaient les femmes de prisonniers, c'est-à-dire les problèmes de ravitaillement, surtout pour les envois de colis. Il y a eu des manifestations vers les mairies, mais il y en a eu aussi devant le ministère des Anciens combattants : une marche de 2 000 femmes pendant l'Occupation, ce n'était pas rien ! Pour réunir les femmes, elle avait créé par région les Comités de femmes de la Résistance, et le tout a donné l'Union des femmes françaises.

« A la même période, elle s'occupait en même temps de la jeunesse communiste. C'est ainsi qu'elle a pu organiser une grande manifestation qui regroupait étudiants communistes et gaullistes. C'est à partir de là qu'elle a organisé les premiers groupes armés de résistance, c'est-à-dire l'OS (organisation spéciale) d'où sont sortis les FTPF, les francs-tireurs et partisans français. »

Sur cet aspect des activités combattantes de Danielle Casanova, voici le témoignage d'un résistant bien connu, Albert Ouzoulias, au moment même où il est récupéré par le PC pour entrer dans l'action, c'est-à-dire après son évasion d'un stalag :

« Le 2 août, Danielle Casanova m'attendait à la Closerie des Lilas. Elle m'apprit que les Jeunesses communistes avaient déjà constitué depuis quelques mois des groupes de francs-tireurs. Elle me précisa qu'avec l'entrée en guerre de l'URSS, cet aspect de notre lutte allait s'intensifier. Elle m'annonça alors qu'on avait pensé à me confier la responsabilité de l'ensemble des groupes francs-tireurs de la jeunesse communiste.

« Je me souviens très bien avoir émis quelques objections et surtout révélé que je n'y connaissais rien en questions militaires, étant dans l'armée maître-pointeur. J'entends encore l'éclat de rire de Danielle qui rétorqua que la direction du parti avait jugé de mes qualités sur mon évasion. Cette entreprise réussie prouvait que j'avais les qualités nécessaires pour faire un chef militaire. Pour calmer mes craintes, elle me signala que sur le plan technique, j'aurais un adjoint connaissant tous les problèmes d'explosifs, de poudres et d'armement. C'était Pierre-Georges qui deviendra plus tard le glorieux colonel Fabien. »

A ajouter aux multiples activités de Danielle Casanova, sa participation aux travaux d'un groupe d'intellectuels qui faisait éditer clandestinement deux brochures de contre-propagande, *l'Université nouvelle* et *la Pensée nouvelle*, sous l'égide d'un philosophe éminent, Georges Politzer. C'est en rendant visite à ce dernier que Danielle Casanova sera arrêtée, ainsi que de très nombreux camarades communistes. Marie-Claude Vaillant-Couturier faisait partie de ce coup de filet. Son calvaire sera à peu près le même que celui de son amie.

« Nous avons d'abord été enfermées à la prison de la Santé pendant cinq mois. Danielle, pour avoir lu un de ses poèmes par une fenêtre de sa cellule, a été mise au cachot pendant huit jours. Elle en est ressortie très affaiblie. Plus de cinquante camarades ont été fusillés pendant ce séjour. Ceux qui restaient ont été emmenés au fort de Romainville, où Danielle a encore trouvé le moyen d'organiser une manifestation parce que nous mourions de faim et qu'elle estimait qu'on devait savoir à l'extérieur comme étaient traités les prisonniers. Le 23 janvier 1943, nous avons été embarquées pour le camp d'Auschwitz. »

Dans le Livre d'or dédié en 1945 aux femmes héroïques de l'Union des femmes françaises, voici ce qui est écrit :

« Danielle est calme lorsqu'elle apprend son départ en déportation pour le lendemain et écrit ce qui sera son dernier message :

"Je suis heureuse de cette joie que donne la conscience de n'avoir jamais failli et de sentir dans mes veines un sang impétueux et jeune. Notre belle France sera libre et notre idéal triomphera."

« Deux cent trente et une femmes arrivèrent le 27 janvier 1943 à l'aube devant les portes du camp d'Auschwitz en Pologne. Danielle entra là, en chantant *la Marseillaise* au milieu de toutes ses compagnes qui ne la quittèrent plus. Elle touchait véritablement les confins de l'horreur et de la souffrance humaine. Squelettiques et enfiévrées, des ombres qui avaient été des femmes traînaient leur corps misérable dans les aubes glaciales et les soirs où la neige en tombant les ensevelissait davantage dans un néant de pourriture. Battues jusqu'à la mort, au son d'un orchestre, ces ombres se mouraient par centaines ; d'autres envoyées dans les champs, expiraient sous le fouet des SS, et d'autres enfin, ayant déliré des jours entiers sur leur grabat, étaient emmenées, mêlées aux cadavres, vers les chambres à gaz qui rougeoyaient tout au long des interminables nuits. Danielle en silence emplit ses yeux jusque-là si lumineux de cette inhumaine horreur, et son regard, en se relevant, révéla sa vocation qui avait été celle de toute sa vie : le dévouement total, le don de sa propre vie.

« Affectée au *Revier* (l'infirmerie du camp), elle soigne les dents de ses compagnes qu'elle fait échapper ainsi à leur travail pour une journée, et chaque soir, elle sort de l'infirmerie en dépit de toutes les interdictions de ses gardiens, cachant sous sa blouse quelques médicaments, quelque nourriture qu'elle acquiert en échange de soins aux autorités du camp. À la nuit, elle se glisse dans les blocs et donne aux plus malades.

« Le typhus ayant éclaté, il emporte les femmes les plus faibles, les plus courageuses. Danielle sans relâche distribue ce qu'elle peut trouver, se penchant sur les malades qui expirent, les console toutes, jusqu'au jour où frappée à son tour par la fièvre, elle s'étend pour toujours, elle qui ne s'est jamais arrêtée et elle meurt un faible chant sur ses lèvres : "C'est la lutte finale, groupons-nous et demain..." »

Marie-Claude Vaillant-Couturier fut de celles qui attrapèrent le typhus et qui y survécurent. Dans le même temps, son amie se mourait :

« Elle n'est pas morte dans mes bras, mais je l'avais vue très peu de temps avant qu'elle ne rendît l'âme. Elle était dévorée par le chagrin et, désignant celles qui mouraient, me disait : "mon cœur est un cimetière". Je crois avoir recueilli ses dernières paroles qui furent celles-ci : "Si tu rentres au pays, dis-leur que moi aussi je suis morte pour la France, comme nos camarades qui ont été fusillés au fort de Romainville." ».

Et de préciser : « Pour nous autres communistes, il était plus glorieux de mourir dans la cour d'une prison devant le peloton d'exécution, car alors nous étions traités comme des combattants. En camp de concentration, nous n'étions plus rien, que des numéros, des êtres fatigués et avilis. »

Lucie Aubrac: *pour l'amour de Raymond et de la France*

Contrairement à Danielle Casanova qui apparaît comme une émanation pure et dure du parti communiste, gonflée de mystique marxiste et que le pape pourrait canoniser si elle avait choisi d'incarner l'Église catholique, Lucie Aubrac est une héroïne de cœur, de chair et, oserait-on dire, de ventre puisqu'elle a accompli ses exploits en étant enceinte.

Ceux qui l'ont la mieux comprise sont les Américains qui ont choisi le mode de la bande dessinée pour raconter ses aventures, car il y a chez cette grande résistante une insolence cocasse qui évoque les Pieds Nickelés. Elle a choisi, quant à elle, un récit à la première personne, façon journal de bord, qu'elle a publié sous le titre *Ils partiront dans l'ivresse*[1] (vers de Baudelaire utilisé par la BBC pour signaler que son évasion pour Londres était organisée). Elle a visiblement inspiré des cinéastes comme René Clément, pour *le Jour et l'heure*, et Jean-Pierre Melville, pour *l'Armée des ombres*, les deux personnages étant incarnés à l'écran par Simone Signoret avec qui elle présente une similitude de comportement.

Elle fut entre 1940 et 1945 une héroïne. Elle est aujourd'hui une vedette de la Résistance. On ne saurait se passer d'elle si le sujet vient à être traité par les médias. On ne saurait en parler dans un amphithéâtre sans lui demander une communication, écrire une thèse ou monter une émission sans la placer en première ligne. Sa cote vient peut-être de ce qu'elle incarne un type non dramatique de femme engagée et que la plupart de ses actions la renvoient à son amour pour Raymond Aubrac, son mari, l'homme de sa vie, qu'elle admire et qu'elle materne tout ensemble, à côté de qui elle existe tout en dépendant de lui. Il y a chez elle un appétit de tout réussir, à tous les postes qu'elle peut occuper, qui emporte l'adhésion.

Elle s'appelle Lucie Bernard quand elle naît en 1912. Ses parents espèrent en faire une institutrice, mais elle veut aller plus loin. Elle « monte » à Paris, trouve un job pour vivre, prépare son bac et y est reçue. A 26 ans, elle est agrégée d'histoire.

En 1939, elle est sur le point de partir aux États-Unis pour

---

1. Collection Points, Le Seuil.

y préparer une thèse de géographie, mais y renonce. Elle est tombée amoureuse d'un jeune ingénieur d'origine juive, Raymond Samuel, qu'elle épouse. Vient la drôle de guerre, son époux est fait prisonnier à Sarrebruck. Elle l'aide à s'évader. Ce sera la première fois, mais non la dernière. En fait, cela deviendra bientôt sa « spécialité ».

Nous verrons la place qu'elle a tenue dans la presse clandestine, au journal *Libération*. Elle prend également part à l'action au sein des groupes francs du mouvement. La voici en train de faire évader des militants d'un hôpital surveillé par la Gestapo :

« A l'hôpital, j'entre comme chez moi, mon sac en tapisserie au bras, et j'arrive aux toilettes sans être interpellée. Là, j'enfile une blouse, je mets le stéthoscope autour de mon cou et avec la plus parfaite assurance, je me dirige vers une des salles de médecine générale. Une infirmière me salue sans surprise. Tout va bien. Dix lits dans cette salle. Je m'approche de l'un d'eux ; une femme âgée, somnolente, l'occupe. Je prends au pied du lit la feuille de soins, je repère la courbe de température, la date d'entrée, le diagnostic, la fréquence et le nom des médicaments. Ainsi, s'il en est besoin, je serai familiarisée avec ces feuilles. Pour cette première matinée, je me contente d'un aller-retour dans les couloirs. Puis, jour après jour, le personnel s'habitue à ma présence. Le troisième jour, j'ai repéré le pavillon du premier étage où sont gardés nos camarades.

« (...) Dans leurs lits, les quatre amis m'attendent. Je relève les noms indiqués sur les feuilles ; ce sont leurs identités de détenus, donc les noms que connaît la Gestapo et que nous demanderons à l'administration. Mon stéthoscope est un bon alibi pour me pencher sur la poitrine et le dos de chacun d'eux.

— Nous viendrons vous chercher demain ou après-demain comme pour un interrogatoire de la Gestapo. Jouez bien votre rôle mais n'en faites pas trop quand même !

« Au garage, à Lyon, avec le groupe franc, nous avons maintenant à l'hôpital quatre hommes qui doivent compter les heures. Nous préparons l'expédition. Pierre-des-faux-papiers a prévenu le chirurgien qui opérera son frère. Il a une balle dans la fesse ; elle ne semble pas avoir touché un organe ou un os. J'ai bien mémorisé la feuille de soins et le commentaire de la radio. L'autre blessé sera soigné chez le médecin qui s'occupe du groupe franc. Pour les deux autres, nous les emmènerons directement dans un maquis de l'Ain, sans passer par Lyon. J'ai dessiné un plan très précis de l'hôpital et des accès à la salle des détenus. Les copains l'étudient soigneusement et nous répétons les rôles. Puis nous partons à trois voitures, des tractions noires, de celles qu'utilisent la Gestapo et la police. Les numéros sont trafiqués, les macarons allemands sont sur le pare-brise et la vitre arrière bien en vue. Nous sommes sept, en me comptant. Mon rôle consiste seulement à partir en avant-garde vers la chambre des prisonniers. L'une des voitures s'arrête devant la grille, deux entrent dans la cour, et deux prétendus gestapistes exigent du directeur la livraison des quatre détenus. Dans l'entrée du pavillon où j'attends, je vois avec stupéfaction se précipiter deux brancardiers et un médecin. Ils entrent en courant dans la salle et en ressortent avec le frère de Pierre couché sur un brancard roulant. A ce moment arrivent mon équipe et le directeur.

— Vous voyez bien, messieurs, celui-là part en salle d'opération. N'est-ce pas, docteur, qu'il a déjà été préparé ce matin ?

— Halte ! je veux les quatre prisonniers, c'est un ordre ! dit celui qui a l'accent allemand. D'une bourrade, il fait lever le frère de Pierre du brancard.

— Allez vite vous habiller !

« Il sort ostensiblement un énorme mauser.

« Je m'éclipse vers les toilettes. La blouse vite roulée dans mon sac, je sors ensuite sur le trottoir et fais signe à l'autre voiture. Tout va bien. J'avance jusqu'au prochain virage, à l'endroit où l'on doit me ramasser. Voilà les trois tractions. Je grimpe à l'arrière de la troisième.

— Il faut filer vite, dit Christophe, les flics français n'ont pas bronché sur le moment, mais quand nous avons eu fini de charger, j'ai vu l'un d'eux s'approcher du téléphone dans le couloir. »

Cette scène, digne du cinéma d'aventures le plus débridé, racontée par Lucie Aubrac dans *Ils partiront dans l'ivresse*, montre quel pouvait être le rôle d'une femme, au caractère bien trempé, dans une opération de commando. Elle participe à l'action tout en tenant un poste plausible par rapport à son sexe.

Le coup le plus sensationnel monté par Lucie Aubrac dans sa carrière de résistante consista à tirer son mari des griffes de la Gestapo, au moyen de ruses diaboliques d'abord, puis par une opération de commando rondement menée et meurtrière.

Après l'arrestation de Calluire, (où Barbie avait réussi un superbe coup de filet puisqu'il prenait en même temps que les principaux membres des MUR, le grand chef, l'émissaire de De Gaulle, Jean Moulin), Raymond Aubrac fut enfermé à la prison de Montluc pendant plusieurs mois. Lucie Aubrac s'était mis dans la tête de le faire évader, entreprise insensée qu'elle réussit pourtant à mener à bien, après avoir évalué tous les risques et décidé de les courir. Elle commença par s'introduire dans le bureau même de Barbie en jouant les jeunes filles de bonne famille qu'une amourette a mise enceinte et qui veut obtenir réparation du coupable, un prisonnier de Montluc, par un mariage « in extremis ». Barbie l'envoie, par deux fois, sur les roses, sans même vérifier son identité. Lucie revient à la charge en corrompant un général allemand, chef de la police économique de Lyon. Après force cadeaux, bouteilles de cognac, carrés de soie, foulards, elle obtient une entrevue avec le prisonnier et un prétendu mariage administratif bidon. C'est lors du transfert de son mari entre l'École de Santé où se tient la Gestapo et la prison de Montluc qu'aura lieu l'enlèvement, avec l'aide d'un groupe franc :

« A cinq heures et demie, je suis assise à l'arrière de la traction, derrière le chauffeur. Pourvu que le portail de l'École de santé s'ouvre vite et que nous n'attirions pas l'attention. A six heures moins cinq, le dernier acte s'annonce : en lever de rideau, deux soldats allemands viennent contrôler la très rare circulation sur l'avenue Berthelot. Christophe met en marche. Le portail s'ouvre, voilà la camionnette qui sort de la rue perpendiculaire à l'avenue. Elle s'engage dans l'avenue et prend de la vitesse ; nous suivons. Aucun de nous ne parle. Daniel tient sa mitraillette sur les genoux. Je serre le pistolet dans ma main.

— A nous! dis-je à Christophe.

« Il accélère. Nous arrivons à hauteur de la cabine du chauffeur. Daniel tire, on n'entend aucun bruit de détonation. Il se passe alors quelque chose de surprenant: le fourgon allemand ralentit, s'arrête sans heurt au bord du trottoir.

— Tu les as ratés, dit Christophe.

« Pendant que nous sortons par la portière gauche pour nous mettre à l'abri derrière notre voiture, nous voyons s'effondrer sur son volant le chauffeur allemand, tandis que le soldat voisin se couche sur lui. A l'arrière, les gardes surpris de cet arrêt sans raison sautent, leurs armes à la main. Les copains, eux, ont déjà pris position derrière leur voiture. L'un des gardes, plus rapide, fait un roulé-boulé et disparaît dans la tranchée du chemin de fer. En deux minutes nous avons vidé nos chargeurs, les Allemands aussi. Mais ils sont tués. En plein combat, à la lueur des phares de nos voitures, je vois Raymond sauter avec un autre homme lié à lui, et je crie:

— Attention, la gabardine, c'est Raymond.

— Merde, dit Lyonnet, en détournant sa mitraillette, je l'ai touché.

« Maurice appelle Raymond, les menottes sont coupées avec des pinces spéciales et ils filent dans la troisième traction vers le refuge prévu. Pendant ce temps, les copains transfèrent dans notre camionnette le reste des prisonniers. »

Tel est le coup de force monté par une femme de 29 ans, mère d'un garçonnet (qui a été placé en sûreté dans un home d'enfants) et qui se trouve, de surcroît, enceinte de cinq mois. Tant de bravoure et d'intrépidité, pour sauver, certes, un des chefs de l'Armée secrète, mais surtout pour récupérer l'homme de sa vie, laisse pantois. Les retrouvailles des deux époux, telles qu'elle les raconte en disent long sur la nature de cette étonnante femme:

« On me laisse seule avec Raymond. Je le trouve en train d'achever une grande toilette. Il s'est débarrassé de la crasse de quatre mois. Il s'est lavé et relavé, il est là aux trois quarts nu, maigre et blanc. Il reste au creux des reins une plaque de peau grise et croûteuse: la marque de son passage à la

Gestapo. Il a un pansement sur la joue. Sous sa mâchoire en travers du cou, un autre pansement.

— Je l'ai échappé belle. La balle, qui est entrée dans la joue, est ressortie en biais par le cou. Un sillon long comme un doigt. Si vous m'aviez tué, je crois que j'aurais été content en mourant de savoir que j'échappais aux nazis.

« Nous n'en finissons pas de nous regarder.

— Mais c'est vrai que tu es enceinte ! Dans moins de quatre mois nous aurons un autre enfant ?

« Comme je l'avais imaginé, il a bourré lentement une de ses pipes, il la fume en marchant. Il ne peut pas mâcher avec sa blessure. Je mange tout ce qui est sur le plateau que madame Nicholas a préparé dans la chambre. J'ai sommeil, je voudrais bien écouter ce qu'il dit. Il a quatre mois de silence à rattraper. Il parle, il parle, en fumant, en buvant le rhum de la petite bouteille. J'ai sommeil, je m'engourdis au son de sa voix.

« J'ouvre un œil quand je sens sur mon ventre la douceur de ses lèvres et une humidité tiède. Est-ce qu'il pleure ? Non. A force de parler, ses blessures saignent. Le pansement sur sa joue est rouge, tout imbibé de sang. Nous ne réveillons pas nos hôtes. Je m'endors à côté d'un homme qui ressemble à un œuf de Pâques, avec une serviette de toilette nouée au-dessus de sa tête. »

Les activités de résistance de Lucie Aubrac ne s'arrêteront pas après cet épisode mémorable. Il y aura la fuite, les cachettes, en attendant le « pick-up » d'un avion qui doit emmener le couple à Londres. Celui-ci se fait attendre. Un messager de la BBC doit le signaler aux intéressés par cette phrase d'un poème de Baudelaire « Ils partiront dans l'ivresse ». Enfin, il est capté ; tout est prêt, l'avion se pose dans un coin du Jura par une nuit brumeuse. Mais il s'embourbe ! Il ne s'envolera que grâce à l'aide des villageois, réveillés dans la nuit, accourus avec une paire de bœufs pour le désembourber.

Après le débarquement, Lucie Aubrac revient en France munie d'un mandat : la mise en place de comités départementaux dans les zones libérées.

« La France avait quand même changé, dit-elle, au niveau

des mentalités. J'arrivais avec des arrêtés de la France libre dans ma sacoche, les textes du CNR et mon ordre de mission contresigné par de Gaulle. Et personne ne s'étonnait de voir une femme de trente-deux ans installer un nouveau maire de la libération, destituer un préfet. Je représentais la France libre, c'est tout. Ils manifestaient même une vraie ferveur pour tout ce qui touchait la Résistance. Cela contrastait avec le manque d'engagement que j'avais connu pendant la guerre. »

Le 26 août 1944, Lucie Aubrac défile avec les membres du Comité National de la Résistance et le général de Gaulle sur les Champs-Élysées. Elle avait été quelques mois auparavant représentante MNL à l'Assemblée consultative et avait assisté à l'octroi du droit de vote aux femmes, le 24 mars 1944.

Marie-Madeleine Fourcade : 3 000 résistants sous ses ordres

Une femme très belle, élégante et mince, cultivée et possédant une autorité naturelle, a dirigé le puissant réseau de renseignement « Alliance » : Marie-Madeleine Méric, devenue plus tard, par son mariage Mme Fourcade. Elle fut pratiquement la seule femme à occuper un poste de responsabilités très lourdes dans la Résistance, de 1940 à 1945, avec Claude Gérard qui fut chef de maquis, mais pendant un temps beaucoup plus court et avec une tâche moins complexe. Sa position est l'exception qui confirme la règle puisque, comme on l'a vu, les femmes étaient rarement « leaders » dans la Résistance.

« J'appartenais, dit-elle, à un milieu d'officiers. J'entendais souvent parler de la précédente guerre. J'avais été élevée dans cette ambiance, et quand le deuxième conflit mondial s'est annoncé, j'ai eu la sensation que c'était la même guerre qui recommençait. Dans ma famille, on était inquiet depuis quelque temps déjà de voir l'armée allemande qui se reconstituait malgré les conventions de l'armistice de 1918. On en parlait autour de nous, mais personne ne voulait nous entendre. Alors je me suis mise en contact avec un intellectuel juif allemand, Bertold Jacob, qui, comme un bénédictin, avait suivi pas à pas le travail de reconstitution des forces armées allemandes. A partir de son travail, j'ai constitué un dossier que j'ai fait circuler. Ça a fait un bruit malsonnant. On ne l'a pas cru. Il a fallu attendre la fin de la drôle de guerre, la débâcle, l'exode, l'occupation pour qu'on se rende compte que tout cela était vrai.

« Je me suis retrouvée avec les quelques personnes qui avaient travaillé avec moi et nous avons décidé d'agir en créant un réseau. A notre tête fut placé le commandant Loustaunau-Lacau. J'étais son bras droit. »

« Or, le 18 juillet 1943, écrit Henri Noguères dans son *Histoire de la Résistance*, Loustaunau-Lacau et Faye en prison, le problème le plus urgent à résoudre est celui du commandement du réseau. Signant de l'indicatif Poz 55, dont Loustaunau-Lacau avait dit aux Anglais que c'était celui de son chef d'état-major, Marie-Madeleine Méric rend compte par radio de l'arrestation du n°1, et à la question posée par retour : qui assume le commandement ? elle répondra : "Moi, comme prévu, entouré fidèles lieutenants", usant délibérément du masculin de peur que ses correspondants ne soient que très modérément féministes.

« Mais Marie-Madeleine, tout en revendiquant aussitôt ces responsabilités, risque fort de ne pouvoir les exercer bien longtemps si elle reste à la villa Etchebaster, à Pau, alors que toute la police de Vichy est sur la piste du réseau. Heureusement, Chareaudeau est là pour veiller au grain. Il monte aussitôt une opération pour permettre au nouveau chef de "l'Alliance" de quitter la villa le soir même de l'arrestation et assure son hébergement et sa sécurité chez des amis personnels, un industriel de Pau. L'Alliance continue... »

Telles sont les circonstances dans lesquelles Marie-Madeleine prend le commandement. Elle n'aura jamais de problèmes d'autorité.

« Je n'en ai jamais eu parce que j'étais sur le turf depuis longtemps quand c'est arrivé. On me connaissait et on savait que j'avais la capacité. Et puis, c'est moi qui détenais toutes les ficelles de Londres... alors, voilà je n'ai jamais eu de contestation sur ce point, et pourtant je commandais des gens bien plus âgés que moi. Même de vieux généraux ont accepté ma direction... »

Il n'empêche que ce chef en jupon n'est pas sans provoquer

une certaine gêne parmi les membres du réseau si l'on en croit cet autre extrait du livre d'Henri Noguères :
« Marie-Madeleine avait elle-même échappé à l'arrestation. La nuit suivante, elle quittait Pau dans la voiture de l'avocat Jean Labrit, gagnait Tarbes et de là, l'Espagne, dans des conditions d'inconfort assez exceptionnelles : enfermée dans un des sacs postaux de la valise diplomatique, scellé par la francisque...
« Aussitôt alertée par Georges Chareaudeau, l'ambassade d'Angleterre avait fait savoir à Londres que le "chef" du réseau venait d'arriver à Madrid. La réponse avait d'abord été que le "chef" devait incontinent gagner Lisbonnne puis Londres. Mais entre-temps, Chareaudeau avait enfin averti les Anglais que le chef était une femme — et que le voyage de Tarbes à Madrid avait déjà été assez éprouvant pour elle. D'où l'envoi aussitôt dans la capitale espagnole d'un officier de l'Intelligence Service qui s'était présenté sous le nom de Richards et avait annoncé à Marie-Madeleine qu'il venait pour lui épargner les fatigues d'un nouveau voyage.
« (...) Le mois ne devait pas s'achever sans que Marie-Madeleine — dûment confirmée dans ses fonctions de chef de réseau malgré son sexe — ait tenu parole et soit rentrée en France à nouveau enfermée dans un sac postal. »
« Assise en porte à faux sur mes nouveaux postes émetteurs LUK et Kim, écrira-t-elle dans son livre *l'Arche de Noé*[1], la prison de jute me semblait plus exiguë que jamais. Aux crampes de mes membres contorsionnés s'ajoutaient les morsures accrues du gel ; mais brinquebalant sur ma petite plate-forme, je plaignais de tout mon cœur ceux qui étaient contraints de franchir à pied les montagnes glacées, consciente de la chance qui me permettait grâce à de merveilleux Français de remplir, à coup sûr, ma mission. »
Quelle fut l'importance du réseau Alliance, rattaché à l'Intelligence Service (ce qui fera dire aux mauvaises langues que c'était un réseau anglais officiant sur le sol français, alors que tous ses membres étaient des patriotes farouches) ? La présence à sa tête d'une femme ne découragea nullement les adhésions puisqu'il se composa bientôt de 3 000 membres, dont 700 femmes.

---

1. Chez Fayard.

« J'avais eu l'idée, dit Marie-Madeleine Fourcade, de constituer au début des patrouilles de volontaires de deux ou trois personnes qui essaimaient le pays pour former des sections, puis des régions. Peu à peu, par osmose, toute la France a été quadrillée. Nous étions, avant toute chose, un réseau de renseignements relatifs aux agissements de l'armée allemande. Il y avait des urgences. La première d'entre elles concerna l'attaque sur l'Angleterre. Pouvoir renseigner les Anglais sur ce qui se préparait leur permettait d'organiser la riposte. N'oublions pas que ce pays abritait le général de Gaulle et tous nos espoirs d'une France libérée.

« Ensuite, nous avons porté nos recherches sur la Méditerranée. Des nids de sous-marins allemands se formaient le long des côtes de France. Il fallait empêcher que les vedettes rapides et les convois militaires ne se dirigent vers l'Afrique. Il y a eu d'innombrables missions de ce genre et je ne saurais les énumérer toutes.

« J'avais engagé des femmes dans mon réseau, non parce qu'elles étaient des femmes et que j'en étais une — je n'accordais d'intérêt qu'à la valeur des individus — mais les femmes étaient formidables pour un certain nombre de choses. Par exemple, elles étaient de merveilleux agents de liaison, car souvent jeunes et jolies, et n'inquiétaient pas dans le sens "guerrier farouche" les Allemands qui d'ailleurs n'avaient jamais vu ça dans le passé. Les hommes trouvaient les renseignements, mais c'étaient les femmes qui les acheminaient, elles qui transportaient les schémas, les photographies, les messages, les documents, et elles le faisaient très bien. J'ai eu beaucoup de femmes pour relever les "boîtes aux lettres". Elles collectaient leur contenu et nous apportaient les résultats. Et puis il y avait les emplacements de postes, les télégraphistes, et celles-là ont risqué gros car la goniométrie ne chômait pas. C'est parmi elles que j'ai eu le plus d'arrestations.

« J'ai employé en tout sept cents femmes, mais il y en avait beaucoup plus que je n'ai pas homologuées. Celles-ci faisaient partie de la résistance passive. Elles avaient leur homme dans la résistance, le cachaient, le nourrissaient, l'aidaient et pouvaient être tout aussi bien embarquées que leur mari, ou leur frère, à l'occasion d'une rafle. Mais j'avais une parfaite confiance en elles. J'avais eu l'occasion d'observer qu'elles tenaient le coup sous la torture beaucoup mieux que les hommes. Peut-être parce qu'elles sont habituées à souffrir et que cela leur paraît assez naturel, alors que les hommes ne comprennent jamais très bien pourquoi ils doivent souffrir, ils n'y sont pas préparés. Par deux fois, j'aurais pu être dénoncée. Les femmes n'ont pas parlé.

« Avais-je de l'autorité sur elles ? Je ne crois pas. C'étaient des amies. Nous étions devenus une grande famille ; nous étions tous séparés des nôtres et nous agissions plus par fraternité qu'en raison d'une autorité ou d'une hiérarchie.

« J'ai été arrêtée deux fois par la police, et à chaque fois, je me suis évadée. La première fois, c'était par la police de Vichy. C'était au lendemain de l'opération en Afrique du Nord, nous étions ferrés à trois ou quatre, dont moi. On nous a jetés dans un camion qui devait nous transférer dans je ne sais plus quelle prison de Castres pour nous livrer à l'ennemi. En cours de route nous avons "retourné" nos gardiens. Un coup de chance, ces hommes qui n'étaient pas convaincus d'avance et qui devenaient des volontaires !... La deuxième fois, c'était la Gestapo. Je me trouvais à Aix-en-Provence à mon domicile. J'ai été arrêtée sous mon faux nom et je n'ai pas répondu aux premiers interrogatoires. On m'a emmenée vers la prison, mais comme elle était pleine, j'ai été entreposée dans le "violon" de la caserne Miollis, une espèce de bicoque au rez-de-chaussée. On a encore voulu me faire parler. J'ai fait mine de prendre les flics de haut en disant qu'ils étaient du menu fretin et que je voulais m'entretenir avec un chef. Ils ont promis de revenir le lendemain matin, mais je n'y étais plus... Pendant la nuit, j'avais réussi à passer à travers les barreaux, qui n'étaient pas de vrais barreaux de prison, mais de ces barreaux qu'on met aux fenêtres des rez-de-chaussée pour se protéger des voleurs. La tête a bien voulu passer et le reste a suivi sans trop de peine. Comme dans un accouchement !...

« Quand j'y repense aujourd'hui, il me semble que ce que j'ai fait devait être fait. C'était indispensable. Bien sûr, je pense aussi à ceux qui ont payé de leur vie. Le tiers de mon réseau a été arrêté, soit environ mille personnes. C'est beaucoup ! 438 personnes ont été fusillées ou massacrées. Trente-quatre de mes femmes sont mortes, dont six en déportation. Les autres ont été massacrées sauvagement au camp du Struthof à la fin de la guerre ou dans la Forêt-Noire, ou ailleurs en Allemagne. Les Allemands avaient choisi de les tuer pour ne pas avoir à les libérer. Oui, j'ai du chagrin quand je pense à elles, à eux, car je les ai tous connus. Un par un! Mais je sais aussi, d'après des lettres que les aumôniers ont retrouvées dans les cellules des prisons, qu'ils sont morts sans regrets et sans une plainte. Ça, c'était vraiment admirable! »

CHAPITRE XI

LA RÉSISTANCE EN TOUTE MODESTIE

Il est impossible de dénombrer les résistantes françaises. 220 000 personnes possèdent une carte de résistant, qui se sont donc déclarées et ont justifié leur demande. Parmi elles, combien de femmes ? Personne n'a jamais eu l'idée de pointer avec un crayon dans cette liste qui comporte 220 000 noms. Que nous enseignerait d'ailleurs ce fastidieux pensum ?... Il n'est pas précisément dans la nature féminine de revendiquer une carte d'ancien combattant, et le passé nous a montré que bien souvent les femmes sont sorties des rangs pour faire face à la nécessité, apporter leur concours, et ont regagné ensuite bien sagement leur foyer, sans faire d'histoire ni s'attarder sur une bravoure réelle ou supposée. Peu leur importe, en général, la reconnaissance de la société. Il a fallu une poignée de minoritaires agissantes pour faire reconnaître le rôle qu'elles ont tenu, qui parlent haut et fort pour pouvoir se faire entendre dans la cacophonie des exploits masculins.

Dans ces conditions, comment établir une histoire de la Résistance féminine pendant la Seconde Guerre mondiale ? Fort heureusement, les témoins de cette époque n'ont pas encore disparu et il était possible de les interroger pour essayer d'obtenir au moins un aperçu de la manière avec laquelle elles ont contribué à « bouter » l'ennemi hors du pays.

Aider les résistants (sans être pour autant clandestin soi-même), créer des difficultés à l'occupant, mépriser les consignes collaborationnistes furent des actes de résistance d'une importance capitale. Multipliés à l'infini dans une population, ils pouvaient être de ceux qui font capoter le projet de l'agresseur et du conquérant.

Les bonnes hôtesses

Hors des réseaux, les femmes furent innombrables à mettre leur foyer à la disposition des résistants.

« Elles ont été admirables, affirme Brigitte Friang, qui travaillait pour le BCRA de Londres et qui s'est occupée de réceptionner les agents parachutés en France. Elles offraient le gîte et le couvert, alors que bien souvent elles n'avaient rien à mettre dans leur propre assiette. Elles risquaient très gros, car si une descente de police avait lieu à leur domicile, elles étaient embarquées aussi, accusées de complicité, enfermées, voire même exécutées ou déportées. Ce n'était pas rien à l'époque que de constituer une bonne adresse. Il fallait autant de générosité et de courage que pour se lancer dans le combat actif. »

Marie-Madeleine Fourcade a, elle aussi, une pensée reconnaissante pour toutes ces femmes qui offraient leur foyer, qui acceptaient que celui-ci serve de « planque » ou de refuge. Elle parle des religieuses qui en faisaient autant dans les couvents :

« Elles cachaient des hommes, ce n'était pourtant pas leur vocation. Dans la région de Belfort, il y avait un couvent qui servait de refuge pour tous ceux qui voulaient passer la frontière et qui étaient poursuivis. Elles faisaient cela par amour de leur prochain, bien sûr, pour sauver des âmes en péril, mais aussi par amour de leur patrie. »

Yvonne Cormeau, agent anglais du SOE, se souvient de l'accueil qui lui était fait dans les maisons du Sud-Ouest après ses parachutages :

« C'était toujours parfait comme hospitalité. C'est moi qui veillais à ne pas m'attarder. Car si on avait trouvé chez elles une femme anglaise, munie d'une radio, avec les cristaux, les codes et les chiffres, leur compte aurait été bon. »

Marie-Madeleine Fourcade :
Trois mille résistants sous ses ordres, dont sept
cents femmes.

Berthie Albrecht :
Elle fonda *Combat* avec Henri Frenay.

Danielle Casanova :
Une figure légendaire de la résistance
communiste.

Lucie Aubrac :
Une vie d'aventures, de courage et d'amour.

Madeleine Riffaud :
Poète et militante, croquée par Picasso.

Madeleine Riffaud :
À 19 ans, elle abattit un occupant pour
stimuler l'insurrection parisienne.

Marie-Claude Vaillant-Couturier :
Elle lutta en œuvrant dans la presse
clandestine.

Marie-Claude Vaillant-Couturier :
Déportée à Auschwitz; elle témoigne en
46 au procès de Nuremberg.

Denise Vernay :
Résistante juive, elle fut déportée, mais
non pour cause raciale comme sa sœur
Simone Veil.

Marijo Chombart de Lauwes :
La plus fragile, confrontée au combat le
plus éprouvant.

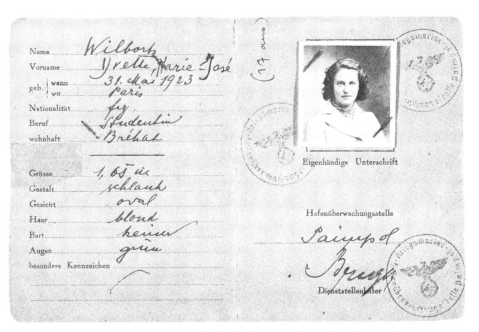

Une vraie fausse carte d'identité, celle de Marijo, agent d'un réseau de renseignements
breton.

Hélène Arhweiller :
Aujourd'hui recteur de l'université de Paris. Hier Hélène Glikatsy et résistante grecque.

Lidia Rolfi :
Fasciste à 15 ans, résistante à 18 ans, elle fut dé-portée en 44.

Lidia Rolfi :
Pendant le tournage de *Femmes dans la guerre* : l'intelligence faite femme.

Josette Cothias-Dumeix :
Une militante acharnée dans la
résistance ouvrière.

Une séance à l'Union des femmes françaises, sous le portrait de Danielle Casanova :
Plus de 4 000 comités féminins furent créés par cette organisation.

Anne-Marie Raimond-Mauduit :
Elle fit l'exode, enceinte. Avec Catherine, le bébé né peu après.

Odette Fabius :
Juive et résistante. Avec sa fille Marie-Claude
qu'elle cacha pendant la guerre.

Odette Fabius :
Croquée par une amie de déportation,
amaigrie et couverte d'ulcères.

Yvonne Cormeau :
Une Anglaise parachutée en France par le SOE.

Micheline Eude-Altman :
Elle travailla pour le mouvement Franc-Tireur.

France Pejot-Jarre :
A Franc-Tireur d'abord, puis à Ravensbrück.

Jeanie Rousseau, devenue comtesse de
Clarens :
Espionne, elle communiquera à Londres
des renseignements sur les V1.

Marguerite Bécart-Guidez et sa fille :
Dans l'attente du retour du prisonnier...

Régine Beer :
Elle subit les persécutions racistes en Belgique et revint d'Auschwitz réduite à l'état de « musulmane ».

Alice Wirth :
Le douloureux calvaire d'une Alsacienne « malgré elle ».

L'exode :
Des millions de femmes, sur les routes.

VILLE DE VINCENNES

La DISTRIBUTION

des tickets de pain, viande, fromage, graisses

pour la période du 1ᵉʳ JANVIER au 31 MARS 1941

aura lieu à l'ECOLE DU SUD, (Entrée : Rue du Moulin), dans l'ordre suivant, pour les personnes dont le nom commence par les lettres :

Entrée n° 1			Entrée n° 2		
A et de Ba à Be	Mardi	24 Décembre	L	Mardi	24 Décembre
de Bi à By	Jeudi	26 —	M	Jeudi	26 —
C	Vendredi	27 —	N - O - P	Vendredi	27 —
D	Samedi	28 —	Q - R	Samedi	28 —
E - F et de Ga à Go	Lundi	30 —	S - T	Lundi	30 —
de Gr à Gy H - I - J - K	Mardi	31 —	U - Z	Mardi	31 —

de 9 h. 30 à 12 heures et de 14 heures à 18 heures.

Une seule personne devra se présenter, munie de toutes les cartes d'alimentation de la famille. — Toute personne retenue par ses occupations pourra faire retirer ses tickets par une autre personne, à qui elle devra confier sa carte d'alimentation.

Pour les personnes qui sont dans l'impossibilité de retirer ou faire retirer leurs tickets, une distribution spéciale aura lieu le **Dimanche 29 Décembre, de 9 h. 30 à 12 heures.**

Les Adjoints,
L. Mégret, G. Bernard , C. Mouvot, P. Massin'.

Vincennes, le 21 Décembre 1940

Le Maire,
L. BONVOISIN'.

Attention à vos tickets !

Prenez-en soin...   Ne les perdez pas...

Ils doivent durer
jusqu'à FIN MARS
(90 jours)

Une carte d'alimentation :
Il y en eut dans toute l'Europe. Cela n'empêcha pas la famine.

Femmes sinistrées à Londres :
Flegme et courage pour les Anglaises.

Dame Ann Bryans :
Elle se dépensa sans compter dans les
services de la Croix-Rouge.

Deux millions d'Anglaises se sont engagées dans les services sanitaires.

Femmes entraînées vers les trains de la déportation.

Dans un kommando de terrassement :
Seules, les plus solides résistaient...

Convoi de femmes en déportation.

Pendant le tournage des émissions :
Geneviève de Gaulle en compagnie de l'historienne Dominique Veillon.

Parmi les femmes qui offraient un toit aux clandestins pourchassés, quelques-unes ont acquis depuis de la notoriété. C'est le cas, par exemple, de Simone Martin-Chauffier qui habitait à Lyon une grande maison, où elle élevait ses cinq enfants, et où, comme le dit Lucie Aubrac, toute la Résistance a défilé, particulièrement les membres du mouvement Libération puisque son mari était le rédacteur en chef de son journal. La famille Gouze est de celles qui ont su prendre des risques pendant la guerre. Berthie Albrecht et Henri Frenay allaient se réfugier dans leur maison de Cluny. Il y avait là M. et Mme Gouze avec leurs deux filles, qui toutes deux deviendront célèbres. L'aînée s'appelait Christine et devint la productrice de cinéma que l'on sait, après avoir travaillé aux côtés de Frenay où elle prit un nom de clandestinité qu'elle n'a jamais abandonné, Renal. La plus jeune s'appelait Danielle et épousa plus tard François Mitterrand. Quand la jeune Danielle Gouze fit la connaissance de Mireille Albrecht elle projetait déjà d'entrer au maquis. Voici comment Mireille dépeint la jeune fille, alors qu'une descente de la Gestapo se déroulait sous le toit familial :

« Ce même jour, en début d'après-midi, la Gestapo fait irruption chez les Gouze. Les policiers courent partout dans la maison en hurlant : "où est-il ?"... Ils interrogent les Gouze, d'abord séparément, puis ensemble. Ceux-ci ont heureusement répondu la même chose. Ayant des problèmes d'argent, ils avaient loué deux chambres à M. Tavernier et à sa secrétaire, des gens très polis mais peu communicatifs, qui passaient beaucoup de temps à écrire.

— Vous ne savez pas qui vous aviez dans votre maison ? Eh bien, c'était le chef de la Résistance en personne !

« Les Gouze simulèrent un grand étonnement et de l'effroi à l'idée qu'ils avaient hébergé un aussi grand terroriste. Il leur avait fallu beaucoup de sang-froid pour jouer la comédie devant ces policiers de la Gestapo, dont les questions montraient qu'ils étaient parfaitement au courant des activités de Frenay.

« Quant à Danielle, ces messieurs ne lui prêtant pas grande attention, elle profita de quelques instants où elle se trouva seule dans le salon pour s'emparer d'un document dont la découverte aurait été fatale. Sur le piano, caché entre deux partitions, se trouvait le stencil du premier numéro de *la Voix du maquis*, rédigé par Henry et Berty. Danielle le cacha sous son chemisier, puis d'un pas nonchalant se dirigea vers le poulailler où elle le détruisit. Les policiers, après plusieurs heures de vaines recherches, d'interrogatoires sans résultat, s'en allèrent et n'arrêtèrent pas les Gouze, convaincus qu'ils étaient innocents. Coup de chance sans doute, mais auquel leur courage contribua beaucoup. »

Éplucher les Mémoires d'anciens résistants pour essayer de repérer la place et le rôle des femmes dans la Résistance est une entreprise tout à fait édifiante. Elles apparaissent en filigrane dans toutes sortes de situations, mais le plus souvent dans le rôle de l'hôtesse. C'est encore le cas pour les sœurs Buisson, dépeintes par Henri Frenay dans *la Nuit finira*[1].

« J'ai prié Jacques Renouvin de venir me voir à Lyon. Je veux savoir où il en est avec ses groupes francs. Je l'attends chez les demoiselles Buisson, antiquaires, non à leur magasin qu'utilise notre service social pour entreposer ses denrées, mais dans leur appartement de la rue d'Enghien.

« Quelles charmantes femmes! Petites et menues, elles sont sœurs et vieilles filles. Depuis leur naissance, elles ne se sont pas quittées et ont l'une pour l'autre les attentions les plus délicates. Leur mise est celle du siècle dernier, et leur profil celui qu'on trouve sur les camées. Leur voix est à la mesure de leur taille. Quand elles bavardent assises côte à côte sur le canapé du salon, je pense irrévérencieusement au babillage de deux perruches posées sur le même barreau.

« Souvent je reviendrai dans cet appartement et j'apprendrai à admirer puis à aimer ces deux frêles créatures, jeunes de cœur et d'esprit, dont le sourire un peu sucré dissimule une force d'âme peu commune, un caractère inflexible. Elles ont été élevées dans le respect et l'amour de la république, et de ce fait portent à Vichy, au gouvernement, à Pétain, une haine qu'elles expriment en propos mesurés et férocement ciselés.

« Notre compagnie les enchante, d'abord parce qu'elle leur offre l'occasion de servir, et aussi parce que dans leur

1. Laffont.

appartement pénètre avec nous un souffle de jeunesse et
d'aventure, qu'elles n'ont jamais ressenti ailleurs que dans les
romans. »

Sauveuses d'enfants juifs

Inconnues encore sont les femmes qui ont recueilli, abrité,
nourri, protégé, des juifs ou des enfants juifs pourchassés,
dont elles sauvèrent ainsi la vie. Celles-là n'ont sûrement
jamais demandé de carte ni de médaille, et pourtant le régime
les aurait sévèrement réprimées si elles avaient été dénoncées
et prises en flagrant délit. Certaines ont d'ailleurs lourdement
payé ce geste de simple humanité. Parmi nos témoins, la plus
humble de toutes, Nathalie Lukowy, a permis à une dizaine
d'enfants juifs de ne pas mourir de faim. Jardinière, promue
responsable de l'entreprise maraîchère qui l'employait en
l'absence des patrons partis en guerre, elle a toujours son
franc-parler :

« C'est pas que j'aimais particulièrement les juifs, dit-elle,
mais y ne m'avaient rien fait et quand j'ai su qu'à l'abbaye, les
moines cachaient des enfants juifs dans les souterrains, et
qu'y z'avaient rien à leur donner à manger, alors je me suis
mis à leur apporter des lapins. Ce qui fait que pendant la nuit,
je sortais de chez moi comme une voleuse avec un ou deux
lapins que j'avais dépecés en cachette, je mettais ça dans mon
cabas et je filais jusqu'à l'abbaye. Les légumes, c'était pas un
problème. Y mangeaient comme tout le monde des carottes
et des patates, vu que le jardin était pas loin. Mais c'était des
gosses, il leur fallait de la viande pour grandir. J'ai jamais fait
payer ces lapins, bien sûr. Je me débrouillais pour faire passer
à l'as leur disparition dans les clapiers. Ça a duré pendant
plus de deux ans ce manège et c'était risqué de sortir après le
couvre-feu. »

Un autre témoignage sur les enfants juifs version XVIᵉ
arrondissement qu'on a caché pour les soustraire aux rafles
nous est fourni par la plus huppée de toutes, Odette Fabius,
fille d'une des plus illustres familles juives du Sud-Ouest.
L'humour comme toujours, domine son récit[1] :

---

1. Dans *Un lever de soleil sur le Mecklembourg* (région de collines qui entoure
Ravensbrück), Albin Michel.

« Ma fille Marie-Claude avait dix ans, je la trouvais ravissante avec sa tête bouclée, mais je me faisais du souci pour elle. Elle était toujours entourée d'une bande de gamins et je craignais qu'elle ne révélât à ses copains qu'elle était juive. Après beaucoup d'hésitations, j'ai pris la décision de la mettre en pension au célèbre collège de Bouffémont qui s'était replié à La Palisse, près de Vichy, au château de Bussole. Le département étant interdit aux juifs, et personne ne songeant à bombarder la capitale provisoire où se trouvait le maréchal, cela me semblait un endroit sûr.

« La directrice, Mme Pichon, qui sait à quoi s'en tenir, accepte de l'inscrire. Je prends donc le train pour Vichy avec Marie-Claude et une autre maman qui s'appelle Mme Berg, qui amène ses trois enfants pour des raisons analogues aux miennes. La séparation est douloureuse. Je continue à considérer Marie-Claude comme mon bébé. Je ne lui recommande pas grand-chose, sinon de ne pas révéler ses origines. Bien entendu, elle va se lier avec une, puis deux, puis trois camarades et leur confier dans le creux de l'oreille sous le sceau du secret le plus absolu, qu'elle est juive, mais que sa mère ne veut pas qu'on le sache. »

Mireille Albrecht se trouva un jour en charge de trois enfants juifs, recueillis par l'Armée du salut et placés dans son appartement. La situation était plus que périlleuse puisque cet appartement faisait l'objet d'une surveillance policière, pendant l'emprisonnement de Berty :

« J'avoue sans honte, dit Mireille Albrecht, que je n'en menais pas large. Ces pauvres gosses me faisaient infiniment de peine : tous trois très mignons, tout à fait bien élevés, étonnants de calme, bien que déroutés par la situation, et tristes. Je l'étais autant qu'eux sachant que sans doute ils ne reverraient pas leurs parents. L'aînée m'aidait de son mieux, lavant la vaisselle et balayant la cuisine. Elle s'occupait très bien de son petit frère et de sa sœur. Elle couchait dans le lit de maman, les deux petits dans l'alcôve du salon. Comme ils ne pouvaient pas sortir, j'ai essayé d'inventer des jeux silencieux, car personne ne devait se douter qu'il y avait trois enfants juifs chez moi. Craignant l'arrivée des flics, je leur avais expliqué que si nous entendions la sonnette, ils devaient se précipiter tous les trois dans l'alcôve du salon, bien en fermer la porte, y rester sans faire le moindre bruit jusqu'à ce que je vienne les en sortir. Nous avions fait plusieurs répétitions, si bien que lorsqu'il y eut effectivement le coup de sonnette tout se passa sans anicroche ni affolement. J'ouvris aux policiers comme si de rien n'était. La séance se passa comme les autres ; ces messieurs ne se fatiguaient pas à me poser toujours les mêmes questions. Je n'étais quand même pas très à l'aise et tremblais qu'ils n'aient l'idée de visiter l'appartement. Je fus très soulagée en refermant la porte derrière eux. Par mesure de prudence, j'ai attendu dix minutes, de peur qu'ils ne remontent pour me poser une question qu'ils auraient oubliée. En ouvrant l'alcôve, j'ai vu les trois petits recroquevillés sur le lit, l'air apeuré. Je me suis dit que l'on n'avait pas le droit de faire passer des moments pareils à des enfants et j'ai compris mieux la lutte antinazie entreprise par Berty depuis 1933, parce que là, j'étais dans le vif du sujet. »

Des réfractaires dans l'enseignement

Dans les milieux de l'enseignement où une majorité de femmes exerçaient pendant la guerre, des mesures en tout genre avaient été prises par le gouvernement de Vichy dans le but de diriger les consciences et d'épurer les mentalités. S'il y a eu des institutrices pour faire chanter *Maréchal, nous voilà* aux écoliers et organiser des concours de dessin à la gloire de Pétain, il y en eut d'autres pour boycotter discrètement ce « bourrage de crâne ». Dans l'enseignement secondaire, les professeurs furent soumis eux aussi à des pressions que tous n'ont pas acceptées. Lucie Aubrac, qui était professeur d'histoire dans un collège de Lyon, s'est maintes fois servie de ses cours pour alerter les jeunes consciences sur les problèmes de l'heure. C'était une manière de faire de la résistance, sans le crier sur les toits, et qui porta certainement ses fruits. Elle raconte une anecdote qui concerne le racisme, lui aussi fortement encouragé :

« Ma collègue de français, dans la salle des profs, à l'interclasse, fait un esclandre de tous les diables. On a retiré de la bibliothèque littéraire des classes de première et de terminale

Anatole France, Erckmann-Chatrian, Zola et Bergson. En voilà une qui acceptera sûrement de rendre service quand on le lui demandera! Une circulaire passe dans les classes. Les cinémas à Lyon vont projeter *le Juif Suss*, film antisémite produit par les nazis. Pour préparer les élèves à bien le recevoir, notre ministre nous demande de les conduire à l'exposition itinérante sur les caractères raciaux qui ouvre demain dans l'ex-bourse du travail. Ce sont les professeurs d'histoire, de lettres et de sciences naturelles qui sont concernés. Dans la salle des profs, celles qui protestent le plus fort sont probablement les moins engagées dans la vie clandestine. Personne ne comprendrait qu'avec mon nom et mon franc-parler, je ne proteste pas moi aussi. Il y a des moments où le silence n'est plus prudence mais lâcheté, et je propose de rédiger à l'intention de la directrice un texte court: "Les professeurs de lettres et d'histoire qui ont pour tâche de donner à leurs élèves le goût de la liberté et de la tolérance, en même temps que de la culture, jugent indigne de leur mission de conduire leur classe à une telle exposition."

« Sur onze collègues, nous sommes cinq à signer. Cinq sur onze! Les autres affirment qu'elles sont d'accord avec nous, mais proposent de ne pas prendre le problème de front. »

Quatre se feront faire des certificats médicaux pour échapper à la consigne. Ça fait neuf professeurs sur onze qui boycottent. Lucie Aubrac considère que ce fut une belle réussite.

Elles assurent les arrières

Un autre exemple de résistance féminine est celui de ces villageoises qui prêtaient main-forte dans les opérations d'atterrissage, largage ou décollage des résistants. Lucie Aubrac raconte dans *Ils partiront dans l'ivresse* le coup de main qu'elle reçut de trois châtelaines du village de Villevieux, dans le Jura[1]:

« Au dîner qui nous est servi sur une nappe brodée, nous apprenons l'essentiel sur nos hôtesses. Elles ont subi dure-

---

1. Au moment des recherches d'un terrain d'atterrissage pour l'avion qui venait la chercher ainsi que son mari, chef de l'armée secrète, pour les emmener à Londres.

ment la guerre de 14-18, y ont perdu leur père, général de carrière, leur frère, saint-cyrien, l'aînée son jeune mari, les deux autres tout espoir de se marier un jour. Elles ont vu fondre ensuite leurs économies et vivent avec la pension de veuve de guerre de l'aînée qui s'appelle Louise. (...) En 1941, avec leur franc-parler, leur patriotisme affiché, elles ont interpellé un dimanche le curé qui en chaire prêchait pour l'État nouveau et la collaboration. Quand elles ont baptisé Maréchal le plus vieux de leurs chiens, le gérant de la coopérative fromagère, responsable de la résistance locale, est venu leur faire visite. Elles l'ont reçu cérémonieusement. Lui, gêné, devant les châtelaines, a commencé à parler résistance. Louise l'a très vite interrompu :

— Nous nous demandions quand vous vous décideriez à nous contacter. Très bien, à partir de maintenant, vous êtes notre chef. Nous vous obéirons. Qu'attendez-vous de nous ?

« Le "fromager" comme elles l'appellent, a raconté son entrevue à Charles-Henri qui venait homologuer le terrain pour des parachutages et des opérations clandestines de ramassage. Celui-ci a compris tout de suite l'aubaine que représentait ce château isolé, entouré d'un grand parc et d'un mur continu. Dès qu'il les a vues, il a apprécié le courage, la simplicité et la détermination des trois demoiselles, comme on dit dans le pays. »

Elles se font nourricières

A classer encore parmi toutes celles qui firent de la résistance, simplement en aidant les résistants, les femmes de la campagne qui se mirent en quatre pour fournir de la nourriture abondante et à bas prix, alors que le marché noir sévissait et qu'elles auraient pu en profiter pour s'enrichir. Simone Martin-Chauffier apporte un témoignage dans ce domaine, en évoquant sa rencontre avec Mme Martin dans un petit village de l'Ain où elle avait tenté en vain de se ravitailler :

« En ouvrant nos sacs, Mme Martin prit d'abord une mine dégoûtée, puis déclara :

— Ce n'est pas trop mal pour une première fois !

— Nous pourrons revenir ? ai-je demandé.

— Vous ne pensiez tout de même pas vous approvision-
ner pour l'hiver en une seule journée ? Et puis, ça ne me
regarde pas, tout le monde est libre. Enfin...

« La façon dont elle prononça ce "enfin" m'en dit très
long. Je compris, dès cet instant, que nous étions du même
bord.

— En attendant, poursuivit-elle, je vous ai réservé un
canard. Mais je suppose que vous ne savez ni le plumer ni le
vider.

« On supposait décidément beaucoup dans le pays et les
suppositions n'étaient pas à notre honneur. La colère montait en moi : nous ne nous abaisserions pas à écosser des
haricots, nous ne saurions pas préparer un canard, nous nous
nourrissions probablement de foie gras et de champagne à
longueur de journée !... J'allais exploser quand Hélène prit la
relève :

— Oh, cela m'amusait de traîner dans la cuisine quand on
avait de quoi manger. Je sais un peu, et on apprendra.

— Vous ferez bien d'apprendre, dit Mme Martin, car
cette fois-ci j'ai fait le travail, mais je ne recommencerai pas.

« Cela laissait espérer d'autres canards. J'essayai en vain de
placer un remerciement. Mme Martin continuait :

— J'espère que vous vous rapellerez qui vous a ravitaillées
et qui vous a mal reçues. Il ne faut pas se faire claquer la porte
au nez deux fois, et nous autres paysans...

« Elle avait une façon de prononcer "nous autres paysans", qui sous couvert de modestie, ravalait les gens de la
ville à leur rang mérité de parasites.

« Au canard, Mme Martin adjoignit ouvertement un peu
de beurre, de la farine blanche, deux ou trois bouteilles de vin
et un fromage, plus un petit saucisson. Elle estima le tout à
une somme ridicule puis nous convia à revenir le jeudi
suivant pour faire la connaissance de son fils et de son mari.

« Tout en nous poussant littéralement vers le bac, elle nous
demanda si nous souhaitions une oie ou une dinde pour
Noël, en précisant que c'était le moment de passer les
commandes. (...) A dater de ce jour, Hélène et moi nous
retournâmes à Boz chaque semaine. Les Martin devinrent
pour nous des amis très chers. Une visite un jour sur sept
pendant deux ans, ça crée des liens.

« Mme Martin nous avait dit lors d'une de nos visites que nous ne la verrions plus quand la guerre serait finie, que nous ne penserions plus à elle. J'avais juré le contraire. Je pense à elle bien souvent, mais en vingt ans je ne suis allée la voir qu'une seule fois. »

Ces quelques cas de figure ont dû se reproduire à l'infini, car il n'est pas un livre de Mémoires sur la Résistance qui ne mentionne avec reconnaissance l'hospitalité exceptionnelle, le coup de main de la dernière heure, l'aide inespérée accordée dans le moment le plus crucial par une femme du pays, nullement engagée dans la Résistance, mais qui dans son coin n'en pensait pas moins. L'occasion étant fournie de prendre des risques, elle les prenait et disparaissait ensuite dans l'anonymat d'où les événements l'avaient momentanément tirée.

Si beaucoup de femmes pendant l'Occupation se sont contentées d'intervenir modestement, à point nommé, lorsque l'occasion s'en présentait alors que d'autres assumaient ouvertement leur engagement, c'est le plus souvent parce qu'elles avaient charge d'âme ou un foyer à protéger, ces deux rôles restant primordiaux pour la femme des années 40. L'âge intervenait également : il fallait être jeune et en possession de tous ses moyens physiques pour s'engager dans le combat clandestin. Enfin, une autre raison pour laquelle bien des femmes ne se sont pas engagées dans la Résistance, c'est la difficulté qu'il y avait à trouver la filière, la bonne adresse, le chemin pour parvenir à un groupe, à un mouvement, à un réseau organisé et recruteur. Ceux-ci ne criaient pas sur les toits le but de leurs activités. Comme le dit Anise Postel-Vinay :

« On pouvait fréquenter des gens qui faisaient de la résistance et ne pas le savoir. Ainsi, je n'ai découvert que très longtemps après que mon propre père travaillait dans mon réseau, où j'étais moi-même engagée. Il m'avait vue chercher difficilement une filière sans rien dire, sans jamais dévoiler ses batteries, sans jamais se trahir. »

Les passeuses de ligne

Complètement méconnues sont les femmes qui ont aidé à franchir la ligne de démarcation, entre zone libre et zone occupée, des réfugiés, des prisonniers évadés, des juifs, des

résistants et toute autre personne non munie d'un *ausweis*
parce qu'en situation illégale. Les passeuses de ligne étaient
généralement des habitantes de localités voisines qui agissaient selon des motifs divers : parfois l'appât du gain, mais
plus souvent la volonté de participer à la lutte des résistants,
ou la conviction idéologique.

Ces passages de ligne pouvaient se terminer tragiquement.
Ainsi les amis d'Odette Fabius, arrêtés par la *Feldgendarmerie* au passage de la ligne à Hagetmau se sont retrouvés à
Drancy, puis à Auschwitz. Ils étaient juifs et n'ont pas su
cacher leur véritable identité.

« Chaque fois que je passais la ligne, mon garagiste habi-
tuel, Morel, venait me retrouver dans un café, raconte-t-elle.
Cette fois-là, il m'avait annoncé que ce n'était pas prudent de
passer car l'avant-veille des tas d'arrestations avaient eu lieu.
La police allemande était sur les dents. J'ai insisté car ma
mission ne pouvait supporter de retardement. Il m'a conseillé
de prendre l'autobus. Voyant cela, mes amis juifs ont voulu
m'accompagner. J'ai essayé de les dissuader, car il y avait
moins d'urgence pour eux que pour moi et ensemble on avait
moins de chance de passer inaperçus. Finalement nous partons, avec un guide qui nous emmène au moment de la sieste,
dans une chaleur torride. Sous un soleil de plomb, nous voilà
sur la route déserte : pas un Allemand ! A la fin de la montée,
à quelques centaines de mètres de la ligne, il y a un banc de
pierre. Fatigués, nous nous arrêtons. Arrivent alors deux
feld-gendarmes à vélo qui trouvent bizarre de nous voir là en
plein midi, en train de nous éponger, et qui nous demandent
nos papiers. Naturellement, ils ont refusé de croire que nous
étions des promeneurs. Nous sommes conduits à la gendarmerie d'Hagetmau pour "voir les choses de plus près". Je
m'en suis sortie, mais pas mes amis. »

Berthie Albrecht, au début de la guerre, alors qu'elle
habitait Vierzon a organisé un réseau d'évasion pour les
soldats français évadés des camps de prisonniers. Elle
commença par les faire passer à la nage, dans le Cher,
d'autres en barque, avec l'aide d'un Vierzonnais.

« Elle avait trouvé un autre système, raconte Mireille
Albrecht : l'enterrement ! Le seul cimetière de la ville était en
zone libre, il fallait aller y enterrer les morts de la zone

occupée. La famille et les amis avaient le droit de suivre le cortège. On pouvait y glisser quelques prisonniers évadés habillés en deuil. Mais les sentinelles ont fini par s'apercevoir qu'il y avait plus de gens à l'aller qu'au retour. Cela fut signalé. Tant et si bien qu'on organisa de faux enterrements avec des cercueils qui contenaient des vivants. Il faut reconnaître que le curé était courageux ! »

Les « planqueuses »

Autre aspect d'une forme de résistance qui ne s'affichait pas et qui n'a jamais rien revendiqué : les planques d'armes. Celles-ci ont souvent été déposées chez des habitants courageux des régions où se formaient les maquis. Ces partisans de l'ombre ont couru de gros risques en prêtant leur cave, leur grenier, leur grange ou leur appentis au stockage d'armes, envoyées par Londres, ou récupérées lors d'attaques contre les occupants. Anne-Marie Raimond fut de ces femmes dont le chalet, en Haute-Savoie, ressemblait à la boutique d'une armurier.

« Nous avons vécu au milieu d'un arsenal pendant près de deux ans, dit-elle. J'avais accepté que ma maison serve de planque, en accord avec mon mari qui faisait partie du corps de santé dans le maquis de Haute-Savoie, et qui, en cas de besoin, faisait le coup de main avec les maquisards. Ce n'était pas très raisonnable pour la jeune mère que j'étais. Plus d'une fois, j'ai retrouvé ma petite fille Catherine en train de jouer avec une grenade, ou essayer d'attraper tout en haut de la pile le dernier parabellum ou la mitraillette qui brillait dans l'ombre. C'était un petit risque que j'avais accepté de courir ; il suffisait d'être prudent.

« En 1941, j'avais monté une auberge de jeunesse dans la montagne. J'y recevais des garçons en situation plus ou moins régulière. Nous nous sentions à l'abri, c'était très tranquille, personne ne venait jamais. Jusqu'au jour où le maire de Combloux m'a avertie discrètement que j'allais recevoir la visite de la gendarmerie. Cela m'a permis de prendre les dispositions qui s'imposaient. Les uns sont passés en Suisse, les autres ont rejoint l'Espagne pour se rendre en

Angleterre et moi, j'ai fermé l'auberge. Je suis allée m'installer à Boëge, un peu plus loin. Les poursuites se sont arrêtées là. Quand on aidait les résistants, on devait redoubler de prudence. »

CHAPITRE XII

LES FEMMES DANS LA PRESSE CLANDESTINE

Il n'a pas fallu six mois d'occupation en France, avec une
presse officielle et une radio immédiatement placées sous
contrôle allemand, pour que s'organise une presse clandestine dans laquelle se sont engouffrés autant de femmes que
d'hommes, des intellectuelles principalement, issues des milieux universitaires.

A tout et à tracts

Fin 1940 s'était formé en France un petit réseau auquel
l'ethnologue Germaine Tillion donna le nom de « Musée de
l'homme » parce que ses membres fondateurs en faisaient
partie. Ce réseau qui fut rapidement démantelé et la plupart
de ses membres condamnés à mort, s'était donné pour
première mission la diffusion de tracts, puis la publication
d'un petit journal, *Résistance*.

Germaine Tillion fut l'une des organisatrices de ce réseau
avec Boris Vildé, tandis que Agnès Humbert en était l'infati-
gable sergent recruteur. Leur premier tract dactylographié
est diffusé le 19 septembre ; le suivant, qui sera ronéoté, le
25, sera tiré à des milliers d'exemplaires. Il s'intitulait *Vichy
fait la guerre* : il est quasiment le premier du genre, avec un

autre tract publié presque à la même date par un autre groupe d'intellectuels, *Conseils à l'occupé.*

Agnès Humbert se donne sans compter pour distribuer le courageux petit feuillet. Voici ce qu'elle écrit dans le Journal[1] qu'elle a eu l'idée de tenir pendant cette période :

« Je ne risque rien que de me faire prendre seule puisque je ne me découvre que personnellement ; je prétends avoir reçu ces tracts le matin même, anonymement par la poste ; tracts qui seront recopiés et diffusés dans des milieux très différents. Mon auxiliaire la plus pittoresque est une concierge, Mme Homs. Accrochée toute la journée à la radio de Londres, elle brûle de "servir". Du fond de sa loge, elle distribue les tracts avec beaucoup d'adresse. Une de ses locataires les reproduit à de très nombreux exemplaires. Un pharmacien et sa femme sont aussi d'excellents diffuseurs. Par leurs soins, les tracts sont recopiés et envoyés à Fontainebleau où ils sont ronéotypés.

« Nous en oublions dans le métro, dans les bureaux de poste, dans les boîtes aux lettres. Mme Jean Cassou en glisse sous des coupons de tissus des grands magasins ; partout, une main les trouve, des yeux avides les lisent... Lorsqu'il fera nuit, j'irai coller aux murs de mon quartier toute une envolée de papillons que j'ai fabriqués avec des étiquettes, à l'aide de la machine à gros caractères du musée et sur lesquels j'ai écrit : "vive le général de Gaulle". J'ai distribué des papillons semblables à tous nos amis qui s'amusent comme des gosses à l'idée de les apposer, qui dans une pissotière, qui dans une cabine téléphonique, qui dans les couloirs du métro. »

Quant au journal, son comité de rédaction est formé fin novembre. Il s'interroge sur le discours à tenir :

« Nous discutons des tendances politiques, raconte Agnès Humbert. De Gaulle aura toute notre sympathie respectueuse. Nous devons être prudents et connaître son idéal politique. Être circonspects pendant un temps en parlant de cette vieille ganache de Maréchal. Nous savons tous ce que vaut ce Franco au petit pied ; toutefois beaucoup de gens n'ont pas encore ouvert les yeux. L'avenir se chargera de les éclairer. Mais nous risquons de faire tort à notre cause en les instruisant trop brutalement.

1. *Notre guerre.*

« Nous devons rédiger le journal chez Simone Martin-Chauffier où Claude Aveline réside en ce moment. »
Il sortira le 15 décembre 1940. Voici ce qu'on peut y lire :
« Résister ! C'est le cri qui sort de votre cœur à tous dans la détresse où vous a laissés le désastre de la patrie. C'est le cri de vous tous qui ne vous résignez pas, de vous tous qui voulez faire votre devoir. Mais vous vous sentez isolés, et dans le chaos des idées, des opinions et des systèmes, vous cherchez où est votre devoir.

« Résister, c'est déjà garder son cœur et son cerveau. Mais c'est surtout agir, faire quelque chose qui se traduira en faits positifs, en actes raisonnés et utiles. Beaucoup ont essayé et souvent se sont découragés en se voyant impuissants. D'autres se sont groupés, mais souvent leurs groupes se sont trouvés à leur tour isolés et impuissants. Patiemment, nous les avons cherchés et réunis... »

Les journaux clandestins

Quant au journal *Libération*, il précède quasiment le mouvement du même nom que parraine Emmanuel d'Astier de La Vigerie. Lucie Aubrac assistera à ses premiers balbutiements :
« Mon premier engagement de résistance — mais ça ne s'appelait pas encore résistance, mais plutôt conscience ! — fut de m'en aller dire aux gens ce qui se passait, de leur faire prendre conscience de la réalité qui n'était pas celle qu'on leur relatait à Radio-Paris ou à Radio-Vichy ou à Radio-Stuttgart. J'avais retrouvé à Clermont-Ferrand des amis de mon université de Strasbourg qui s'étaient repliés dans cette ville. Il y avait là Cavaillès, Rochon, d'Astier, des professeurs, des journalistes, des gens qui avaient déjà pour mission d'informer et de communiquer. Ensemble nous avons eu l'idée de faire quelque chose pour informer, donc de rédiger et de diffuser des petits tracts. Des petits tracts pour dire aux gens, par exemple : "Le 1er janvier, personne dans la rue en zone nord, sinon vous risquez de vous faire souhaiter la bonne année par les Allemands." Ou " Le 11 mai 1941, tout le monde dépose un bouquet au pied de la statue de Jeanne

d'Arc, symbole de la résistance, ou de quelque chose qui porte son nom, un square, une statue, un lycée." Ou encore "Le 14 juillet 1941, tout le monde arbore un petit insigne tricolore, car c'est la fête de la liberté pour les Français et ça a encore un sens pour eux."

« Ensuite, on a fait un journal, qui comprenait une double page, format grand cahier, et on en a tiré 3 ou 4 000 exemplaires. Mais ce n'était pas facile à faire ! On avait du mal à trouver du papier. Les stocks étaient sous la surveillance des Allemands. Sans papier, on ne pouvait rien faire. Il a fallu se débrouiller pour en trouver quand même. Quant à la fabrication du journal, on n'avait aucune expérience dans le domaine. Il a fallu improviser. Pour la rédaction, là, pas de problème. Tout le monde avait envie de dire ce qu'il avait sur le cœur, d'expliquer les événements qui se passaient. Notre journal, ça a surtout été un journal d'information contre la collaboration qui était très installée dans les services administratifs depuis la poignée de main de Montoire, contre le régime de Vichy. En ce qui me concerne, j'avais toujours été une femme de gauche et ayant épousé un juif, j'étais très sensibilisée aux problèmes de l'antisémitisme qui se posaient cruellement. Mes articles étaient orientés vers l'histoire, puisque j'étais professeur d'histoire, et quand je prenais la plume, c'était surtout pour étudier le rapport entre l'histoire passée et l'histoire présente, le passé, on le sait, éclairant souvent le présent. L'Histoire apportait ses lumières et c'était bien utile dans ces temps de grande confusion. Mais les rédacteurs ne manquaient pas. On avait même trop de copies. Ce qui nous a manqué au début, c'était surtout des bras pour distribuer les paquets de journaux, car bien sûr, il n'y avait pas de messageries comme aujourd'hui, ni même beaucoup de moyens de locomotion. Alors, on confiait un paquet à quelqu'un qui prenait le train pour une ville de sa destination et là-bas, on le distribuait. Peu à peu, on a constitué un réseau très lâche de distribution et on pouvait recevoir *Libération* un peu partout, distribué au nez et à la barbe des Allemands. Vers la fin de la guerre, on tirait à 100 000 exemplaires, et pour les tout derniers temps, on a tiré à 400 000 exemplaires, ce qui est une chose inimaginable dans un pays sous la botte. Mais la presse clandestine, d'une manière générale, c'était quelque chose d'inouï ! Quand on pense qu'il y a eu jusqu'à deux cents titres, en France, de publications clandestines, à un moment où on pouvait être inquiété rien que pour lire un journal clandestin, et je ne parle pas des risques pour ceux qui écrivaient ou qui distribuaient ! »

Parmi nos témoins, une femme travaillait à *Défense de la France*, journal clandestin créé par Philippe Vianney, et dont la particularité fut d'être au début plutôt pétainiste tout en étant très antinazi : Geneviève de Gaulle y fut rédactrice, secrétaire de direction, et se chargea aussi de la distribution en zone Nord. L'équipe de ce journal comptait beaucoup de femmes. Dans l'*Histoire de la Résistance* de Henri Noguères, on relève les noms de Hélène Mordkovich, Geneviève Bottin, Charlotte Nadel, Anne-Marie Jeanprost, Julianne Migneret, Jacqueline Pardon, Genia Deschamps, Marianne Reau, soit presque les deux tiers de l'équipe. La Rotaprint surnommée Simone n'avait pas trouvé de cachette plus sûre que les caves de la Sorbonne.

Marie Granet, historienne et résistante, raconte comment cette installation fut aussi audacieuse que commode et sûre :

« Hélène Mordkovich avait les clés du laboratoire de géographique physique et pouvait y pénétrer à toute heure. Le laboratoire communiquait avec le réseau compliqué des souterrains de la Sorbonne, caves, réduits, couloirs, et les dépendances de la grande bibliothèque. Là étaient entreposés des livres destinés au pilon, des caisses de toutes sortes. On pouvait donc dissimuler facilement la machine et le papier sous les caisses ou les piles de livres. Les journaux une fois imprimés étaient mis à sécher sur les rayons. L'impression se faisait deux fois par semaine, la nuit dans la Sorbonne déserte et silencieuse. L'opération pouvait donc avoir lieu avec un minimum de risques. On apportait le papier et on emportait les journaux dans des sacs à dos ; le manque de moyens de transport obligeait les Français à utiliser toutes sortes de sacs, valises, paquets ; les sacs de montagne étaient à Paris d'usage courant et ne surprenaient personne. »

Quant à Geneviève de Gaulle, fille du frère aîné du général, elle est encore étudiante en histoire quand elle s'engage dans la Résistance. Après un petit passage dans un sous-groupe du « Musée de l'homme », rapidement démantelé, elle se retrouve dans le comité directeur du journal *Défense de la France*, qui se double d'un mouvement très organisé avec une boîte importante de faux papiers et un maquis. Elle y écrit des articles, et se souvient particulièrement de deux d'entre eux :

« J'écrivais sous le pseudonyme très transparent de Gallia, dit-elle, et, le premier sujet qui m'a paru s'imposer, concernait évidemment mon oncle. Charles de Gaulle était alors très peu connu, même s'il avait déjà écrit plusieurs livres dont *Vers l'armée de métier* que peu de gens encore avaient lu. On ne savait pas très bien qui il était. Certains le croyaient entouré à Londres de gens de l'Action française. D'autres, au contraire, le disaient d'extrême gauche. Or, je devais faire le point sur le sujet, car moi je le connaissais bien. J'ai donc fait un portrait de lui pour le présenter parmi les siens, dans sa famille. Celle-ci avait une grande importance pour lui. Par exemple, il n'aurait jamais rien fait que sa mère puisse désapprouver. J'ai essayé de montrer à quel point la famille de Gaulle avait constitué un terrain fécond. Presque toute la famille était engagée dans la Résistance. Je suppose que toutes ces précisions ont permis de mieux comprendre son action à Londres et ont provoqué quelques ralliements.

« L'autre article important concernait Charles de Gaulle et l'indépendance de la France, car là encore, il y avait risque de confusion. J'ai dû préciser que nous combattions aux côtés des alliés, mais qu'il n'était pas question que nous nous laissions dominer par eux. Il fallait dissiper tout risque de malentendu. A part ça, j'ai commandé des articles à l'extérieur. J'en ai commandé un à Mgr Chevrot qui était curé de Saint-François-Xavier et qui très tôt avait parlé haut et fort de tout ce qui se passait, des juifs, des horreurs qui se commettaient. Il n'a jamais été arrêté — il a eu un vicaire, l'abbé Derry, qui a été arrêté et fusillé. Il m'a donné un article sur l'Église de France — surtout sur les évêques — qui n'était pas tendre avec l'Église. J'ai été arrêtée à l'occasion d'un coup de filet, conduit par les inspecteurs Bonny et Laffont dans une souricière qu'ils avaient tendue à l'un de nos dépôts, rue Bonaparte. Les moments marquants de cette époque ? Je me souviens du 14 juillet 1943 où nous avons tiré un numéro spécial que nous avons diffusé largement. Nous avons même fait une distribution ouverte ; y compris un affichage dans le métro. Ce n'était pas trop dangereux parce que les gens dans le métro étaient serrés les uns contre les autres. Difficile de nous poursuivre dans ces conditions. On était capable de se replier vite, on était jeunes, on avait vingt ans. Je me souviens d'avoir voyagé dans une rame de métro avec un Allemand devant moi. Il s'est penché pour voir ce que lisait un passager, c'était *Défense de la France* et j'ai vu sa nuque devenir violette de fureur. Ça a été une sensation délicieuse. On prenait des risques, certainement, mais il fallait agir, il fallait que les gens n'aient plus peur et provoquer le sentiment que la résistance était là et bien là. C'était les débuts du STO, il fallait dire ce que ça représentait vraiment et les choses qu'on pouvait faire. C'était très sérieux notre truc, ce n'étaient pas des jeux d'enfant ! »

Sur deux cents titres de publications clandestines, beaucoup ont eu la vie brève et le tirage restreint. 6 ou 7 grands titres sont restés comme *Libération* et *Combat*, organe de presse du mouvement, où s'illustrèrent la courageuse Lucienne Guezenec et l'opiniâtre Yvette Gerard-Farnoux, en particulier. *Témoignage chrétien* qui voulut donner une hauteur spirituelle à l'action résistante compta dans ses rangs Renée Mely-Bedarida et *l'Humanité* la personne de Marie-Claude Vaillant-Couturier :
« J'ai écrit des articles, mais j'ai aussi très souvent corrigé des épreuves. Mon travail le plus marquant est peut-être celui que j'ai fait sur une brochure de Politzer, qui contenait une réponse aux théories de Rosenberg sur la grandeur du nazisme et qui défendait d'une manière irréfutable les acquis de la révolution de 1789. »

Le mouvement Franc-Tireur, sous la direction de Jean-Pierre Lévy, sort lui aussi un journal qui porte le même nom. Micheline Eude-Altman, alors toute jeune fille, s'y engage :
« Moi, mon travail consistait à taper des messages, à taper

des lettres, à taper des rapports, et ensuite à aller distribuer ce matériel, dans les différentes "boîtes à lettres" que nous avions, où les gens des autres mouvements venaient le ramasser. Ainsi s'effectuaient les liaisons entre les différents mouvements : j'en étais en quelque sorte le carrefour. Naturellement, j'ai fait des kilomètres chaque jour à bicyclette car je ne circulais que de cette manière. Je m'occupais aussi de recevoir les envoyés de province. Ça se faisait chez un vieux libraire du vieux Lyon qui avait pris le risque de nous recevoir et où nous entreposions nos paquets de journaux que venaient chercher ensuite les gens de Marseille, de Clermont-Ferrand, de Grenoble et d'ailleurs. A l'époque, la zone sud n'était pas encore occupée et c'est moins les Allemands que j'avais à craindre que les Français. C'était la police française qui pourchassait les résistants et j'en ai eu la preuve en octobre 1942 quand j'ai été arrêtée. C'est à ce moment-là que j'ai été emprisonnée dans la prison de Saint-Joseph, après maints interrogatoires, et où j'ai fait la connaissance de Berthie Albrecht. J'avais dix-neuf ans. Mon cas a ému cette femme dont je ne savais rien à l'époque mais qui avait beaucoup d'ascendant sur les autres, comme sur moi-même. Elle a réussi à me faire sortir assez vite de ce lieu traumatisant en écrivant au procureur de la République une lettre (que j'ai gardée) où elle exposait tout le danger qu'il y avait pour une jeune fille de bonne famille à côtoyer des criminelles et des prostituées. Aussi incroyable que cela paraisse, cette lettre a été prise en considération et j'ai obtenu une libération provisoire. »

Les ménagères aussi écrivent leur vérité

Il n'y a pas que les intellectuelles qui ont pris la plume pour dire ce qu'elles avaient sur le cœur et faire lever la révolte autour d'elles. En fait, un aspect méconnu, oublié mais efficace, du travail d'information destiné à mobiliser ses semblables, a été celui des ménagères, femmes de prisonniers, mères de famille, petites employées, modestes ouvrières. Regroupées par les officines syndicales clandestines, elles ont rédigé des textes, composé des tracts, qu'elles allaient ensuite distribuer autour d'elles. On peut trouver au musée de la

Résistance d'Ivry plus de deux cents spécimens de ces tracts de ménagères, un simple feuillet ronéoté appelé d'ailleurs journal à partir du moment où les exemplaires sont numérotés. *La rubrique de Saint-Maur*, la *Voix des femmes*, *Femmes de Paris*, la *Ménagère du Pas-de-Calais*, la *Franc-Comtoise*, etc., pour ne citer que quelques titres, qui furent distribués largement dans les milieux populaires.

Josette Cothias-Dumeix, qui fut le bras droit de Danielle Casanova dans l'organisation de Paris des Jeunes Filles de France, connaît bien cet aspect de la détermination féminine :

« Une thèse en cours actuellement prétend que les femmes n'écrivaient pas elles-mêmes. Or, pour le mouvement féminin que j'animais, je jure que tous ces tracts étaient écrits par des femmes des milieux ouvriers. *La ménagère du Pas-de-Calais*, *la Franc-Comtoise*, c'étaient les femmes de là-bas qui les faisaient ! Et quand on les lit, on voit bien qu'ils ne pouvaient pas avoir été écrits par d'autres. C'est pas de la littérature ces textes, c'est pas du journalisme ! C'est tout simple, il y pas de bla-bla. On y retrouve bien la patte féminine. Les femmes, c'est concret, c'est pratique. Alors qu'est-ce qui les intéresse ? de quoi parlent-elles ? De leurs problèmes, les taux de salaire, les prisonniers qui n'arrivent pas, le ravitaillement qui devient de plus en plus difficile, les enfants qui en souffrent souvent, et puis toujours, et surtout, des trains qui partent en emportant le fer, le cuivre, le cuir ! Car n'oubliez pas qu'elles étaient chefs de famille et qu'il n'y a rien de pire que de ne pas pouvoir mettre une paire de chaussures à ses gosses. »

Par ailleurs, Josette Cothias-Dumeix a partagé la tâche de Danielle Casanova dans l'édification du petit journal publié par les Jeunes Filles de France, association dissoute en 1939 mais qui renaîtra sous l'appellation Union des femmes françaises.

« Je l'aidais à faire notre petit canard, qui était fait avec rien, nous n'avions pas de sous. Alors, moi je faisais le grouillot. Je courais partout pour trouver des photos qu'on ne payait pas, je faisais les commissions. Car Danielle était dentiste et elle confectionnait le journal entre deux séances de soins dentaires. J'étais installée dans une pièce à côté de son cabinet et dès qu'elle avait une minute, elle ouvrait la porte, et hop, on faisait le journal. »

Résistantes allemandes dans la presse clandestine

Dans un pays profondément nazifié par la propagande et la politique du chancelier Hitler, une résistance a tout de même pu voir le jour, malgré la terreur ambiante. Le parti communiste avait pris les armes très tôt, dès 1933. Il s'enfonça un peu plus encore dans la clandestinité, mais il n'y eut pas que lui. Quelques organisations de résistance se sont créées dont la plus célèbre fut « La rose blanche » (*Die Weiss Rose*) d'obédience protestante qui trouva sa figure de martyre en la jeune personne de Sophie Sholl. Cette étudiante de Munich, au caractère farouche et à la clairvoyance aiguë, fut arrêtée alors qu'elle lançait une poignée de tracts antinazis des fenêtres de son université en 1943. D'autres noms de résistantes sont passés à la postérité : Lilo Hermann, Elisabeth von Thadden, Milred von Harnack, Édith Stein, une couventine arrachée à ses prières pour être gazée, tandis que Sophie Sholl était décapitée à la hache.

La résistance en Allemagne du côté féminin se manifesta souvent dans l'aide aux juifs pourchassés, l'aide à l'évasion et à l'émigration[1], mais surtout au moyen de la plume, pour combattre la propagande et éveiller des consciences plongées dans la stupeur. Anita Sellenchloh fut une résistante communiste du début à la fin de la guerre. Voici son témoignage :

« J'appartenais depuis 1933 aux jeunesses communistes. J'avais un peu plus de vingt ans. Or, à partir de juin 1933, le parti était interdit. Je suis donc entrée dans l'illégalité puisque je ne l'ai pas quitté. Je m'y suis occupée particulièrement de diffusion de tracts. Il nous restait de vieilles presses sur lesquelles nous avons fait imprimer nos tracts. On s'informait surtout en écoutant la radio anglaise, et d'autres... On y apprenait le déroulement de la guerre d'une autre manière que par la presse en place et nous le relations dans nos tracts et nos journaux. Je me souviens que nous avons eu très vite des articles sur les camps de concentration à partir des récits des gens qui revenaient de camp et qui nous racontaient ce

---

1. Recha Freyer, femme d'un rabbin berlinois, par l'intermédiaire de son association « L'Alyah des Jeunes » réussit à faire passer en Palestine 7 000 enfants juifs.

qui s'y passait. On peut d'ailleurs trouver trace de ces articles sur les camps de concentration dans nos archives.

« La distribution des tracts était une entreprise dangereuse. Nous en prenions des paquets qu'on collait à même la peau, bien cachés sous les manteaux. Le soir, on allait les distribuer. Un jour, nous en avons jeté sur un quai de gare avant de nous enfuir à toutes jambes. On était jeunes. Quant au résultat, au nombre de gens atteints... ça c'est une question que nous nous sommes souvent posée, évidemment, mais il n'y avait aucun moyen de contrôle.

« Des tracts ont aussi été distribués dans les entreprises, dans les chantiers de construction navale. Il fallait inciter les ouvriers du port de Hambourg à aider les travailleurs étrangers, leur donner à manger, leur expliquer ce qui les attendait peut-être. On a recruté de cette manière.

« Quand le parti a été interdit, nous sommes devenus très vulnérables. Il suffisait souvent d'une seule dénonciation pour arrêter plusieurs personnes. Nous avons pris nos précautions, caché tous nos livres par exemple, que ce soit Heine, ou un auteur à tendance libérale-gauche. Chaque fois que la police est venue chez moi, c'est-à-dire six ou sept fois, elle a cherché à voir si je possédais des livres interdits. Nous étions organisés en groupes d'action qui furent de plus en plus petits. Le plus dangereux n'était pas de rencontrer les chefs, mais les sympathisants dont nous ne savions rien de leurs antécédents. Il n'empêche qu'il fallait recruter et que toutes les occasions étaient bonnes, même l'occasion d'une alerte dans un bunker. Nous ne faisions vraiment confiance qu'aux gens que nous connaissions depuis 1927. Tous les autres pouvaient être des espions infiltrés. Il y en eut beaucoup qui furent à l'origine de nombreuses arrestations. Personnellement, je n'ai pas été trahie par un espion mais par un motocycliste qui détenait une invitation pour un meeting du parti. Il a été tellement battu par la Gestapo que finalement il a parlé et donné mon nom. J'ai été convoquée. Ils m'ont montré l'homme et m'ont dit : si vous parlez, nous cesserons de le battre. Ça n'a pas pris sur moi. Alors ils sont allés chercher ma mère et ont menacé de la mettre en prison. Je n'ai pas cédé non plus. Je m'en suis tirée momentanément en donnant un nom qui ne correspondait à rien. Ce fut ma

première confrontation avec la Gestapo. Je n'aurais jamais
pensé que ça puisse être aussi horrible.

« Je dois préciser que nous ne recevions aucune consigne
de Moscou. Nous étions indépendants. Vers la fin de la
guerre, des tracts soviétiques nous sont parvenus, *via* le
Danemark. Ces tracts voyageaient dans des paquets de cigarettes. A chaque arrestation (il y en a eu 7 ou 8), je me
promettais de me tenir tranquille si je m'en sortais. Mais
comme la guerre devenait de plus en plus hystérique, il ne
fallait pas abandonner. Alors, je recommençais. Je n'arrive
pas à m'expliquer cela, aujourd'hui que j'ai 75 ans. Si j'avais à
le refaire, je ne crois pas que j'en aurais le courage.

« Les arrestations que j'ai subies — 9 en tout — duraient
assez peu de temps. J'étais interrogée, battue, puis enfermée
dans ce qu'ils appelaient les "cellules de la mort". C'était des
petites cases où on ne pouvait se tenir qu'assis. On était jeté
là-dedans sans boisson ni nourriture et on nous y laissait à
croupir jusqu'au lendemain. L'interrogatoire alors recommençait... J'ai connu beaucoup de camarades en prison.
C'était d'ailleurs un excellent endroit pour recruter. On avait
le temps d'apprendre à les connaître et d'observer leur
comportement vis-à-vis de la Gestapo. Certains n'en sortaient pas. Il y avait des jeunes qui ont été jetés en prison à 17,
18 ans et qui y sont restés pendant deux ans. D'autres
sortaient assez vite.

« Lors d'une de mes arrestations, j'ai été enfermée dans
une prison de femmes. Il y avait 70 politiques parmi ces
femmes et l'âge allait de 20 à 35 ans. Je me souviens qu'on
faisait de la vannerie autour d'une longue table en essayant de
communiquer. J'ai connu là une fille de Braunschwig qui
avait 16 ans. Elle avait vu son propre père défenestré d'un
bureau de la Gestapo, au 4e étage. J'ai connu aussi des
femmes qui appartenaient à des sectes religieuses, des artistes, des danseurs, des gens de la radio qui étaient des
opposants au régime mais ne s'étaient rangés sous aucune
bannière. Je crois qu'on les appelait des asociaux.

« A cause des bombardements, des arrestations, nos activités de distribution de tracts n'étaient pas régulières. Un jour,
alors que Hambourg fumait sous ses ruines après un bombardement, j'ai reconnu un de mes tortionnaires. Il était

mortellement blessé. Je n'ai même pas songé à le secourir ; même dans cet état, il me faisait encore peur, et je me suis demandée s'il n'était pas encore en train de me pourchasser. »

CHAPITRE XIII

ESPIONNES ET PATRIOTES

Recherche et acheminement de renseignements sur les activités et projets des occupants nazis occupèrent les résistants de très nombreux réseaux qui s'étaient formés en liaison avec le gouvernement britannique et les services de la France libre du général de Gaulle. L'information récoltée ainsi, dans les plus grands périls, a permis aussi bien de préparer le débarquement allié que de fournir à la Résistance intérieure le matériel de guerre dont elle avait besoin.

Les femmes furent très nombreuses dans les réseaux de renseignement, car, répétons-le, comme le dit Marie-Madeleine Fourcade, les femmes n'inquiétaient pas dans le sens « guerrier farouche ». Les Allemands avaient tendance à les regarder comme les passives *Gretchen* d'outre-Rhin.

On les trouve à tous les niveaux des réseaux de renseignement. Rarement à leur tête, mais souvent à la source du renseignement, près des occupants, dans les bureaux, les officines, les administrations, les usines, etc., et à l'acheminement du renseignement auprès de l'organisme collecteur ou de l'agent relais, ou du radio, ou au siège du réseau.

A la source de l'information

Jeanie de Clarens, qui avant son mariage s'appelait Rousseau, n'avait pas vingt ans à l'époque. Elle avait étudié l'allemand et rencontra par hasard le chef d'un petit réseau qui s'appelait « Les Druides », et dépendit bientôt du grand réseau « Alliance » :

« Il m'a trouvée disposée à répondre à ses propres projets, puisque je faisais déjà du renseignement en amateur. Considérant que ma connaissance de la langue allemande était un atout considérable, il a cherché à quel endroit me placer pour exploiter cet atout. Il a trouvé un organisme qui venait de se créer, qu'on pourrait appeler aujourd'hui un bureau de consultant, ou une agence-conseil en affaires économiques. Ça touchait à tout, l'élastique, le caoutchouc, le bois, la visserie, n'importe quoi. Les industriels qui demandaient des conseils avaient des relations avec les services allemands et moi, je faisais l'intermédiaire. Je les représentais. Je faisais donc sans arrêt des allées et venues dans les bureaux, au Majestic en particulier. J'écoutais, je mémorisais, j'analysais, je synthétisais et je rapportais le tout à mon chef de réseau. Ça n'a l'air de rien, mais c'est comme ça que le renseignement économique se fabrique, par l'addition de petites informations. Tout ça était envoyé à Londres et ça permettait de se faire une idée au plus juste de l'Allemagne en guerre. On savait ainsi où ils en étaient, de quoi ils avaient besoin, qu'est-ce qui leur manquait, quels étaient leurs points forts, leurs points faibles, etc.

« Mais les frontières ne sont pas étanches entre l'économique et le scientifique et il n'y a pas loin du scientifique au militaire. Ainsi pour fabriquer des armes, il faut des matières premières et celles-ci passent par les industriels. C'est ainsi qu'un beau jour, j'ai été amenée à entendre des choses tout à fait intéressantes puisqu'il était question des matériaux nécessaires à la construction d'un nouveau matériel de guerre qui serait révolutionnaire. Je n'ai pas réalisé tout de suite la portée de ce que je découvrais. C'était une information, plus une autre, plus une autre ; cela nous a permis de comprendre à la fin qu'il s'agissait de la fabrication des armes secrètes, les fameux V1. Mes informations concernaient, en particulier, l'une des antennes en Europe des usines de Pennemude. J'ai donc collecté des renseignements sur les conditions de construction, sur la manière d'accéder aux entrepôts et aux usines. Ces renseignements corroboraient d'autres renseignements qu'on avait déjà mais qu'on n'avait pas trop pris en considération jusqu'alors, car ça paraissait relever un peu de l'utopie ou de la manœuvre d'intoxication. Mais il a bien fallu y croire, d'autant plus que peu après un officier danois a réussi à photographier une maquette d'une de ces bombes volantes avec lesquelles Hitler a espéré pouvoir anéantir l'Angleterre. Voilà donc quelle fut ma contribution. C'est le type de renseignement qui éclipse tous les autres tellement il est sensationnel.

« J'ai pu agir sans grand risque. J'étais là, dans les jambes des Allemands, avec une natte sur le côté et un air de jeune fille bonasse. J'étais devenue comme un meuble, on ne me voyait plus, on ne faisait plus attention à moi, personne ne se doutait que je servais d'éponge auditive et que je les roulais dans la farine. Je n'ai jamais été inquiétée et si je me suis fais arrêter, c'était en une tout autre occasion, lors d'un petit voyage à Londres. Je suis tombée dans une souricière. Donc arrestation, interrogatoires, prison à Guingamp, puis à Rennes, puis à Fresnes et de là, déportation. J'étais condamnée à mort pour espionnage, mais on ne trouvait plus mon dossier car j'avais donné un autre nom que le mien. Je crois que c'est grâce à ce subterfuge que je suis encore en vie. »

Aux autres postes

Tous les mouvements de résistance ont eu leurs informateurs. Néanmoins le renseignement, organisé, hiérarchisé, financé, c'est à Londres qu'il avait son centre nerveux. L'Intelligence Service coiffait une quantité infinie de réseaux grands et petits, comme par exemple le réseau SMH Gloria auquel appartenait Anise Postel-Vinay, alors Anise Girard. Elle raconte comment elle y est entrée et ce qu'elle y faisait :
« On cherchait par tous les moyens comment entrer dans la résistance et comment y avoir une action efficace. Mais ce n'était pas facile car les gens qui faisaient de la résistance ne le

criaient pas sur les toits. J'avais essayé dans un premier temps de m'embarquer pour Londres afin d'y rejoindre les services de la France libre. Mais ma mère m'ayant conseillé de ne pas m'aventurer là-bas toute seule, j'ai cherché une compagne. Or, autour de moi, les jeunes filles ne voulaient pas partir. J'avais fini par en trouver une, une jeune Alsacienne, mais il nous fut impossible de trouver un bateau. Finalement, c'est par un professeur de philo, Sophie, que connaissait ma mère que j'ai pu trouver la filière. J'ai eu à remplir un certain nombre de missions à caractère militaire, ce qui était assez fou car je n'y connaissais rien. Par exemple j'ai eu à relever tous les emplacements des câbles qui reliaient les ballons captifs encerclant la capitale. J'avais établi une grande carte où je marquais tous les lieux. La dernière mission, au cours de laquelle j'ai été arrêtée, concernait les points d'impact des bombardements du Havre. »

Installé à Londres, le BCRA (Bureau central de renseignement et d'action) dirigeait de nombreux réseaux en France. Beaucoup de femmes y travaillèrent, comme Brigitte Friang : « Je n'ai rejoint le BOA, le bureau des opérations aériennes, qu'en 1943. J'avais 19 ans. J'étais une étudiante parisienne qui terminait son année de PCB préparatoire à la médecine. Depuis la défaite et l'occupation, je n'étais parvenue qu'à m'agiter sans grande efficacité. J'avais fini par me faire renvoyer de mon lycée pour propagande gaulliste, puis, au PCB, par prendre des risques inconsidérés pour voler, avec des copains, des armes aux soldats allemands dans le métro. Le BOA était une sorte d'agence Cook de la Résistance. Nous recevions de Londres par parachutages et atterrissages clandestins des armes, des agents, de l'argent et nous expédiions à Londres par atterrissages des agents en fin de mission, des personnalités, des pilotes abattus, du courrier. Armes à conserver ou à distribuer aux maquis et organisations diverses, selon les ordres de Londres, pour le jour du débarquement. Argent pour l'entretien des agents permanents. En septembre 1943, non loin de Tours, mon patron a réussi à faire atterrir de nuit — bien sûr — à la torche, en quelques minutes, trois Lysander dans un champ, sous la

levée de la Loire. Beau travail ! Pour ma part, j'étais secrétaire
du Bloc Ouest du BOA. Je codais et décodais les câbles de
Londres, reçus et envoyés par nos radios clandestins, assurais
les rendez-vous avec les agents de liaison du Bloc ou des
autres Blocs du réseau, etc.

« Pour nous, de Gaulle était l'incarnation de l'identité de la
France, concrétisait notre espoir, notre volonté de contribuer
au mieux à la défaite de l'Allemagne afin d'effacer les stig-
mates de l'humiliante déroute de 1940 et de la trahison de
l'armistice. Quant à Londres — Londres, pour nous, c'était
aussi bien le BCRA, de Gaulle, que les Services anglais sans
l'aide matérielle de qui nous n'aurions pas existé — nous en
rêvions comme d'un refuge, d'un havre. Dans les câbles,
nous l'évoquions comme le « home ». Car nous étions soumis à une tension nerveuse extrême, dans la crainte perpétuelle, à toutes les minutes, jour et nuit, d'être repérés, suivis,
arrêtés. Je dormais peu, codant et décodant parfois des nuits
entières. Il m'arrivait de souhaiter d'être arrêtée, comme on
appelle l'orage ou la pluie de mousson en Extrême-Orient,
pour trouver l'apaisement, pour dormir tout mon saoûl ! On
ne peut pas dire que c'est exactement ce qui s'est passé
lorsque j'ai été arrêtée, à la fin mars 1944. Mais ceci est une
autre histoire. Nos craintes étaient d'ailleurs fondées. Il
existait, rue des Saussaies, un bureau "anti-BOA". Nombre
d'agents permanents du réseau y étaient fichés quoique non
identifiés. Il faut dire que les gens arrêtés, même ceux qui ne
lâchaient pas, livraient, parfois même sans s'en rendre compte, d'infimes renseignements qui, collationnés par les Allemands, leur permettaient de dresser des portraits et de figurer
notre organisation de manière assez proche de la vérité. Ma
technique de me déplacer en province avec des vêtements très
repérables, mais toujours différents, les avait déroutés. Mais
j'ai été "donnée" par un agent d'un Bloc voisin. Arrêté la
veille, il avait raconté sa vie. Et la mienne... Et d'autres... »

Si Brigitte Friang dans la région parisienne trouve assez
tard la filière qui lui permettra de travailler dans un grand
réseau, Marijo Chombart de Lauwes, dans le fin fond de sa
Bretagne natale, ne cherche pas longtemps avant de savoir
dans quoi s'engager exactement :

« Ça a été une telle humiliation pour nous de voir les Allemands s'installer sur nos côtes que tout de suite nous avons voulu faire quelque chose. Comme beaucoup de lycéennes, outrée par ce qui se passait, j'ai été dessiner des V à la craie, ou des croix de Lorraine sur les voitures allemandes garées dans des coins tranquilles. Je suis une des rares personnes à avoir entendu l'appel du 18 juin, car je me trouvais à ce moment-là sur l'île de Bréhat et nous recevions très bien Londres à la radio. Et j'avais la radio dans la maison de mes parents. Cette voix qui nous appelait à la résistance rencontrait notre plein accord. Elle formulait ce que nous pensions au fond de nous. Cet appel a si bien porté que dès le lendemain, tous les petits bateaux, les vedettes rapides de la côte, étaient mobilisés pour emporter les Bretons vers l'Angleterre. Il y eut un grand mouvement pour s'échapper. Moi j'étais trop jeune, j'avais 17 ans, et il n'était pas question que je parte. Alors j'ai cherché ce que je pouvais faire en restant sur place. En mai, une camarade de classe m'a indiqué que deux Anglais se cachaient derrière Tréguier, et qu'il fallait trouver un moyen de faciliter leur évasion. C'était devenu difficile car il y avait des défenses allemandes sur toute la côte. Je me suis donc occupée de ces pilotes anglais. Ça a été ma première action positive. Je les ai amenés à l'île de Bréhat, je les ai cachés en attendant qu'on leur fasse de faux papiers et ils ont pu partir. A partir de là, avec mes parents et quelques amis, nous avons organisé un petit réseau d'évasion, tout à fait en amateur. Quelques mois plus tard, ce petit réseau a fait également du renseignement. Il y avait des entrepreneurs sur toute la côte, qui faisaient des relevés des défenses côtières et mouvements de troupes. Ces renseignements, une fois collectés, m'ont été confiés pour que je les achemine à Rennes (où je me rendais assez souvent) et de là, ils étaient expédiés par deux voies différentes, par radio et par voie de mer, c'est-à-dire par des bateaux qui les portaient à des sous-marins, qui les acheminaient sur Londres. Ce trafic a duré un peu plus d'un an.

« Au cours du premier trimestre 1942, notre réseau a été démantelé. Un message de notre radio a été capté ; puis quelqu'un nous a pistés. Il n'a pas fallu un mois pour que tout notre réseau qui se composait de 14 personnes, dont trois femmes, soit arrêté et mis sous les verrous. J'ai été arrêtée personnellement le 22 avril 1942 dans un pavillon de la banlieue de Rennes, un matin où j'étais encore au lit. J'ai vu arriver une grande traction noire et des hommes en uniforme. Je possédais à ce moment-là des plans écrits, non pas à l'encre sympathique mais au citron. J'ai réussi à m'en débarrasser dans les toilettes avant d'être emmenée. Malheureusement, lors des interrogatoires, après avoir nié l'évidence aussi longtemps que possible, je n'ai pas pu me disculper. J'ai été mise en prison. »

Entre une petite étudiante bretonne qui transporte des documents, avec une foi patriotique sans pareille, et une grande bourgeoise qui « s'amuse » à faire de la résistance, il y a, à première vue, un abîme. Il n'empêche que les risques et les résultats sont les mêmes, et que des deux côtés, la Résistance doit comptabiliser les services rendus. Odette Fabius fut une sorte de Marie-Chantal de la clandestinité qui paya fort cher sa contribution puisqu'elle fut déportée à Ravensbrück et faillit y laisser sa vie. Elle aussi donna dans le renseignement. D'abord dans le réseau Alliance de Marie-Madeleine Fourcade, puis, se trouvant écartée de celui-ci, dans un sous-réseau, l'O.C.M. Centurie, dont elle prit la direction de l'antenne de Marseille.

« Notre premier problème consiste à trouver, raconte-t-elle[1], un local pour y installer notre PC. Une maison assez vieillotte dans un grand jardin nous est proposée. Elle nous paraît représenter l'idéal. (...)

« Ma deuxième mission consiste à contacter Pierre Ferri-Pisani. Chef de la Maison des Marins, président du syndicat de la marine marchande, il est le "patron" du port de Marseille. De lui dépend le succès de notre organisation dans la région. Mais il est aussi protégé que s'il vivait dans un château fort et il n'est pas facile d'entrer en contact avec lui.

« Je commence par traîner dans le port, non sans une légère appréhension car les gens que je côtoie ne m'inspirent guère confiance. Mon aspect extérieur de bourgeoise cossue doit paraître insolite. Mes recherches sont décevantes. La

1. *Un lever de soleil sur le Mecklembourg.*

première personne à qui je m'adresse est une marchande de journaux. Elle n'a jamais, au grand jamais, entendu parler d'un M. Ferri-Pisani. J'enquête ensuite sans plus de succès dans les bars de la Joliette. Ma persévérance doit cependant surprendre, car au bout de trois jours, un jeune homme m'accoste poliment.

— Qu'est-ce que vous lui voulez à M. Ferri-Pisani?
— Le voir.
— Venez demain à vingt heures trente, au café des Marins. Vous demanderez Joseph.

« Le lendemain, je suis bien entendu au rendez-vous. Mon jeune homme d'hier est derrière le bar. Il décroche le téléphone pour m'annoncer à quelqu'un. Je l'entends répondre à ce qui est, sans doute, une demande de description:

— Elle est grande, plutôt belle fille, brune, un peu trop élégante.

« J'ai pourtant mis ce que je croyais avoir de plus simple : un tailleur noir avec col et parements de velours, et je ne porte ni chapeau ni gants, contrairement aux habitudes des femmes de la bonne société.

« Joseph, le jeune homme, me propose de le suivre. Il m'entraîne dans un dédale de ruelles à l'intérieur du quartier du port pendant un bon quart d'heure. Nous arrivons enfin dans la cour d'un bel immeuble. Au second étage, une jeune servante nous ouvre et me fait entrer dans un bureau-bibliothèque où elle me prie d'attendre. Je prends quelque chose à lire au hasard. Il se trouve que c'est le Capital de Karl Marx. Quelques instants plus tard, j'entends une voix ironique.

— Voilà donc cette femme fatale qui me cherche partout, qui inquiète ma pauvre marchande de journaux, et qui en plus, lit le Capital!

« Je me retourne furieuse et mortifiée. Pierre Ferri-Pisani en face de moi rit comme un enfant. (...)

« Je lui explique ce que nous comptons entreprendre. Lui seul est en mesure de nous faire obtenir régulièrement les renseignements concernant tout ce qui se passe dans le port de Marseille. Il accepte d'emblée, mais soulève la question financière. Nous ne sommes pas riches. Il réfléchit, sort de la pièce quelques instants. Il revient avec un diamant qui peut-être appartient à son épouse, et me demande si je peux me charger de le vendre. Je lui parle de mes relations avec Van Cleef et Arpels qui sont malheureusement à Vichy. Il me prie d'aller les voir dans cette ville.

« Dès le lendemain, je suis chez Nanette Puissant à qui j'explique le problème. Elle me donne beaucoup plus que ce que nous avions espéré.

« Mon retour avec l'argent dans mon sac compense l'humiliation qu'a été pour moi la réflexion du chef syndicaliste sur mes lectures.

« Quant à Nanette Puissant, huit jours plus tard, tenaillée par la peur des Allemands qui sont dans Vichy et qui la savent juive, elle devait se suicider. »

A tout instant, l'humour et la conscience de classe sont présents dans l'action d'Odette Fabius. Cela n'empêche pas, bien au contraire, la force de caractère. Certains diront l'inconscience. Dans ses écrits se côtoient la tragédie et la farce, un cocktail plutôt rare, original dans les récits de résistance que nous avons obtenus.

Les opératrices-radio

Beaucoup de femmes dans les services de renseignement ont été affectées aux transmissions par voie de radio. Marie-Madeleine Fourcade a évoqué et rendu hommage aux télégraphistes de son réseau, presque toujours des femmes, qui officiaient dans leur cuisine ou dans leur grenier, et qui pouvaient craindre avec raison les cars de la goniométrie.

« Ce sont celles qu'on repérait le plus facilement, dit-elle, et parmi les sept cents femmes qui travaillaient pour l'Alliance, la majorité de celles qui se sont fait arrêter se trouvaient dans les emplacements de poste. »

Cette situation n'était donc pas sans danger. Que dire alors de ces opératrices-radio qui furent parachutées en France pour assurer les transmissions avec Londres ?!... Le SOE (Special Operation Executive), un des services de renseignement de l'armée britannique, a recruté pour faire ce travail une cinquantaine de Françaises qui furent pendant la guerre parachutées sur les côtes de France. Leur mission se doublait donc d'un exploit sportif, à une époque où le parachutage n'était pas spécialement un loisir féminin. Pour l'accomplir, elles recevaient généralement un enseignement quasi militaire, assez poussé quoique rapide. Nous avons recueilli dans ce domaine le témoignage, non d'une Française mais d'une Anglaise qui connaissait aussi parfaitement la langue de Shakespeare que celle de Molière, Yvonne Cormeau. Ses exploits lui ont valu la Légion d'honneur :

« Lorsque j'ai été recrutée par le SOE, j'avais 32 ans. Mon nom de code était Annette. Je venais de perdre mon mari en mission, ma fille était à la campagne et je travaillais dans les Whaff's, comme officier d'interrogation, en raison de ma bonne connaissance des langues. Un soir, je reçois un coup de fil me convoquant à Londres pour y rencontrer un capitaine dans un petit hôtel sombre de l'avenue Northumberland, près de Trafalgar Square. Ce capitaine m'a demandé s'il me plairait de retourner en France, pays où j'avais des amies, de la famille, mon mari étant belge. J'ai accepté sans trop réfléchir. J'ai donc subi un entraînement au cours duquel on m'a appris le métier d'opérateur-radio, qui serait ma principale occupation. Comme j'avais été scout, j'avais des notions de morse, mais il m'a fallu apprendre aussi les codes et chiffres, et en plus, à tirer au pistolet pour le cas où... et pour éventuellement enseigner le maniement de l'arme à quelqu'un d'autre. On m'a également appris à manier les explosifs, à poser un pain de plastic sur des rails ou sous un pylône électrique, à savoir faire marcher un détonateur, et tout ça. Je n'ai jamais eu recours à ces connaissances. Ensuite, j'ai reçu quelques leçons de parachutage et j'ai été parachutée très vite au nord-est de Bordeaux, par une très belle nuit sans étoiles. Ça ne m'a pas impressionnée. J'étais soulagée de sauter après ce long voyage dans un méchant petit avion, avec le poids du parachute sur le dos et les sangles qui me serraient. Une fois arrivée en bas et réceptionnée par celui qui allait être mon chef, je l'ai entendu dire : "zut ! on m'envoie une femme !" Mais nous nous sommes bien entendus et il n'a jamais eu, je crois, à le regretter.

« Ma vie d'opératrice-radio ? Ce fut une vie errante. Je baladais ma radio, avec les codes et les chiffres, les cristaux et tout le matériel. Ça faisait de moi quelqu'un de repérable et je ne restais jamais longemps dans les maisons d'hébergement pour ne pas indisposer les propriétaires ou leur faire courir des risques. La Gestapo avait l'habitude de débarquer vers trois ou quatre heures du matin, au milieu de la nuit quand les gens sont le plus vulnérables et le plus faciles à attraper. Donc j'ai vécu mes nuits avec un œil à demi ouvert, et dormi seulement sur une oreille. Toujours aux aguets, toujours sur le qui-vive! Il le fallait. On s'habitue à vivre comme ça. Je me déplaçais en bicyclette très souvent, mais aussi en car, et même parfois en train. J'ai pu passer partout sans me faire remarquer. En fait, pendant ces trois années de vie clandestine, je n'ai eu qu'une seule alerte. C'était après le débarquement. Je me trouvais dans une petite ferme. Mon chef est arrivé en courant, m'a dit de prendre mon émetteur-récepteur, de fourrer tout ça dans ma petite valise et de sauter dans sa voiture. Toutes les routes étaient, paraît-il, sous le feu des Allemands, sauf celle du sud que nous avons prise. En fait, il y avait aussi sur cette route un barrage allemand. On a été arrêté et on nous a fait descendre dans le fossé qui bordait la route et mis dos à dos. Un pistolet était braqué sous chacun de nous et nous ne devions pas bouger. Cette attente a duré des heures. Il faisait au moins 40°, le soleil tapait et les mouches nous couraient sur la figure. Et avec ça une frousse épouvantable, même si nous ne le montrions pas. Après des palabres et des coups de téléphone, nous avons été libérés. Je ne me suis jamais sentie autant soulagée... Mais enfin, c'était les risques du métier et je les avais envisagés. Comme vous dites en France, "on ne fait pas d'omelette sans casser des œufs".

« Les opératrices étaient plus facilement repérables que les hommes, car la frappe d'une femme sur le clavier d'un sans-fil est très différente de celle d'un homme. Donc, quand les gens des camionnettes de la goniométrie cherchaient quelqu'un qu'ils avaient repéré, ils savaient non seulement dans quel coin le déloger mais aussi quel était son sexe. Personnellement, je m'en suis tirée en changeant sans arrêt de place. Je ne leur ai pas laissé le temps de m'attraper... On a dû être assez content de moi puisque j'ai reçu, dès 1944, la croix de guerre qu'on m'a remise sur le champ de bataille de Fort Banveaux, et puis plus tard, la France m'a décerné la Légion d'honneur. J'avoue que j'en suis très fière. »

Le SOE n'était certes pas misogyne. Un de ses plus brillants sujets fut une femme du nom de Virginia Hall qui s'installa à Lyon, en mission permanente, succédant à une autre femme, Giliana Gerson. Son service avait été mis en place par un agent de la France libre, Jacques de Guelis, parachuté lui aussi « in the field », un Franco-Anglais, ancien prisonnier de guerre évadé et récupéré par le SOE. Voici comment Henri Noguères décrit Virginia Hall dans son *Histoire de la Résistance* :

« A Lyon, Guelis prépare les contacts qui vont permettre l'installation de la première femme chargée par le SOE d'une mission permanente, la célèbre Virginia Hall (pseudo Marie). Celle-ci arrivera en France par l'Espagne dès la fin du mois d'août 1941. C'est une journaliste américaine de trente-cinq ans, originaire de Baltimore, officiellement accréditée comme correspondante en France non occupée du *New York Post*. Sans doute faut-il croire que la qualité principale d'un agent secret n'est pas, contrairement à une solide légende, de passer inaperçu. Virginia Hall, en tout cas, est totalement dépourvue de cette qualité, si c'en est une. Elle se fait remarquer par ses cheveux d'un roux agressif, son vigoureux accent américain, une jambe artificielle et un tempérament impavide.

« Dès son arrivée à Vichy, puis à Lyon, astreinte comme étrangère à se faire inscrire à la gendarmerie, elle fait immédiatement la conquête des gendarmes, ce qui lui servira plus d'une fois. A Lyon, elle va pouvoir grâce au travail préparatoire de Guelis s'installer tout de suite dans un appartement qui deviendra jusqu'à l'invasion de la zone Sud la plaque tournante, le relais, le havre aussi, de tous les agents de la section F opérant en France. Sans son indispensable travail — aussi dangereux que pouvait l'être celui d'un saboteur et singulièrement plus ingrat — on peut dire que la moitié des opérations montées en France par le SOE auraient échoué. »

D'autres femmes se sont illustrées dans ce service : Yolande Beckman (croix de guerre), Madeleine Damerment (Légion d'honneur, George Cross), Éliane Bartroli (croix de guerre), Norussia Inayat Kanh, célèbre femme-radio de la région parisienne. Toutes quatre ont fini à Dachau. Une femme de l'Intelligence Service est très célèbre en Angleterre (et d'origine française) Odette Samson-Churchill. Elle avait été chargée d'organiser un circuit en France.

« *La Chatte* » : un cas au royaume de l'espionnage

Le personnage de la Chatte est un peu moins connu que celui de Mata-Hari, célèbre espionne de la guerre de 1914-1918, mais il a fait l'objet d'études, d'un roman et d'un film français interprété dans le rôle principal par Françoise Arnoul. Il est entouré de mystère et d'opprobre, la carrière de Mathilde Carré étant constituée d'une série de trahisons et de retournements, motivés soit par la lâcheté et la duplicité de son caractère, soit par les relations amoureuses qu'elle avait avec les uns et les autres. Le chef du réseau auquel elle appartenait, le réseau Famille-Interallié était un certain Armand, en fait un Polonais qui dépendait des services de renseignement polonais installés à Londres, et ceux-ci, du SOE.

En prélude à cette affaire, l'arrestation d'une autre femme du réseau, Marie-Thérèse Buffet, après les « bavardages » d'un docker aviné qui travaille dans un dépôt de carburants de la Luftwaffe à Cherbourg. C'est ce qui déclenche l'offensive d'une équipe des services de contre-espionnage allemand (l'Abwehr Saint-Germain) incarnée par Borcher et Bleicher. Ces deux personnages arrêtent d'abord le chef d'un secteur du réseau, Kiffer, l'interrogent et le « retournent ». Grâce à lui, les Allemands pourront arrêter 21 membres de ce réseau en Bretagne et en Normandie, et donner l'assaut à la villa parisienne où se tiennent Armand et la Chatte, la villa « Léandre ». Ils y arrêtent deux femmes, Renée Borni, une traductrice, et Mme Blavette, la propriétaire. Mais point d'Armand, ni de son amie! Ceux-ci seront pris le lendemain dans une souricière tendue à la villa « Léandre ».

Les Allemands ne tireront rien d'Armand. Par contre, Renée Borni, jalouse de la Chatte, dit tout ce qu'elle sait. Reste à « retourner » la Chatte elle-même. Bleicher lui met en main le marché: soit une cellule pleine de punaises, soit une chambre dans un palace. La Chatte choisit la deuxième proposition, la chambre, qu'elle partage d'ailleurs avec Bleicher, ce qui permet à celui-ci d'annoncer dès le lendemain à Borcher que « la patronne du réseau Famille-Interallié s'est mise à la disposition du vainqueur ». Le jour même, la Chatte sillonne les rues de Paris dans la voiture de Bleicher, donne noms et adresses, ce qui va permettre au contre-espionnage allemand de démanteler en quelques heures l'un des réseaux de renseignement les plus solides mis en place par les Alliés. Mais l'affaire ne s'arrête pas là. La nouvelle de l'arrestation de Micheline (un nouveau nom de la Chatte) met la puce à l'oreille de ceux qui n'ont pas encore été pris. Ils se transmettent le message d'une trahison éventuelle de la Chatte (ils ne peuvent en être sûrs) et se cachent. Il y aura encore quelques arrestations, jusqu'au jour où un agent important du SOE, Pierre de Vomecourt, alias Lucas, se dit qu'il pourrait peut-être récupérer ce qui reste du réseau Famille-Interallié. Bien que mis en garde contre la duplicité de la Chatte, il demande à la rencontrer et la convainc d'envoyer un message à Londres dont il sera l'auteur. Le message sera envoyé avec le plein accord de Bleicher, qui dès cet instant, tient sous surveillance Vomecourt-Lucas, lequel a fondé un petit réseau parallèle, l'Autogiro avec Cottin et Ben Coburn. Il a, par ailleurs, décidé d'utiliser la Chatte, avec son plein accord, comme agent de contre-infiltration du contre-espionnage allemand ! Celle-ci a donc changé trois fois de maître, Armand, Bleicher et Lucas. Et il semble qu'elle servira tout le monde à la fois, nuisant aux uns, favorisant les autres, sans qu'on sache exactement qui. Elle sera, par exemple, à l'origine du démantèlement du réseau Overcloud, dirigé par les frères Yves et Joël le Tac.

Par contre, elle favorise un projet de départ vers Londres de Vomecourt-Lucas et de son adjoint Ben Coburn. Elle est même du voyage et l'embarquement doit avoir lieu dans la nuit sur une côte bretonne. Le tout avec la bénédiction de Bleicher qui a fait approuver son plan par les plus hautes autorités. Le premier départ sera manqué, car une tempête s'est levée et le dinghie qui doit conduire les trois agents au bateau se retourne. Lucas et Coburn sortent de l'eau transis, traînant la Chatte au bord de la crise de nerfs, pleurant sur son manteau de fourrure abîmé et sa valise perdue. Ils regagnent l'hôtel. Ce qui fera dire à un chef du SOE que cette « opération suffit à prouver que les transmissions du réseau Victoire (nouveau nom de la Chatte) ne sont pas sous le contrôle de l'ennemi, car si cela avait été le cas, l'ennemi en aurait profité pour capturer tous les agents anglais qui participaient à l'opération, y compris les bateaux et la vedette rapide prête à partir ».

Donc, nouveau trouble concernant le jeu de la Chatte. Le départ aura lieu une quinzaine de jours après cet échec, sur une autre plage. C'est ainsi que Lucas et la Chatte se retrouveront chez les Anglais après un voyage sous la protection allemande.

Quelques jours plus tard, Lucas change de nom, devient Sylvain et revient en France pour s'occuper du réseau Autogiro qui a des problèmes. La Chatte ne signale pas le fait aux Allemands. Bleicher le découvre tout seul et pense qu'il est dupé. Fini le double jeu! Vomecourt, alias Lucas, alias Sylvain, est arrêté. Dès cet instant, la Chatte ira croupir dans les prisons anglaises jusqu'à la fin de la guerre, en attendant son procès en France, en 1949, qui la condamnera à mort. Cinq ans après, graciée, elle sortira libre de la prison de la Roquette. Puis elle écrira elle-même sa version des faits dans un livre de Mémoires: *J'ai été la Chatte*[1]. Livre, qui, loin d'apporter la lumière sur cette affaire, contribuera à renforcer sa légende.

---

1. Éditions Morgan.

CHAPITRE XIV

LA RÉSISTANCE DE TOUTES LES MANIÈRES

Les femmes ont fait de la résistance de toutes les manières possibles. Nous avons vu que, pour une grande majorité de la population féminine française, ce fut d'une façon passive et occasionnelle. Mais une grosse minorité d'entre elles surent s'engager et rendre les services qu'on leur demandait, voire les susciter, voire même aller au-delà et prendre elles-mêmes les décisions qui s'imposaient. C'était une question de caractère, de courage et de compétence. En fait, la Résistance étant une sorte de guérilla qui réclamait moins la force physique que l'astuce, la vigilance, le bon sens et le goût de l'organisation, la nature féminine pouvait s'y exprimer. De surcroît, les femmes sont très attachées à leur territoire, très propriétaires de leurs lieux de vie. L'occupation de leur sol, l'exploitation de leurs biens de consommation constituaient une violence qui les concernait trop pour qu'elles la supportâssent longtemps. D'où une mobilisation féminine, après une année de stupeur sous le choc de la défaite, qui est allée croissant. Il y eut certes des « collaboratrices » qui obéissaient aux consignes du vieux maréchal. Elles avaient applaudi le vainqueur de Verdun et lui conservaient leur confiance au nom de son glorieux passé. Quelques-unes parmi elles firent des ravages en dénonçant les résistants, d'autres Français qu'elles livraient ainsi à l'ennemi. Ces cas ne sont pas représentatifs du comportement des femmes pendant l'Occupation. Il suffit d'une brève enquête dans la mémoire féminine de l'époque pour découvrir que presque chaque femme a lutté à sa manière pour sauver sa patrie asservie.

Derrière leur machine à écrire

La première et la plus célèbre dactylographe du monde résistant est sans doute Élisabeth de Miribel. C'est elle qui a tapé à Londres l'appel du 18 juin. Elle se trouvait ce jour-là dans le petit appartement de Seymour Place, près de Hyde Park, en compagnie du général de Gaulle, qu'elle assistait. Tandis que le général rédige avec soin cet appel, en pesant tous les mots, le capitaine de Boislambert se présente, qui décrit ainsi l'épisode[1] :

« A Seymour Place, une grande jeune fille brune m'ouvre la porte. C'est Élisabeth de Miribel.

— Le général de Gaulle.

— Il est là.

« Le général regarde par la fenêtre et me tourne le dos.

— Mes devoirs, mon général.

— Vous voilà, Boislambert. Alors, qu'allez-vous faire ?

— La guerre sous vos ordres, mon général.

« Un deuxième visiteur arrive. C'est Pierre Julitte, un officier de liaison auprès des forces britanniques. Il vient de débarquer en Angleterre. De Gaulle l'accueille avec une seule question :

— Vos intentions ?

— Elles dépendent des vôtres.

« Le lieutenant de Courcel tend à Élisabeth de Miribel quelques feuillets de papier blanc, un texte fortement raturé difficile à déchiffrer. C'est l'appel du 18 juin.

Mlle de Miribel se souvient de cet instant.

« Courcel me demanda d'en faire rapidement une version dactylographiée. Je répondis que je tapais très mal.

— Ça ne fait rien, dit Courcel. C'est urgent. Arrangez-vous...

« Je le tapais donc laborieusement avec deux doigts, sur la

---

1. Dans *la Résistance* d'Alain Guérin.

machine à écrire de Courcel. De Gaulle prit à peine le temps
de relire mes feuillets.

— Allons-y, dit-il, c'est l'heure de l'émission. »

Que ce soit une femme qui ait tapé à la machine l'appel du
18 juin n'est pas un fait significatif en soi mais il symbolise
l'omniprésence féminine dans un combat dont on pouvait
penser à priori qu'il n'était pas le sien mais seulement une
affaire d'hommes.

Parmi celles qui n'ont pas laissé un nom dans l'Histoire, il
y a Georgette Hertaux, la secrétaire d'un notaire de banlieue,
pour qui l'engagement résistant a résidé dans la frappe d'un
nombre incalculable de feuillets. Elle s'était mariée au début
de la guerre ; son mari avait été immédiatement fait prisonnier et elle ne décolérait pas de le savoir en Allemagne, loin
d'elle, occupé à faire fructifier la terre allemande. Aussi
n'a-t-elle jamais mesuré ses efforts quand elle pouvait faire
quelque chose qui hâtât le retour des prisonniers :

« Moi, j'avais très vite compris, après un an d'absence de
mon mari, que les Allemands ne relâcheraient pas les prisonniers avant longtemps. Ils leur étaient trop utiles. J'avais
depuis 1937 un engagement de militante. Je militais aux
Jeunes filles de France, sans être pour autant au parti
communiste. C'est le syndicalisme qui m'intéressait surtout.
J'avais rencontré Danielle Casanova lors d'un congrès et
j'avais été éblouie par cette grande et belle femme brune, qui
avait toutes les qualités dont on pouvait rêver, qui était
gentille, simple et qui savait expliquer clairement les choses.
Aussi ai-je très vite cherché à me rendre utile, mais toujours
dans le projet de faire rentrer les prisonniers. A cette époque-
là, j'étais secrétaire-dactylo chez un notaire de Savigny-sur-
Orge et j'habitais le pavillon de mes parents. Un jour, le
maire et un ami de mon père qui était cheminot (ils avaient
fait la guerre de 14 ensemble, alors ils étaient de bons
copains !) s'amènent et me disent :

— On a quelque chose à te proposer. Veux-tu le faire ?

« Moi j'ai répondu :

— Tout ce que vous voulez pourvu que les prisonniers
rentrent rapidement !

« Alors ils sont venus installer une ronéo chez moi. Mes

parents étaient d'accord, évidemment. Ils ont examiné la maison sous toutes les coutures et ils ont dit en montrant le sol de la cave.

— Voilà, c'est là qu'on va la mettre !

« Alors, mon père a creusé un trou, une sorte de couloir. Moi, j'allais répartir la terre dans le jardin, et quand le trou a été creusé, on y a "planqué", comme ils disaient, la ronéo. Ensuite, on a mis des planches au-dessus et ma mère a réparti des bocaux et des bouteilles vides.

« Chaque semaine, on m'apportait une camionnette de papier : 3 500 feuillets, ça fait du volume ! On m'apportait le sten tout fait. J'avais ma machine à écrire dans le grenier. Je tapais le feuillet et après, je tournais la ronéo qu'on allait chercher à la cave, qu'on remontait pour que je fasse le travail, et après on la redescendait. Quand j'avais tiré les 3 500 feuillets, ce qui me prenait trois soirées (car je travaillais dans la journée), je les redescendais à la cave et je ne m'en occupais plus. Une camionnette venait chercher le travail dans la semaine, je ne sais pas qui, je ne les ai jamais vus. Je trouvais une nouvelle caisse de papier et un sten, et j'en faisais autant la semaine suivante. Ça a duré comme ça pendant des mois. Et puis un beau jour, le commissaire de police s'est présenté avec un ordre de perquisition. Il a visité la maison et est reparti sans rien découvrir. Il n'empêche que l'alerte avait été chaude. Je l'ai signalée à mes supérieurs qui ont exigé, non seulement que j'arrête ce travail, mais aussi que je déménage. J'ai dû donner ma démission auprès de mon notaire en prétendant que j'avais trouvé un travail mieux rémunéré à Paris, et je me suis loué un petit studio dans la capitale.

« Mais je ne me suis pas arrêtée pour autant. J'ai continué à taper toutes sortes de choses. Une dactylo, c'est très utile dans la Résistance ! »

Les femmes derrière leur machine pour aider les résistants furent innombrables. Berthie Albrecht a tapé elle-même les premiers textes des *Petites Ailes*, qui précéda le journal *Combat*. Cécile Rol-Tanguy, l'épouse d'un des chefs FFI de l'insurrection parisienne, s'est transformée en secrétaire particulière de son grand homme, le colonel Rol, et l'a suivi partout avec sa machine à écrire. Dans son livre, *Elles, les résistantes*[1], Marie-Louise Coudert la dépeint ainsi : « Son état de future mère ne saurait dispenser Cécile d'agir pour la Résistance. Outre les liaisons, elle tape le *Franc-Tireur parisien*, rédigé par Henri et qui sort très régulièrement. Puis, il y a toujours quelques comptes rendus ou instructions urgentes à dactylographier. Le poste de TSF est branché en permanence sur Radio-Paris et les voix d'André Claveau et de Georgette Plana étouffent le bruit de la machine à écrire.

« Le 14 août, Cécile quitte Antony pour Montrouge, puis Paris, emportant la précieuse machine à écrire et la mitraillette d'Henri. Encore une fois, le landau allait se révéler utile : c'est en se promenant avec sa mère, sa fille et son bébé que Cécile traverse la Croix-de-Berny. L'endroit est bourré d'Allemands. Elle traverse la rue après avoir dit au revoir à ses petits et à sa mère. Elle rejoint Rol-Tanguy à Montrouge. Une plaque y rappelle aujourd'hui que "cet immeuble a abrité du 14 au 19 août 1944 le PC du colonel Rol". De là ont été donnés les ordres de combat de l'insurrection libératrice et l'ordre spécial du 19 août. La mission FFI est d'ouvrir la route de Paris aux armées alliées et de les y accueillir.

"Cet ordre, dit Cécile, je l'ai tapé à 6 heures du matin. Il a été remis à partir de 9 heures aux agents de liaison et directement, par les soins de mon mari, aux agents de police qui occupaient la préfecture."

« Au cours des mois précédents, elle en avait tapé, Cécile, des "ordres" qui allaient aboutir à celui-là. Instructions pour la Libération, mais aussi pour l'emploi du matériel comme le plastic, les crayons détonateurs, le cordeau Bickford... Toutes ces pratiques n'avaient plus de secret pour elle, bien qu'elle ne les ait jamais utilisées personnellement.

« Le 19 août, Cécile attendait son mari, avenue Verdier, à Montrouge. Elle espérait qu'il viendrait la chercher ou la faire chercher. Le temps lui semblait long. Une traction avant s'est alors engagée dans le bout de l'avenue. C'était une voiture FFI avec des hommes armés aux portières. L'un d'eux lui transmet l'ultime recommandation de son mari : "N'oublie pas la machine !"

---

1. Éditions Messidor.

« C'était prévu. Cécile avait la machine et le papier. Tout allait pouvoir fonctionner. »

Femmes à bicyclette

Le règne de la « petite reine » n'a jamais été plus florissant que pendant la guerre de 1939-1945. Et pour cause : le carburant était réquisitionné et vendu au compte-gouttes. Or, dans un pays qui manque de tout, il faut beaucoup se déplacer pour se procurer le minimum. Il y a donc eu des millions de femmes à vélo sur les routes de France, d'Europe pourrait-on dire, car la situation était la même partout.

Dans cette foule anonyme de vélocipédistes, les résistantes ont pu faire leur travail de liaison, sans trop se faire remarquer. Encore fallait-il ne pas sortir après le couvre-feu et avoir des papiers en règle, car les vérifications d'identité étaient fréquentes.

« Je parcourais Paris plusieurs fois par jour, du nord au sud, et de l'est à l'ouest sur ma bicyclette, raconte Georgette Hertaux, car j'ai eu mon époque agent de liaison. Mon boulot, c'était d'aller relever les "boîtes à lettres". Les gens de mon mouvement y déposaient des messages, des informations, des demandes. Je transportais tout ça sur moi, dans mes sous-vêtements. Mon travail se trouvait facilité parce que j'avais pu me procurer un brassard et un laissez-passer d'aide sanitaire, que je n'étais pas d'ailleurs, sauf à la fin de la guerre quand je me suis occupée de l'accueil des prisonniers et des déportés. Avec mon brassard, je passais partout. Un jour, j'ai été sifflée par une patrouille allemande. J'en ai éprouvé une peur bleue. Rien de grave pourtant : ils n'avaient pas vu mon brassard et quand ils l'ont vu, ils m'ont fait signe de filer. »

« J'ai usé sous moi plus de pneus que je ne le pourrais dire, précise Yvonne Cormeau, qui circula pendant trois années dans le sud-ouest de la France avec son matériel de radio. Quand j'avais dévalé les pentes du Lannemezan, traversé la Corrèze, parcouru les landes sur mon vélo, le vélo était bon à jeter. Il était tout déglingué. J'ai non seulement usé beaucoup de pneus, mais aussi beaucoup de vélos. »

« J'ai fait tous mes déplacements à bicyclette, dit Micheline Altman. Je ne me déplaçais que comme ça à travers Lyon, et j'ai parfois l'impression quand je repense à cette époque de n'être jamais descendue de ma bicyclette ! »

Les agents de liaison furent presque toujours des femmes. Non pas que cette fonction fût moins dangereuse qu'une autre, mais les femmes étaient moins repérables. On pouvait toujours penser qu'elles transportaient des provisions dans leurs paquets : on les avait vues si souvent dans la situation de ménagère faisant ses emplettes. Les femmes recouraient d'ailleurs d'elles-mêmes à ces objets qui les symbolisaient, le panier à provisions, le sac à main, le sac du tricot, le landau, la trousse à maquillage. Les récits des résistants sont pleins d'histoires de messages dissimulés dans un tube de rouge à lèvres, de plans pliés en quatre au fond d'un pot de crème de soin, de grenades dissimulées dans les cabas parmi les légumes, de munitions, voire même de bombes, entassées dans le double fond d'un landau, le bébé vagissant au-dessus de cette poudrière. Mais l'accessoire indispensable de l'agent de liaison, c'était son vélo. Denise Vernay, sœur aînée de Simone Veil, et juive comme elle, n'a pas hésité à entrer en résistance, malgré le double risque qu'elle courait d'être repérée. Elle fut agent de liaison pour le journal *Franc-Tireur* sous le nom de « Miarka ». Elle se souvient de ses interminables déambulations :

« Je suis devenue permanente de la Résistance à 19 ans, mais dès le début de la guerre, j'avais cherché à agir. Je me souviens que dans mon lycée, on écrivait les nouvelles de Londres sur le tableau noir de la classe. On avait appris des slogans qu'on répétait, tels que "gardez vos pièces de cinq sous", etc. Mais, comme dit Germaine Tillion, pour entrer en résistance il faut avoir, soit beaucoup de relations, soit beaucoup d'imagination afin de fonder son réseau soi-même. Moi, je n'avais pas d'imagination et très peu de relations, sauf dans les milieux des éclaireuses puisque j'en faisais partie. C'est d'ailleurs par une cheftaine d'éclaireuses que j'ai enfin trouvé l'issue. Elle était de Saint-Marcellin et entretenait des contacts avec le maquis du Vercors.

« Elle m'a organisé un rendez-vous avec un agent de Franc-Tireur, qui m'a recrutée, après m'avoir interrogée sur mes motivations. Lors de notre première rencontre à Lyon, il m'a donné quelques conseils : comment monter et descendre des tramways en marche, vérifier si je n'étais pas suivie et éventuellement à semer une filature, et de mémoriser le plan de Lyon, ville que je ne connaissais absolument pas, ainsi que les noms des ponts sur le Rhône et la Saône. J'ai également appris à ne transporter sur moi aucun papier compromettant. Or, j'avais beaucoup de rendez-vous, dont certains étaient réguliers, les uns quotidiens, les autres hebdomadaires, quelques-uns mensuels. Je devais retenir ainsi de longues séries de dates, adresses, surnoms. J'entretenais ma mémoire en apprenant des poèmes, puisqu'on m'avait dit que, comme un muscle, la mémoire se développe si on la fait travailler. J'ai donc sillonné Lyon tous les jours de septembre 43 à avril 44, presque toujours en bicyclette. J'étais complètement isolée, je ne voyais aucune personne de connaissance, mes souvenirs de cette époque sont des souvenirs de grande solitude. C'était la première fois que j'étais séparée des miens, je ne rencontrais plus mes amies éclaireuses. Je partais le matin de ma chambre, y rentrais le soir, sans avoir jamais eu une conversation privée ou amicale.

« Ça, c'était très dur, mais je le faisais avec constance et sérieux, ce qui fait que j'ai inspiré une grande confiance aux camarades du mouvement. Je n'avais pas vraiment peur, j'étais naïve et enfantine. Ça m'a protégée. Pourtant je savais que si j'étais arrêtée, je risquais d'être interrogée et torturée. Je fantasmais parfois sur ce sujet. J'avais lu *les Trois Lanciers du Bengale* et je me demandais si je saurais résister au "coup" des allumettes allumées sous les ongles, ou à celui de la goutte d'eau sur la tête, ce supplice chinois... En fait, j'ai découvert plus tard que le vécu de la torture est très différent de tout ce qu'on peut imaginer.

« Il est arrivé un moment où j'ai dû quitter Lyon. C'était après une grosse vague d'arrestations. On m'avait beaucoup trop vue dans les rues, il fallait que je m'éloigne. De surcroît, après avoir appris que toute ma famille avait été arrêtée à Nice, j'éprouvais le besoin de m'engager dans des combats plus directs que les missions d'un agent de liaison. Servant

alors en Haute-Savoie, j'ai appris qu'un parachutage important de l'AS (armée secrète) destiné au maquis des Glyères,
avait atterri en Saône-et-Loire. Je me suis proposée comme
volontaire pour tenter d'aller chercher et de ramener le
matériel qui comprenait notamment deux postes émetteurs
avec leur huit accus très lourds, ainsi que de l'argent et un
revolver. Grâce à un cheminot résistant j'ai pu partir en train,
avec mon vélo, pour aller d'Annecy jusqu'à Aix-les-Bains.
Après y avoir passé une courte nuit, je suis repartie en vélo
dès la fin du couvre-feu. Pour passer d'un département à
l'autre, depuis le débarquement, il fallait un laissez-passer de
la Kommandantur, ce que je suis allée chercher. Je repris la
route. Deux cents kilomètres en crevant une dizaine de fois et
en réparant tant bien que mal à chaque fois. A un moment,
n'en pouvant plus, je fais du stop, et m'accroche à une moto
qui veut bien me tirer. Mais, bien que pédalant de toutes mes
forces, je ralentis trop le conducteur, je dois y renoncer.

« J'arrive à la tombée de la nuit à Cluny que je sais proche
du maquis où je devrais prendre livraison du parachutage. En
route, j'avais croisé un convoi de miliciens. Je m'arrête dans
un hôtel, un pneu de mon vélo une fois encore crevé, je suis
obligée de réparer. Je repars le matin en direction du petit
village où je devais trouver le postier de l'endroit et le
contacter avec un mot de passe. Son fils venait d'être tué dans
un combat entre le maquis et les miliciens que j'avais croisés.
Il se borne à m'indiquer une vague direction. Les gens du
maquis, finalement repérés, m'ont aidé à charger le matériel,
trop lourd pour être transporté autrement, dans un taxi à
bois que j'avais engagé en retournant à Mâcon. Ce premier
trajet se passe sans histoire et je passe une nuit chez mes
amies éclaireuses à Caluire. Je trouve à Lyon, avec bien des
difficultés, un autre taxi qui doit me transporter de Lyon à
Aix-les-Bains. Sur la route, entre Bourgoing et La-Tour-du-
Pin, un barrage. Les Allemands ouvrent mes valises, trouvent
leur précieux contenu. Le chauffeur du taxi arrêté avec moi se
met à pleurer, m'insulte et dit tout ignorer. Je suis conduite à
la prison de Montluc, puis place Bellecour au siège lyonnais
de la Gestapo. Il y a là des prisonniers qui me glissent que "si
vous devez subir le supplice de la baignoire, il faut avaler
beaucoup d'eau". »

« Ainsi s'achèvent les missions clandestines en France de Denise Vernay, alias "Miarka", "Marjolaine", puis "Annie". Ainsi commence son calvaire car elle sera suppliciée, se taira, et sera déportée. Nous la retrouverons dans les derniers chapitres.

Autre agent de liaison à Franc-Tireur, France Pejot donne de son expérience une version aussi romanesque qu'angoissante dans la mesure où son itinéraire personnel s'apparente à un jeu de cache-cache finalement tragique. Tout commence pour elle au magasin de bonneterie que ses parents tenaient à Lyon. Les parents de France se révélant tout de suite des résistants dans l'âme, le magasin devient le quartier général du mouvement Franc-Tireur naissant. Tout va bien quelque temps, jusqu'au jour où la police française effectue une descente dans les lieux, raflant ceux qui s'y trouvent dont le chef du mouvement, Jean-Pierre Lévy. France Pejot et Micheline Eude-Altman, secrétaire du mouvement, s'y trouvent aussi. Pendant que l'une avale comme elle peut les papiers compromettants, l'autre organise toute une mise en scène pour faire croire aux « perquisitionneurs » que leur « adresse » n'est pas la bonne et qu'ils dérangent un rendez-vous galant. France Pejot se jette dans les bras de Jean-Pierre Lévy et l'enlace amoureusement.

« J'étais encore une timide jeune fille et il m'en a coûté beaucoup, dit-elle, de jouer cette comédie. Je me suis assise sur ses genoux et je l'ai embrassé. Je le revois encore avec la marque de mon rouge à lèvres sur sa figure et ne sachant quelle contenance prendre. Mais il a très vite compris à quel jeu je jouais et il s'y est prêté. Nous avons néanmoins tous été embarqués. Jean-Pierre s'en est sorti après quelques interrogatoires, mais Micheline et moi avons été enfermées à la prison Saint-Joseph, où personnellement je suis restée trois mois. Ensuite, j'ai été conduite au petit dépôt pour aller dans un camp d'internement. Là, j'en suis sortie après dix-huit jours grâce à une intervention d'un avocat, Me Bonglet que j'avais réussi à apitoyer. J'ai été reconduite chez moi, mais sous la garde de deux miliciens que j'ai endormis, en leur promettant plus ou moins une nuit de délices avec moi. Et tandis que je leur préparais le café et qu'ils attendaient sagement dans mon salon, je faisais mes bagages et préparais ma fuite. Ils ont dû trouver que je mettais un sacré temps à leur servir le café, mais ils n'ont pas "pipé" parce que je me montrais tout à fait complaisante. Enfin mes affaires ont été prêtes et pendant que le café passait, j'ai filé par la porte de service. De là, je me suis retrouvée dehors et j'ai gagné à toute vitesse les traboules, ces ruelles lyonnaises qui sont un véritable labyrinthe où l'on se perd si on ne connaît pas. J'ai été cachée par des amis les Peju pendant quelque temps. Je me rappelle avoir voulu récupérer mon linge dans mon appartement car le linge était rare à ce moment-là. Pour rentrer chez moi, j'ai dû me déguiser avec un manteau long et des lunettes sous un immense chapeau. Et puis j'ai gagné Paris début 1944 où le comité directeur de Franc-Tireur s'était replié. La libération de Paris se préparait. On m'a logée dans un petit studio qui servait d'entrepôt pour leurs archives, ce qui n'était guère prudent, mais on a commis beaucoup d'imprudences et c'est pourquoi il y a eu tant d'arrestations. J'ai fait l'agent de liaison. Je devais livrer le courrier dans un salon de thé de la rue Saint-Honoré, près de la place du Palais-Royal. Un jour, je m'y rends, il était 11 heures du matin, la salle était plongée dans une pénombre silencieuse. J'y retrouve mon contact et une jeune femme que je m'étonne de trouver là car j'avais appris qu'elle avait été arrêtée. Elle me raconte que pas du tout, elle avait seulement une crise de foie qui l'a tenue un temps au lit. Malgré tout, j'étais sur mes gardes et j'ai compris que nous allions être trahis quand j'ai vu se lever au fond de la pièce deux malabars qui avaient l'air de nervis de Marseille et auxquels j'ai été présentée. Alors là, comédie! On veut me faire croire qu'il s'agit de deux nouvelles recrues fraîchement débarquées de province. Tout ça pour que je dise à quel endroit je rencontre mon patron, qui se surnommait Boucher à ce moment-là. Je le rencontrais, en fait, le surlendemain dans un café de la rue du Renard et si j'avais donné l'adresse, il aurait pu y avoir un joli coup de filet car tout le comité directeur de Franc-Tireur devait s'y retrouver. Évidemment, je n'en ai rien dit. J'ai monté une tout autre histoire pour les égarer. Mais en sortant du salon de thé, ils ont dévoilé leur vrai visage. Ils m'ont saisie par les bras et fait entrer de force dans une traction qui attendait le long du trottoir en se découvrant: police allemande ! Je n'en menais pas large, mais j'ai continué à raconter des histoires. On nageait en pleine confusion. L'important, quand on était arrêté, était de mentir au moins pendant 24 heures pour que les autres membres du réseau aient le temps de réaliser ce qui se passait et de prendre d'autres dispositions, telles que déblayer leur local et se planquer eux-mêmes. J'ai été présentée à un officier de la Gestapo qui s'appelait Ackerman et qui menait les interrogatoires avec une dureté exceptionnelle. Là encore, j'ai joué l'innocence totale. Il connaissait mon dossier. Il savait que j'avais été arrêtée par la police française, emprisonnée et condamnée. J'ai fait croire à une erreur et j'ai "chargé" la police, en disant que ces gens n'avaient pas d'honneur, contrairement aux Allemands. Je l'ai flatté. Pourtant, quand il a ouvert le paquet que je transportais, dans lequel se trouvait entre autres choses, un plan de l'insurrection de Paris, il aurait dû avoir des doutes. Mais il a cru que la Résistance m'utilisait, profitait de ma jeunesse et de ma naïveté. Apparaissant plutôt comme une victime, la torture m'a été épargnée... mais non la déportation, hélas ! »

Des femmes dans les maquis

Il n'y avait pas de femmes dans les maquis d'une manière générale, puisque ceux-ci abritaient surtout les réfractaires en tout genre, prisonniers évadés, réchappés du STO (le Service du travail obligatoire qui prétendait envoyer les jeunes Français travailler en Allemagne et se mettre au service de l'économie du Reich) et aussi des résistants. Le maquis était un monde exclusivement masculin, peut-on lire. Pourtant, les femmes trouvèrent le moyen de s'y introduire par la livraison d'armes, de ravitaillement et de courrier. En fait, elles y furent présentes, là comme ailleurs, par tous les services qu'elles voulurent bien rendre.

Ainsi Jeanne Bohec, qui partit à Londres pour y recevoir une instruction de sabotage (entre autres choses) et se fit ensuite parachuter en France avec mission d'instruire les résistants en matière de maniement des explosifs, se retrouva un beau jour dans le maquis de Saint-Marcel, immense maquis breton qui compta des milliers d'hommes armés et fonctionnait d'une manière quasi militaire. Or, dans ce maquis, elle fut affectée à toutes sortes de tâches : « Depuis l'arrivée des paras, il n'était plus question de m'occuper de sabotage. Je me joignis donc à l'équipe BOA de Trouvère et fis la connaissance de son adjoint, Huissier, que nous appelions Gérard, d'Irène, de Marie et de deux radios, Robert et Germain.

« Au début, nous eûmes à assumer une partie du trafic radio de Marienne qui avait perdu ses propres radios arrêtés. Je n'avais pas oublié les leçons de Beaulieu sur les codages et décodages, et la majeure partie de mes journées se passa désormais à ce travail. Mes nuits furent écourtées par la préparation des parachutages qui allaient maintenant se succéder jusqu'à l'attaque du maquis.

« Ce fut dans la nuit du 9 au 10 juin. J'étais chargée d'une des quatre lampes qui balisaient le terrain, les autres étant portées par des camarades du BOA. Elles formaient un L, indiquant la direction dans laquelle devait se faire le parachutage. (...) J'étais à la charnière du L, dirigeant mon faisceau lumineux vers l'avion. Le vrombissement s'intensifia, un point se détacha de l'obscurité. Je regardais de tous mes yeux. Je vis distinctement, partant du même point, trois corolles : une bleue, une blanche, et une rouge. Ces trois couleurs étaient une attention des Anglais. Le commandant Bourgoin arrivait, précédé de sa légende. Je l'ai vu et je puis l'attester. Le Manchot était porté par trois parachutes distincts et non un seul tricolore, comme il a été montré dans *les Bataillons du ciel* au cinéma, qui est censé retracer l'histoire du deuxième régiment de parachutistes de la France libre. »

Dans ce grand maquis de Saint-Marcel, il y avait des femmes un peu partout, puisque Jeanne Bohec, décrivant son organisation dans *la Plastiqueuse à bicyclette*, cite le nom de plusieurs jeunes filles qui servaient d'agents de liaison, Annick Perrotin et les trois sœurs Pontard. Elle parle des femmes qui fabriquaient des brassards FFI, des infirmières qui soignaient les blessés à l'infirmerie du camp, des fermières qui avaient accepté que les différents PC du maquis s'installent chez elles, comme Mme Salles et les habitantes du château de Sainte-Geneviève, sans compter celles qui jouaient les cantinières et livraient des repas chauds aux maquisards. Quant à prendre le fusil pour se battre au côté des hommes lorsque le maquis fut attaqué, Jeanne Bohec y pensa avec envie :

« Après avoir terminé mon travail de codage, j'essayai de me joindre aux combattants. J'aurais voulu moi-même faire le coup de feu, malgré l'angoisse qui me tenaillait. Je ne sais plus à qui je m'adressai. On m'envoya gentiment promener : une femme n'est pas censée se battre quand tant d'hommes sont disponibles. Pourtant, je connaissais sûrement mieux le maniement de la mitraillette que beaucoup de FFI qui venaient de recevoir ces armes. Je reconnais que je n'eus pas assez de cran pour m'obstiner à aller en première ligne. J'avais trop peur. J'obtins de ravitailler en grenades les combattants du secteur le plus proche. »

Anne-Marie Commert, qui se trouva en 1944 dans le maquis de Gascogne (sous le nom de Walters qu'elle avait à l'époque, car son père était anglais), donne un autre aspect de ce que pouvait être la vie d'une femme dans un maquis :[1]

« Dans ce maquis, ma première activité a été d'organiser, avec un jeune journaliste parisien, un "journal du maquis" pour donner aux hommes des nouvelles de la guerre, et maintenir leur intérêt en éveil. Ils n'avaient pas grand-chose à faire sinon attendre les repas, et discuter pour savoir qui ferait partie des rares expéditions. On s'est procuré une machine à écrire et du papier, on écoutait les nouvelles sur des petites radios à piles parachutées de Londres, puis nous les rédigions, ainsi que des nouvelles de la Résistance dans le Sud-Ouest. On se relayait toute la nuit pour taper les dix-huit exemplaires qu'on redistribuait le lendemain.

« (...) A la fin de la deuxième semaine, un groupe de républicains espagnols nous a rejoints. J'ai servi de "secrétaire" à leur chef, Camillo, un personnage extraordinaire qui avait perdu une jambe pendant la guerre civile et s'était néanmoins battu avec les Français jusqu'à la défaite de 1940.

« (...) Nos activités ont fini par gêner les Allemands. Ils

---

1. Dans *Femmes dans la Résistance* (Julliard).

sont venus en force attaquer Castelnau, vers huit heures du matin. Les femmes et les enfants du village ont été immédiatement évacués. On m'a proposé de partir avec eux, mais pour rien au monde je ne l'aurais fait. J'ai passé la matinée au dépôt d'armes, à nettoyer des grenades encore pleines de la graisse dans laquelle elles étaient conservées. L'énervement était général. Je nettoyais mes grenades de plus en plus fébrilement. Les gars venaient en courant pour en remplir leurs poches. Un officier est venu me confier des papiers très importants qui concernaient ses hommes et leur famille : s'ils tombaient aux mains des Allemands, il pourrait y avoir des représailles dans toute la région. J'ai lâché mes grenades et suis allée cacher les papiers sous des branchages.

« (...) Un obus est tombé sur le PC. Je ne sais quelle intuition m'a poussée à le faire, mais je me suis ruée à l'intérieur. Derrière la porte, des centaines de billets de banque jonchaient le sol. J'en ai rempli mes poches, ma blouse, une grande boîte, et j'ai remis le tout au patron. Les renforts n'arrivaient pas, nous étions sur le point d'être encerclés et l'ordre fut donné d'évacuer le village. Je suis partie en voiture avec Camillo, qui a dévalé la colline de Castelnau comme un fou, son pied unique passant à toute allure de l'embrayage à l'accélérateur. Après notre départ, l'arrière-garde a fait sauter ce qui restait de notre dépôt d'armes et d'explosifs. Puis les Allemands sont arrivés et ont détruit le reste du village, qui a été rasé et incendié. L'attaque avait été menée par environ 700 Allemands. Nous avons eu une vingtaine de blessés et autant de morts... »

Ces quelques témoignages donnent une idée de ce que pouvait être la vie d'une femme dans un maquis, ces poches de résistance armée perdues dans la nature et où la vie ne tenait qu'à un fil. Les femmes y étaient « secondaires »[1], sauf dans le cas de Claude Gérard, l'exception qui confirme la règle puisqu'elle fut chef des maquis pour les sept départements de la région 5, une région située de la Bretagne au Massif central jusqu'au Bordelais.

Claude Gérard a témoigné de son expérience dans une série de télévision consacrée aux « Français sous l'Occupa-

---

1. Marguerite Fontaine, dans le maquis des Ardennes à Thilay, est adjointe du commandant.

tion », dans les années 1970-1973. C'est une petite femme réservée et déterminée, au physique peu remarquable, au caractère méthodique. Elle se contente d'aligner les faits, sans trop les commenter, mais déclare cependant que « toutes les initiatives étaient à la portée des femmes ; il leur suffisait de les prendre, puisque dans l'illégalité et dans la clandestinité, c'est d'abord l'action qui compte. En voici un exemple : en 1942 je fus amenée à prospecter le département de la Dordogne pour y organiser l'Armée secrète du mouvement Combat. Personne ne marqua de surprise. En des circonstances exceptionnelles, rien n'étonne, l'urgence commande. »

Voici le curriculum vitae que Claude Gérard a livré à Nicole Chatel pour le livre qu'elle a publié sur la Résistance féminine[1] :

« Je n'avais pas encore terminé mes études lorsque j'entendis parler du nazisme. Comme tous les Français de l'Est, j'étais particulièrement impressionnée par les menaces d'outre-Rhin. Persuadée qu'une seconde guerre mondiale était inévitable et regrettant que les femmes ne soient pas admises dans l'armée, je décidai de préparer un diplôme d'ingénieur afin, le cas échéant, de pouvoir au moins servir dans une usine d'armement. Je poursuivis donc mes études, tout en travaillant dans l'enseignement. En même temps, toujours en prévision de l'avenir, je faisais beaucoup de sport. Je m'entraînais à la marche et aux longues étapes à bicyclette.

« De septembre 1939 à fin mai 1940, j'occupe un poste technique en qualité de "requis civil" dans une usine métallurgique située en avant de la ligne Maginot, qui continue à travailler pour les besoins de la Défense. Puis c'est l'exode : Paris, Bordeaux, Lyon. Pendant plusieurs mois, j'essaie vainement de trouver une filière pour rejoindre la France libre : je dois me contenter de faire sur place ce que je peux. Je m'engage dans les équipes de secours de la Croix-Rouge pour l'aide aux réfugiés et aux expulsés d'Alsace et de Lorraine. Je séjourne ainsi au centre des réfugiés de Lyon. C'est là que fin 1940, je parviens à prendre contact avec un service de renseignement allié. Il s'agit de rechercher des

1. Chez Julliard

terrains de parachutage, d'organiser des équipes de réception, de transmettre des renseignements militaires ou industriels.

« A la fin 1941, j'entre au mouvement Combat qui vient de se créer. Je suis l'adjointe du chef de la presse de Combat. Je voyage dans toute la zone Sud pour assurer le tirage clandestin de notre journal qui avoisine à l'époque les cent mille exemplaires par mois. Dénoncée par un imprimeur, je suis arrêtée en août 1942 par la police de Vichy, mais je parviens à retrouver ma liberté au bénéfice du doute... J'échappe quelques semaines après à une seconde arrestation et dois quitter définitivement la région lyonnaise.

« Le mouvement Combat me dirige alors sur la Dordogne où j'organise l'Armée secrète. Je circule de village en village pour monter les sections, les secteurs, assurer les liaisons, préparer les premiers plans de sabotage et aussi les récupérations d'armes.

« Lors de la fusion des mouvements de résistance, je deviens chargée du Service régional des maquis pour les 7 départements de la région 5. Je reste seule responsable jusqu'au mois d'août 1944, puis corégionale après cette date. Mes fonctions m'obligent à me déplacer sans cesse dans la région de Châteauroux à Bergerac, en passant par la Corrèze et les Charentes, sans parler de Paris et Lyon où se tiennent nos réunions nationales. Je suis déjà activement recherchée par la Gestapo et la prudence me conduit à ne rester jamais plus de deux jours au même lieu.

« En 1944, de la nouvelle organisation de la Résistance armée naissent les FFI. Des changements d'affectation surviennent et l'on me confie la direction d'un réseau de renseignement du BCRA entre l'Indre et le Lot-et-Garonne. Je suis arrêtée par la Gestapo en mai 1944 et incarcérée à Limoges. Le moins que je puisse dire est que je suis sérieusement maltraitée. C'est grâce à la Libération que je peux sortir vivante de ma cellule. »

Des femmes et des fusils

S'il est un cap que les femmes, dans leur majorité, répugnent à franchir, c'est celui à partir duquel, ayant un fusil en main, il faut s'en servir pour donner la mort. Là encore, on retrouve les vieilles lois naturelles qui régissent la condition féminine. Donner, entretenir, soigner la vie humaine font trop naturellement partie de ses attributions pour que la femme puisse se mettre avec aisance dans une situation contraire. Très peu de résistantes ont vraiment pris les armes avec l'intention de tuer l'ennemi, sauf dans certains groupes de francs-tireurs et partisans, d'obédience communiste. Les militants de ce parti étaient dressés pour mener une guerre meurtrière contre l'occupant nazi. « A chacun son Boche » fut un mot d'ordre qui courait dans leurs rangs, après que le colonel Fabien eut donné l'exemple en abattant un militaire allemand dans le métro, au milieu de la foule et en toute impunité... du moins dans l'immédiat. En fait, les actions « terroristes » de ce genre furent suivies de représailles terribles, avec massives prises d'otages qu'on fusillait à l'aube.

C'est aussi une constante communiste que l'absence totale de sexisme, hommes et femmes étant logés à la même enseigne, la qualité de l'individu entrant seule en ligne de compte. Ces notions, auxquelles les démocraties capitalistes accèdent peu à peu, étaient banales en 1940, pour ceux et celles qui s'étaient rangés sous la bannière rouge. Les femmes qui manifestaient leur résolution d'aller jusqu'au bout étaient engagées au même titre que les hommes dans des opérations de sabotage, de plastiquage, commandos d'évasion, qui pouvaient s'accompagner de morts d'hommes. Cela n'empêchait pas l'hésitation au moment de tirer, si on en croit le récit de Martha Desrumaux, qui faisait partie des FTP dans le nord de la France.

« Quand j'ai dû aller pour la première fois à Marcq-en-Barœul, saboter le réservoir d'essence du camp d'aviation, nous avons été pendant une demi-heure à regarder la sentinelle en disant:

— Mais il ne nous a rien fait!

— T'as peur? me dit mon copain.

— Si je disais que j'ai pas peur, je ne serais pas honnête.

— Alors, qu'est-ce que tu fais?

— Il ne nous a rien fait, mais si on ne fait rien, c'est lui...

« Pendant une demi-heure, on a été là à se demander si on allait le descendre ou pas. Et on l'a descendu. C'était la période où il y a eu les plus gros coups. Je n'aime pas raconter cet épisode. »

Un groupe FTP-MOI a fait tout particulièrement parler de lui, le groupe dirigé par Missak Manouchian. Il était composé d'émigrés arméniens, juifs, italiens, espagnols, autrichiens, polonais, roumains, qui menèrent des actions particulièrement dures qu'on qualifierait aujourd'hui (comme d'ailleurs à l'époque) de « terroristes ». La résistance de ces hommes aux occupants nazis fut farouche, la répression à la hauteur de leur audace. En novembre 1943, 23 personnes furent arrêtées et fusillées. Leurs noms figurèrent sur une affiche que les Allemands collèrent sur les murs de Paris pour inspirer la terreur aux résistants, la tristement célèbre « affiche rouge ». Une femme faisait partie de « ces hommes qui aimaient la France à en mourir, de ces 23 étrangers morts pour la France », comme le chante Léo Ferré. Elle s'appelait Olga Blancic. Elle n'eut pas le droit au peloton d'exécution puisque ce n'était pas la coutume. Elle mourut décapitée à la hache dans la cour de la prison de Stuttgart. Elle avait participé à une centaine d'attaques contre l'armée allemande, c'est-à-dire près de la moitié des combats livrés par le groupe Manouchian... Le 17 mars 1943, c'est elle qui apporta les grenades à Levallois-Perret. L'attentat contre l'église d'Auteuil, c'est encore elle, et contre un car d'officiers allemands, elle encore à Villeneuve-Saint-Georges pour faire sauter les pylônes à haute tension. Avec son foulard d'Arménienne sur la tête et ses lourds cabas apparemment remplis de rutabagas, elle avait l'air d'une paysanne à laquelle on ne prêtait pas attention. C'est elle aussi qui récupérait les armes après l'action, ce qui l'exposait terriblement, car après le bouleversement causé par un attentat, le quartier était tout de suite encerclé par la sécurité allemande, les maisons fouillées, les rames de métro arrêtées.

Une autre communiste est chère à la mémoire des résistantes, France Bloch-Serazin. Madeleine Riffaud a peut-être utilisé les explosifs qu'elle préparait, Marijo Chombart de Lauwes a vécu cinq mois près d'elle dans une cellule contiguë, à la prison de la Santé.

Chimiste de son métier, elle avait installé un petit laboratoire clandestin dans le 14ᵉ arrondissement de Paris. Elle y fabriquait des détonateurs, remettait en marche des revolvers récupérés dans les égouts de la capitale où les avaient jetés des gens qui ne voulaient pas les remettre à l'occupant. Elle travaillait surtout pour le « groupe de l'Ouest », commandé par le colonel Fabien. On trouvait dans l'appartement de cette jeune chimiste des stocks de dynamite, de cheddide, des armes de types divers, grenades, pistolets, voire même des épées. Elle fabriquait elle-même le cordeau Bickford et participait aux actions armées quand l'occasion s'en présentait. Elle se joignit ainsi à l'attaque d'une cartonnerie de Saint-Ouen qui travaillait pour les Allemands, et à l'un des premiers sabotages de voies ferrées montés par les FTP. Arrêtée, elle fut déportée et exécutée à la hache dans la cour de la prison de Hambourg.

L'horreur de tuer

Quand on parle à Madeleine Riffaud de l'officier allemand qu'elle a abattu à bout portant, sur le pont de Solferino, quelques jours avant la libération de Paris, un acte d'une bravoure et d'une audace folles, qui rappelle bien évidemment celui du colonel Fabien dans le métro en 1941, on la sent sur la défensive et très soucieuse de justifier son acte. L'affaire avait fait grand bruit à l'époque et l'objet d'une dépêche spéciale à Londres. Son acte représenta, en fait, un des sommets de la lutte armée des résistants, qui frappa d'autant plus les esprits qu'une femme en était l'auteur. Voici son témoignage au complet :

« La résistance, on ne la trouve pas obligatoirement quand on la cherche. Une occasion peut se présenter : on la saisit ou on ne la saisit pas. J'ai dû insister beaucoup pour qu'on m'accepte, parce que j'étais très jeune et parce que j'étais malade. Je fais partie de ces gens qui sont comme les animaux : ils se laissent mourir quand les conditions de vie ne leur conviennent pas. Moi, la vie ne me convenait pas à ce moment-là. Je venais de passer un an dans une ville en ruine, j'entendais Pétain chevroter à la radio et nous répéter que nous étions un peuple de vaincus, que nous avions fauté et qu'il fallait payer. Tout cela m'écœurait. J'avais entendu parler de la grève patriotique des mineurs du Nord qui avait mis sur le carreau des milliers de mineurs, sans parler des déportés. J'éprouvais un sentiment de totale impuissance et cela me rendait malade dans mon cœur et dans mon corps. Je crachais le sang, petite tuberculose peut-être... On m'avait envoyée au sanatorium de Saint-Hilaire, près de Grenoble. C'est là que j'ai rencontré la résistance. Elle avait les traits d'un jeune homme qui s'appelait Marcel Gagliardi, et qui avait déjà été arrêté pour fait de résistance. Auprès de lui, j'ai guéri très vite car il m'a donné une raison de vivre. La lutte était possible. Je suis revenue à Paris et Marcel m'a présentée au Front national des étudiants. On ne m'a pas prise tout de suite. On m'a d'abord mise en observation. Ce qui a milité en ma faveur ? Les poèmes que j'avais écrits en sana et qu'un petit journal de Zone libre, *l'Echo des étudiants*, a accepté de publier. Claude Roy le dirigeait. Par contre, un journaliste collabo du *Figaro* m'a consacré un billet pour se moquer, avec une phrase dans ce genre : "Si toute la jeunesse est comme ça, ça équivaut à peindre tout de suite la planète en rouge !"

« Pour faire plaisir à mes parents, je me suis inscrite dans une école de sage-femmes, que j'ai assez peu fréquentée. Dès que j'ai eu dix-huit ans, j'ai fait partie d'un groupe FTP. On me confond parfois avec Nicole Laverre qui fut l'adjointe du colonel Fabien, qui a fait de la lutte armée très tôt — elle avait treize ans de plus que moi —, qui a fait des liaisons avec les maquis, a transporté des armes, dirigé des affrontements avec la Wehrmacht et a fini son travail et sa vie en libérant l'Alsace dans l'armée régulière. J'en ai fait beaucoup moins qu'elle, qui avait, je me souviens, "grillé un tigre au Luxembourg avec un cocktail molotov", mais j'ai beaucoup travaillé à la récupération d'armes sur les occupants abattus.

« Y a des gens qui disent : oui, Madeleine Riffaud, c'est une tête brûlée. Il y avait mieux à faire qu'à tuer les Allemands et à tirer des coups de feu dans Paris ! Bon, c'est eux qui le disent ! Mais alors... et France Bloch-Serazin, cette admirable chimiste qui avait tout dans la vie pour être heureuse, elle était belle, elle était intelligente, cultivée, aimée, elle avait des enfants... et qu'est-ce qu'elle faisait ? Elle réparait les revolvers, elle fabriquait du cordeau Bickford, des pains de plastic et de temps en temps, elle accompagnait les saboteurs pour voir si son matériel avait bien marché, et même elle faisait le coup de feu ! J'ai encore envie de m'abriter derrière Suzanne qui a descendu un Allemand rue Violet ! Je me regarde un peu de travers parce que je suis encore là. Évidemment, je n'ai pas été décapitée comme Émilienne Mopty, ni fusillée comme Francine Fromont ou comme Suzanne Buisson. Je suis encore là, c'est vrai, j'ai la vie dure et de la chance. "Ni saine, ni sauve" comme disait Edmond Michelet.

« Donc, j'allais ramasser les armes. On était trente dans notre groupe. On espérait des parachutages d'armes qui n'arrivaient pas. On avait quatre revolvers en tout pour nous défendre. Moi j'avais pris Oscar, un magnifique 7,65 de fabrication espagnole donné par un agent de police, plus ou moins de bon gré. Pourquoi Oscar ? Parce que Oscar-Touche. On avait un revolver qui s'appelait Hector, parce que Hector-Tue ! Eh, oui ! on avait de l'humour. Il en fallait pour tenir le coup. Comme disaient nos copains, "avec une pioche, on récupère un revolver, avec un revolver, on récupère une mitraillette, avec une mitraillette on récupère ce qu'on veut..." Je me suis servie d'une sten et j'ai utilisé des explosifs pour faire sauter des camions allemands.

« Quant à l'officier allemand sur le pont de Solferino, le tuer était un acte spectaculaire et je l'avais fait dans ce but. Car depuis le débarquement allié, l'espoir avait changé de camp. Les Allemands s'accrochaient encore très fort dans leur retraite et tuaient sauvagement sur leur passage. Comme à Oradour-sur-Glane.

« Nos mots d'ordre, nous qui étions la branche armée FFI du comité parisien de libération Ile-de-France, c'était de multiplier les actions de guerre en plein jour pour faire monter le niveau de combativité de la population parisienne. Il y avait déjà eu des manifestations des ménagères, des grèves de cheminots, tout ça. Il fallait que les gens comprennent qu'ils devaient prendre les armes, que c'était le bon moment. C'est ainsi que nous avons multiplié les actions de toutes sortes et que beaucoup de nos amis ont fait là le sacrifice de leur vie. Pour moi, quand l'occasion s'est présentée, j'étais doublement motivée.

« Nous avions des difficultés à mettre en application nos mots d'ordre. Les Allemands ne sortaient plus seuls, sans précautions. C'était dur d'agir. Nous venions d'apprendre la nouvelle terrible du massacre par la division *Das Reich* à Oradour. Et si on veut bien faire un peu de psychologie élémentaire à mon propos, on doit se rappeler que j'avais passé des vacances à Oradour, quand j'étais petite fille, qu'y habitaient des collègues de mes parents, ma mère étant institutrice. J'avais appris à lire dans son école où l'on m'appelait "la fille de Madame". Ma mère était catholique, mon père libre penseur. Et j'apprenais que les Allemands avaient fait se ranger les enfants de l'école sur la place de l'église avec leurs instituteurs, et qu'ils les avaient fait rentrer dans l'église, et qu'après, ils avaient incendié l'église où moi j'avais fait ma première communion. Toute une partie de ma personne était restée à Oradour, et je me suis sentie atteinte au plus profond de moi. Et sur cette nouvelle bouleversante, j'avais vu l'un de nos camarades, Martini, abattu par un soldat allemand que la veille il tenait au bout de son fusil et à qui, par pitié, il avait laissé la vie !

« Cette accumulation de faits a armé mon bras. Je suis partie à vélo dans Paris, le revolver dans mon sac. En passant sur le pont de Solferino, j'ai vu cet officier allemand. J'ai posé pied à terre et j'ai tiré. Je suis remontée sur mon vélo et j'ai filé. A la sortie du pont, j'ai croisé un agent qui m'a fait un signe de tête comme pour me donner le feu vert et je me suis engagée dans la rue du côté de la gare d'Orsay. Alors, dans mon dos, j'ai entendu le bruit d'un moteur à essence et j'ai tout de suite su que c'était la voiture de la mort, car seule la police allemande avait encore ces voitures. J'ai pédalé, pédalé. La voiture m'a bousculée et je suis tombée violemment. J'ai encore eu le temps de me dire qu'il fallait que je sorte le revolver et que je me tire une balle dans la tête. Ils étaient tout de suite sur moi. Ils m'ont tordu les poignets, on m'a mis les menottes dans le dos et on m'a jetée dans la voiture. J'ai été conduite rue des Saussaies, le centre des tortures. »

Nous retrouverons le témoignage de Madeleine Riffaud sur l'expérience de la torture qu'elle a vécue. Condamnée à mort, elle sera sauvée in extremis par l'insurrection parisienne et reprendra immédiatement le combat derrière les barricades. Elle sera même placée à la tête d'un groupe d'intervention armée, la « compagnie Saint-Just », fait à peu près unique dans les annales de la Résistance.

Si en France, très peu de femmes ont fait le coup de feu contre l'ennemi, il n'en fut pas de même dans d'autres parties de l'Europe, particulièrement en Europe de l'Est où la guérilla-résistance a revêtu un caractère beaucoup plus dur et plus meurtrier, même au féminin.

CHAPITRE XV

ELLES RÉSISTENT DANS TOUTE L'EUROPE

Un coup d'œil par-dessus les frontières de la France nous apprend que tous les cas de figure de la résistance féminine française se sont reproduits dans les pays occupés par les nazis. Dans ce chapitre, quelques femmes d'Europe témoignent de l'action qu'elles ont menée dans leur pays, cette action se faisant de plus en plus dure au fur et à mesure qu'on avance vers l'est, proportionnellement d'ailleurs au degré d'intensité de la guerre.

En Belgique, l'incomparable Dédée

Par un réflexe né des souvenirs de 1914-1918, la presse clandestine belge est apparue très tôt, puisqu'on a recensé 600 titres de journaux clandestins, le 11 juin 1940, donc un mois après l'occupation de ce pays qui avait pourtant tenté de rester neutre par la proclamation du 3 septembre 1939.

« Des camarades de mon école normale, dit Régine Beer, ont beaucoup fait pour distribuer les journaux clandestins. Elles m'ont demandé de les aider et je l'ai fait aussi longtemps que j'ai pu, mais pas très longtemps, car j'avais dû aller me faire inscrire au registre des juifs et je savais que si on m'arrêtait on me trouverait doublement coupable, d'être juive, et de participer à la Résistance. Je n'ai donc pas été très active. J'ai seulement donné un coup de main, mais je peux témoigner qu'autour de moi, presque toutes les filles de mon âge étaient engagées dans la Résistance, du moins dans le milieu universitaire auquel j'appartenais. »

Autre aspect remarquable de la Résistance en Belgique : le réseau d'évasion... Le plus important d'entre eux, le réseau Comète fut dirigé par une femme, Andrée de Jongh, qu'un officier britannique, rescapé par ses soins, appelait « l'incomparable Dédée ». Les premiers relais de ce réseau furent établis en juin 1941, avec une ligne qui allait jusqu'à Bayonne et qui se prolongea jusqu'au consulat britannique de Bilbao. Andrée de Jongh organisa le service avec une section de rabattage en Belgique dirigée par son père, Frédéric de Jongh. En France, la ligne était structurée en réseaux, secteurs, sections, avec ses guides internationaux, nationaux, ses convoyeurs et convoyeuses, ses passeurs, ses hébergeurs (souvent des femmes), ses courriers, ses graveurs, ses imprimeurs. Andrée fut arrêtée le 15 janvier 1943 et déportée à Ravensbrück. D'autres poursuivirent son œuvre et comptèrent dans leurs rangs (selon Henri Bernard, dans son *Histoire de la Résistance européenne*) d'admirables femmes comme Peggy van Lier, Elvire Degreef, Elvire Morelle, Lily et Andrée Dumont, Anne Brusselmans-Magnée, cette dernière à cheval sur le réseau Comète et le réseau Eva, créé en 1943 et qui s'occupa particulièrement de l'hébergement des aviateurs abattus sur le territoire.

Un autre nom est célèbre en Belgique, celui de Yvonne Nevejan. On attribue à son courage, son sang-froid et son intelligence, le sauvetage de 4 000 enfants juifs. Yvonne Nevejan dirigeait l'Œuvre de l'Enfance. Elle conçut et réalisa, en utilisant les services et les colonies de vacances de son œuvre, une gigantesque opération clandestine de sauvetage. Elle obtint des allocations mensuelles avec de faux papiers fournis par la Résistance, et même l'aide maternelle du gouvernement belge de Londres.

En Hollande, une reine pour modèle

Dans ses paysages paisibles et à l'ombre de ses vieux moulins, la Hollande a mené une résistance à l'occupant marquée par une attitude d'hostilité méprisante vis-à-vis des

Allemands et par une solidarité nationale face au problème des juifs pourchassés.

Une haute figure inspira le peuple hollandais. Il se trouve que c'est celle d'une femme, la reine Wilhelmine qui n'était pourtant pas toute jeune à l'époque, mais dont les exhortations à la résistance, quand elle parlait à la BBC, dopaient les plus hésitants.

Sur les 300 000 personnes dénombrées dans la Résistance des Pays-Bas, deux femmes se sont particulièrement illustrées : Beatrix Terwind, une femme pilote au courage indomptable, et Thérèse Kuipers-Rietberg, qui forma des cellules chargées de s'occuper des clandestins.

La solidarité nationale à l'égard des juifs pourchassés par les nazis a permis de sauver de la déportation 20 000 d'entre eux. Néanmoins, 120 000 juifs ont pris la route des camps et très peu en sont revenus. Dans l'un de ces convois de la mort se trouvait la petite Anne Franck qui mourut à Bergen-Belsen. Après avoir vécu cachée avec sa famille sous les combles désaffectés d'un vieil immeuble d'Amsterdam pendant près d'un an, sous la protection vigilante des locataires, elle fut découverte et arrêtée. Elle avait eu le temps d'écrire un journal intime où s'exprimait tout le désespoir d'une jeune fille en train de devenir femme et qui veut vivre le temps de l'amour tout de suite, tandis que la mort rôde. Ce journal a été recueilli et publié. Traduit dans toutes les langues, il a fait le tour du monde, a été adapté à la scène et à l'écran (Audrey Hepburn incarna Anne Franck). Par ce petit chef-d'œuvre écrit d'une plume trempée dans le sang, et que tous les adolescents du monde ont lu, lisent et liront encore, la Hollande contribue d'une certaine façon à la lutte mondiale contre l'antisémitisme.

Dans les pays scandinaves

La Suède reste neutre, et ce pays fera beaucoup pour accueillir et rapatrier les déportés des camps de concentration. Le Danemark, qui a signé un pacte de non-agression en 1935, est tranquille jusqu'à la fin de 1943 : les persécutions racistes font alors se révolter ce peuple paisible qui va, dès

lors, s'organiser massivement pour s'opposer aux manœuvres nazies. Un véritable pont maritime, mis en place
entre la Suède et le Danemark a permis de sauver 7 200 juifs
sur les 8 000 qui étaient désignés pour la déportation. Le
Danemark est le pays qui peut se flatter du plus petit nombre
de morts dans les rangs de ses sujets de croyance juive : 50
morts. Il est aussi le seul qui posséda une agence de presse
clandestine, « Information ». Grâce à elle, 26 millions de
journaux furent publiés pendant la guerre.

En Norvège, la situation est différente. Le pays est annexé,
son gouvernement s'exile et les occupants prennent les places
laissées vacantes. Une poignée de fascistes norvégiens leur
prêtent main-forte, le parti de Quisling. Les conditions sont
réunies pour que naisse et se développe en Norvège une
résistance vigoureuse. Karin-Lise Braenden en a fait partie.
Elle fut ce qu'on appelle dans les romans une « espionne »,
œuvrant au sein d'un ministère nazi, mais elle préfère le
terme d'agent secret : un certificat provenant de « l'administration centrale des forces de la résistance et du maquis »
déclare qu'elle fut employée au bureau du ministre Strang, du
Travail et des Sports, du 25 septembre 1940 au 7 mai 1945,
et qu'elle envoyait régulièrement aux autorités constitu-
tionnelles de Londres, et en grande quantité, des informations et des copies photographiques des documents provenant de son ministère :

« Je fréquentais avant la guerre les cercles militaires de
mon pays et c'est de cette manière que j'ai obtenu un poste
dans le ministère que les Allemands occupaient. Je voulais
travailler pour mon pays, je l'avais dit, ma mère m'y poussait.
Dans ma famille, on était indigné au plus haut point par la
manière dont les nazis se comportaient dans le pays. Ma mère
disait que nous devions tous être des soldats et lutter contre
l'occupant. J'avais la chance d'être dans un bureau très bien
placé auprès du ministre. C'est moi qui dactylographiais et
qui classais les documents et j'avais toute la confiance de mon
patron. Alors le soir, j'emmenais les dossiers et je les reco-
piais pendant la nuit. Je ne choisissais pas, je ne savais pas ce
qui pouvait être intéressant ou non ; j'étais trop jeune et trop
peu informée. Donc, j'ai passé d'innombrables nuits à reco-
pier les documents. J'avais un relais à Oslo qui était une

femme à qui je remettais mon travail. Je sais qu'ensuite il était acheminé à travers les forêts, souvent en ski d'ailleurs, jusqu'à un endroit de la côte où d'autres personnes se chargeaient de transporter tout ça à Londres. Aussi incroyable que cela paraisse, ce manège a duré pendant près de cinq ans et je n'ai pour ainsi dire jamais été soupçonnée. Il me fallait faire preuve d'une vigilance extraordinaire et surtout ne jamais montrer la peur que j'avais quand j'envoyais les documents, car après tout, ils auraient pu être interceptés au cours de leur voyage. Un agent de liaison pouvait se faire prendre et il aurait été facile de remonter jusqu'à moi. Un jour, le port d'Oslo a été bombardé. Or les bureaux de mon ministère se trouvaient sur le port. En quittant ma maison le matin, j'ai aperçu Oslo en feu et je me suis dit que cette fois j'allais être prise. Je n'avais pas eu le temps de remettre les documents à leur vraie place. Je me souviens qu'en prenant le petit train qui m'amenait à mon bureau, je disais adieu aux arbres, aux gens dans le train, aux lacs, aux fjords. Dans ma tête évidemment, personne ne le voyait! J'avais la poitrine oppressée, le cœur battant. Et en arrivant, j'ai découvert qu'effectivement tout était en l'air, mais chose curieuse, dans mon bureau, rien n'avait bougé. L'endroit avait été épargné. J'ai eu de la chance, mais il faut en avoir quand on fait ce genre de choses. Il n'y a pas que la prudence, il faut aussi de la chance et moi, j'en ai toujours eu!

« Personne ne savait ce que je faisais, sauf les gens de ma famille. On me voyait aller travailler tous les jours dans mon ministère nazi, certains me regardaient de travers. Quelques-uns se sont détournés de moi. Je ne pouvais rien dire, c'était trop dangereux. Ce n'est qu'après la guerre que j'ai pu dire ce que j'avais fait réellement. Quand on m'a remis les médailles, alors tout le monde a compris.

« En attendant, ça n'avait pas été drôle à vivre tous les jours, car non seulement, je risquais ma vie pour mon pays, mais je n'avais pas le droit de le faire savoir, et certains pensaient que je trahissais. »

Karin-Lise Braenden a reçu force médailles à la fin de la guerre pour services rendus à sa patrie: elles l'ont aidée à se consoler de ses malheurs passés.

Au Luxembourg et en Alsace annexés

Lily Unden fut une résistante de la première heure dans son petit pays, qui, comme elle le rappelle, ne comptait que 300 000 habitants :

« L'annexion de notre pays à l'Allemagne, alors que nous sommes, par goût, francophiles, a été une grande humiliation pour moi et beaucoup de mes semblables. Dès que j'ai pu faire quelque chose je l'ai fait, et d'abord participer à la grève générale de 1942 qui paralysa le pays et qui marquait notre profond mécontentement devant les diktats nazis. Je dois dire que la majorité des Luxembourgeoises y étaient et je les ai vues raviver la flamme du courage masculin quand elle faiblissait. Nous n'avons pas eu de femmes qui aient pris des initiatives marquantes dans la Résistance, si ce n'est la grande-duchesse elle-même qui depuis Londres, où elle s'était réfugiée avec sa famille, a pu nous encourager beaucoup plus efficacement que lors du précédent conflit quand la régnante, qui était restée au pays, dut faire des concessions à l'ennemi. Je préparais le professorat de dessin et dans mon petit groupe d'enseignants résistants, nous avons mené des actions variées. Par exemple, faire acheminer à Londres des renseignements sur les usines de Pennemude où se fabriquaient les armes secrètes. Ils nous étaient parvenus de Luxembourgeois réquisitionnés pour le travail forcé en Allemagne. Notre petit pays occupe une position stratégique, et beaucoup de renseignements sont passés par nos mains. J'ai hébergé un prisonnier français évadé d'Allemagne ainsi que des juifs, j'ai facilité plusieurs évasions. J'ai fini par me faire arrêter en 1942 ; emprisonnée à la prison de Luxembourg pendant quinze jours, j'ai été déportée à Ravensbrück, où je fus la première Luxembourgeoise arrivée de la liste ».

Dans la région Alsace-Lorraine, annexée au Reich, la résistance la plus célèbre fut celle des insoumis, ces jeunes gens qui refusaient d'être des « malgré eux », c'est-à-dire des soldats de l'armée d'Hitler, et qui prirent le maquis. Il y eut aussi des « malgré elles » en Alsace, comme Alice Wirth[1], qui ne voulut pas prendre le risque de représailles sur sa famille et

---

1. Il en est question à la page 301.

accepta d'arborer, la rage au cœur, l'uniforme des auxiliaires de l'armée de l'air allemande.

Alsaciennes et Lorraines résistantes ont surtout fait du bon travail, côté filières d'évasion, en faisant passer les prisonniers de guerre alliés évadés de leur stalag. Henri Noguères dans son *Histoire de la Résistance* signale le cas de Louise Walker, arrêtée par la Gestapo, sur qui on trouva une douzaine de lettres de gratitude de ces évadés. Plus que sur le territoire étroitement quadrillé par les forces armées allemandes, c'est depuis la région où elles s'étaient réfugiées que les Alsaciennes s'engagèrent dans la Résistance telle Micheline Eude-Altman qui, à 19 ans, travaillait à Lyon, au *Franc-Tireur*, comme secrétaire et surtout Laure Diebold-Mutschler, une des six femmes faites compagnons de la Libération[1].

Le « non » des femmes grecques

Dans un rapport sur « les conditions de vie dans les territoires occupés » publié par le Comité d'information interallié à Londres, peu de temps après la guerre, on trouve cet exposé concernant le comportement des femmes grecques écrasées sous la botte :

« Au lendemain même de l'occupation de leur patrie, les femmes grecques ont manifesté leur haine et leur mépris de l'envahisseur avec la même intensité que les hommes. En Crète, beaucoup de femmes combattirent aux côtés des hommes. Après avoir occupé l'île, les Allemands examinèrent les femmes et exécutèrent toutes celles qui portaient sur leurs épaules la marque de recul de la crosse du fusil. Ils fusillèrent ainsi dix Crétoises sur la place publique d'Athènes. Dans un autre coin de l'île, ils exécutèrent des civils, accusés d'avoir participé aux combats, et obligèrent leurs femmes à assister à l'exécution, puis à enterrer leurs maris, et enfin à loger et nourrir les Allemands qui avaient procédé à l'exécution.

« A Athènes, Mme Delta, femme de lettres âgée et bien connue, se suicida une semaine après l'occupation de son

---

1. Voir au chapitre « Les grands noms féminins de la Résistance ».

pays. Mlle Messolora, infirmière-major, décorée plusieurs fois par la Croix-Rouge, refusa d'accueillir des soldats allemands blessés dans l'hôpital militaire où elle travaillait, au nom de ses 52 collègues qui avaient péri lorsque les Allemands coulèrent à dessein cinq vaisseaux-hôpitaux. Elle fut jetée en prison avec son équipe d'infirmières et libérée grâce à une manifestation de foule. »

Hélène Glikatsy était une jeune fille comme les autres lorsqu'à 15 ans elle vit son pays entrer dans la guerre. Elle s'appelle aujourd'hui Hélène Arhweiller (nom de son mari alsacien) et règne sur l'Université de Paris, après une carrière d'historienne plus que brillante. Cette femme éminente fut peut-être une des plus jeunes résistantes de Grèce :

« Tout a commencé le 15 août 1940. Ce jour-là, c'est la fête de la Vierge en Grèce et les Grecques s'apprêtent pour le grand pèlerinage. Un bateau tout hanarché, qui doit venir rendre les honneurs à la Vierge, est attendu au port. Et on apprend que ce bateau a été torpillé par les Italiens. C'est une très grande offense qui est faite au peuple grec et qui suscite une énorme émotion, suivie d'un grand mouvement de révolte. Il se dresse comme un seul homme et déjà, il annonce son intention de rester debout. Je me revois pleurant, sachant que la torpille était italienne, ces Italiens que nous aimions et que nous avions du mal à considérer comme nos ennemis. Et puis le 28 octobre, nous entendons les sirènes : c'était la guerre, et ce fut "le jour du non". Il y eut un ultimatum et la réponse du peuple grec fut : "non, non, non", ce "non" que Malraux a évoqué avec le talent qui est le sien. Je me vois encore, ce jour-là, au milieu des jeunes gens, déchirant un drapeau italien. Dans mon esprit d'enfant, c'était un acte de rupture avec l'agresseur.

« Et puis j'ai vu mes frères partir à la guerre. J'étais étonnée de voir que seuls les hommes partaient. J'ai regardé autour de moi. La nurse qui m'avait élevée ainsi que toutes les femmes du pays se sont mises à tricoter pour les soldats, les soldats qui repoussent les Italiens jusqu'en Albanie, les Italiens qui reculent toujours et toujours.

« Les jeunes filles, comme moi, préparent la nourriture du jour. Je me revois égrainant les haricots pour la préparation des grandes soupes populaires afin de nourrir les familles dans le besoin en l'absence de l'homme qui est au loin et qui se bat. J'avais composé une poésie sur la prise de Coritza par l'armée grecque. Nous commencions à gagner et nous vivions dans une sorte d'euphorie, ayant, croyions-nous, réussi à faire reculer le fascisme.

« C'était d'autant plus curieux que nous avions un dictateur en Grèce, à ce moment-là. Mais comme il fallait que le peuple grec se donne la main devant l'envahisseur, nous étions derrière ce dictateur. Je me suis enrôlée dans les jeunesses de Metaxas, un fasciste donc, et on portait l'uniforme, on le portait même allègrement.

« Donc côté italien, nous gagnons, mais bientôt les Allemands déclarent la guerre à la Grèce, Metaxas se suicide, et tous nous prenons conscience du grand écrasement de notre pays par une force brute et brutale, celle des troupes nazies qui déferlent.

« Mes frères rentrent vainqueurs, mais aussi vaincus. L'espace de quelques jours, on est passé d'un sentiment à un autre, et cet épisode m'a rendue sage, je crois, avant la lettre. Je me revois encore, le 20 avril, c'est Pâques à ce moment-là. Mes frères veulent partir pour l'Égypte pour reprendre le combat. Ils emportent une petite valise et ils s'en vont vers le port du Pirée pour prendre un bateau. Et moi, je monte sur une colline qui domine la baie du Phalère et je vois dans le ciel des avions qui virevoltent et plongent vers les bateaux du port, et en plongeant, ils bombardent les bateaux prêts à partir. J'étais fascinée par ce spectacle ; je découvrais la puissance et la barbarie de la technologie à l'état pur. Je me demandais si mes frères se trouvaient sur l'un des bateaux qui venaient d'être bombardés, avec angoisse sans doute, mais très vite, je revenais au spectacle. C'est à ce moment que je me suis posé la question sur le courage physique. Qu'est-ce que le courage physique, son rapport avec le monde qui nous entoure ?...

« J'avais une amie qui était infirmière dans la guerre. Chaque jour, elle portait sa tenue d'infirmière et quand les sirènes retentissaient, elle se précipitait pour soigner ceux qui devaient être soignés. Un jour, les sirènes retentissent. Elle n'avait pas son uniforme. Eh bien, elle fut la première à courir se cacher n'importe où, même sous une table. Cette sorte de symbole de l'uniforme face à la peur, j'ai compris que c'était lui qui faisait la force des armées.

« Car c'est à partir du moment où l'armée grecque est dissoute, où il n'y a plus d'armée — car il n'y a pas de Quisling en Grèce, ni un État-Vichy — où il n'y a plus d'uniforme, qu'il faut chercher le courage tout nu, celui que rien ne soutient, celui qui coule dans les veines. C'est celui-là qui donnera sa force à la résistance. Ce jour-là, j'ai compris qu'il faudrait porter l'uniforme, moralement.

« Mon premier acte de résistance fut de participer à la grande manifestation anniversaire du "jour du non", le 28 octobre 1941. C'était un mouvement très étonnant, d'une fraternité totale, où personne ne se méfiait de l'autre, où on ne pouvait pas imaginer qu'il puisse y avoir des traîtres, car tous se donnaient la main.

« Et puis il y a eu la grande famine qui a sapé le pays. On ramassait les cadavres dans la rue de gens morts de faim. Il a fallu s'organiser pour faire face à cette autre calamité et j'ai fait ce que j'ai pu. Pendant ce temps, la résistance s'organisait tout de même. Tout de suite nous avons eu des mouvements de femmes, dont le grand mouvement de "la femme libre". Il y en avait d'autres, certains suscités par les Anglais. Il y avait un mouvement à tendance royaliste, un autre qui était non royaliste. Chacun dans son camp s'organisait, et moi parmi les autres. Au début le travail était toujours le même: une adresse, un rendez-vous, une discussion. Très vite, j'ai appris à avaler les petits papiers sur lesquels on notait les slogans, les renseignements de mission. Et ça, je peux le dire, c'est très facile d'avaler du papier, on en prend très vite l'habitude. Notre travail, c'était toujours de porter la bonne parole, le plus largement possible ; et cette bonne parole, c'était celle de "rester debout", quoi qu'il advienne. Combien de défilés, un drapeau grec devant ! Je marchais parmi les autres, parmi les jeunes, les vieux, les femmes, les enfants. Nos grands chants patriotiques sont nés à ce moment-là. Des chants magnifiques dont l'un avait été écrit et composé par une femme, Elecktra, une grande résistante qui devait être arrêtée, torturée par les Allemands et fusillée. Elle avait composé le chant de l'ELAS, qui était "l'Armée de libération laïque", au sens non chrétien du terme, l'autre organisation de résistance s'appelant l'ELAM, qui était le "Front national de libération ». Elle s'appelait Elecktra Apostonopoulous, nous n'avons appris son vrai nom qu'après qu'elle fut morte. « A partir de ce moment, les manifestations n'ont plus suffi. Notre slogan était devenu "Mort ou Liberté", qui était tout un programme et qui traduisait bien notre résolution et la dureté de notre combat. Il amène les représailles de l'ennemi. Les Allemands pénètrent dans les quartiers d'Athènes et se lancent dans de grandes rafles. Ils ramassent les hommes surtout, et ils les font aligner contre les murs. Et ils les abattent par groupe de dix, au hasard. J'ai vu ça de mes yeux, moi, un enfant dans une rue. Il ouvre la bouche pour pousser un cri et un Allemand tire dans cette bouche ronde d'enfant d'où est sorti le cri!... De plus en plus, la Gestapo se livre à la brutalité totale. Les femmes, non, ils ne les arrêtent pas, sauf cas exceptionnel, comme Elecktra. Et cela se comprend, si on veut bien se replonger dans la mentalité de l'époque. Car l'occupant qui se veut spartiate ne peut pas concevoir la présence de femmes dans la Résistance. Pour lui, si elles entrent dans la guerre, cela constitue une excentricité de plus à mettre à l'actif des femmes. A ce moment-là, on n'impressionnait pas en exécutant des femmes. C'était encore un acte de lâcheté. Ils ne pensaient pas qu'ils impressionne-raient en tuant des femmes. Pourtant, ils savaient que les femmes étaient dans la Résistance, la preuve c'est qu'ils avaient torturé et tué Elecktra. Mais ils ne pouvaient pas concevoir ni admettre que les femmes aient pu pénétrer dans la guerre comme les hommes... Enfin, dans cette nouvelle forme qu'avait prise la guerre, c'est-à-dire celle d'une guéril-la... Ce phénomène apparaissait pour la première fois et leur esprit obtus n'a pas voulu l'enregistrer, ni en tenir compte réellement. Nous autres femmes n'étions pas conscientes de jouir d'un régime de faveur, et nous avons souvent été surprises de leur inaptitude à nous intégrer dans leurs sché-mas. Évidemment, nous n'avions pas lieu de nous plaindre de cet état de choses, au contraire. En ce qui me concerne, j'avais voulu mener de front mes activités de résistante et mes études. Je voulais passer à tout prix mon bac, car il me semblait que le reste de ma carrière en dépendait. Au mo-ment où j'ai passé mes examens, je savais déjà que j'avais été repérée et que j'étais menacée. Je les ai passés, néanmoins ! Et j'ai été arrêtée le soir même. J'avais été dénoncée par un ami avec qui j'allais souvent au concert, qui faisait partie de ma bande d'amis. Ils sont venus pour m'arrêter, mais je crois qu'ils m'ont trouvée trop jeune. Cela les a désarçonnés. Finalement, après un simulacre d'arrestation, ils m'ont fait signe de filer. Je revois la scène. Je me trouvais au pied d'une petite colline. Je suis partie tout à fait digne et j'ai marché comme ça jusqu'au sommet, mais une fois le sommet dépassé, je me suis mise à courir. Je sais maintenant qu'il faut avoir une distance avec l'événement nerveux. J'ai eu le temps de réfléchir sur la faiblesse humaine, et sur le courage qui est une qualité d'âme, et d'âme seulement.

« Je crois que je suis devenue historienne à cause de l'expérience que j'ai eue de la guerre dans mon jeune âge. J'ai appris qu'on n'était pas maître de l'Histoire, que la connaissance de celle-ci ne servait à rien d'autre qu'à prendre des décisions dans le présent... et c'est déjà beaucoup. En fait, nous sommes issus d'une conception à laquelle nous n'avons pas participé, et notre rôle, en histoire, est de prendre en charge l'ombre d'où nous venons pour la conduire vers la lumière. Pour ce qui concerne la Grèce, je crois que c'est un petit pays et que son sort ne dépend pas d'elle seule, hélas. Il ne suffit pas d'être présent, d'être debout, d'être engagé, d'être honnête et droit. Le sort d'une nation comme la Grèce se joue ailleurs. »

Une Polonaise dans la Résistance

Maria Kursmierzuc fut dans la Résistance en Pologne une actrice de la première heure, occupée de mille façons à la lutte contre l'occupant, mais assez vite désarmée et arrêtée, emprisonnée, torturée, déportée, et enfin utilisée comme « cobaye humain » dans le camp de Ravensbrück. Elle raconte[1] :

« En septembre 1939, j'avais 19 ans et mes souvenirs de l'invasion allemande sont très précis. Je vivais à Zamosc, une ville ancienne au sud-est de Varsovie. Les premières bombes sont tombées le 8 septembre sur les voies de chemin de fer et

---

1. Traduction de Constantin Jelinsky.

sur la gare à côté de chez moi. J'en ai un souvenir d'angoisse profonde. Quelques jours après, les Allemands entraient dans la ville, fiers et insolents sur leurs motos. Je les revois, défilant sur l'avenue principale, passant sous nos fenêtres, et nous tous qui étions terrorisés.

« Il a fallu du temps pour reprendre nos esprits. Ce n'est qu'en novembre que nous avons pensé qu'il fallait réagir, qu'il y avait peut-être quelque chose à faire. J'ai eu des contacts plus étroits avec la jeunesse de Zamosc, des réunions, des discussions. Il fallait réfléchir aux moyens d'organiser une résistance et au début ça ne semblait pas évident. Mais nous avons pris contact avec des officiers de l'armée polonaise qui n'avaient pas été faits prisonniers, des officiers de carrière ou de réserve, et c'est ensemble que nous avons mis sur le pied un mouvement clandestin. Il s'appelait ZWZ. Ce sont les initiales d'une appellation signifiant "Alliance pour la lutte armée". Beaucoup de jeunes se sont engagés dans ce mouvement, dont moi qui ai prêté un serment de combattante fin novembre, donc très tôt.

« Une de mes premières missions fut d'aller ramasser les armes abandonnées par l'armée polonaise en déroute dans les forêts, et ailleurs. Un travail inimaginable, car nous marchions à pied dans la neige et il fallait creuser pour trouver les armes oubliées et enfouies dans la glace.

« Un peu plus tard, j'ai été affectée à l'écoute des émissions polonaises sur les radios alliées et aussi les émissions de Londres en langue française que je connaissais un peu. Nous nous servions des informations récoltées pour constituer des bulletins d'information, imprimés clandestinement et distribués aux Polonais qui n'avaient plus d'informations autres que celles que les Allemands autorisaient. En même temps, j'étais chargée des liaisons extérieures du commandement de la région de Zamosc. Je prenais contact avec les émissaires de la Résistance, je leur trouvais une planque, je les convoyais éventuellement, bref une fonction d'agent de liaison. Ma région était surtout agricole, constituée de grandes propriétés terriennes où les Allemands s'étaient installés. Un de mes boulots fut de relever tous les endroits où ils se trouvaient pour communiquer les renseignements à la Résistance.

« Donc des missions assez variées, avec une constante

durant cette période : le transport des tracts et de bulletins d'information pour tous les Polonais qui ne voulaient pas se laisser abattre. J'ai été arrêtée sur ce chef d'accusation le 9 novembre 1941. La Gestapo avait saisi dans un village les tracts que je venais de distribuer. Un paysan a été arrêté, il a longtemps refusé de me désigner, mais il a fini par céder. Apprenant qu'il avait parlé et que j'étais recherchée, je me suis réfugiée à la campagne chez des amis où j'ai essayé de me faire passer pour la gouvernante des enfants. Et puis un matin, nous les avons vus arriver : ils étaient cinq. Je revois cette voiture de la Gestapo, louvoyant entre les étangs pour arriver à la maison de mes amis. Ce jour-là, j'ai appris que mon frère avait été arrêté et qu'il était mort à Auschwitz. Aussi est-ce dans un état de grand délabrement psychique que j'ai été conduite pour interrogatoire dans un appartement de Zamosc, qui appartenait à une de mes amies. J'y ai été interrogée. C'était le 11 novembre, une date qui est l'anniversaire de l'indépendance de la Pologne proclamée en 1918. A cause de cela peut-être, j'ai résisté aux interrogatoires brutaux qui m'étaient infligés, je me suis retranchée derrière des déclarations patriotiques ardentes. J'ai tenu plusieurs jours. Comme la Gestapo n'obtenait rien de moi, elle m'a fait transférer au château de Lublin, de triste mémoire, car c'était l'antre des tortures de la Gestapo. N'obtenant pas d'aveux, fin décembre, j'ai été enfermée dans les souterrains de la célèbre tour de l'Horloge à Lublin. J'ai vécu là dans une cellule étroite et sombre jusqu'en avril. Les tortures, inutile d'en reparler. Tout le monde sait comment procédaient les agents de la Gestapo. Pour moi ça a duré un an. Périodiquement on me sortait de mon cachot pour interrogatoires, puis on m'y rejetait, pensant ainsi m'amener à capituler. Au bout d'un an, j'ai été embarquée dans un convoi de 200 prisonnières en route pour le camp de Ravensbrück. » (Nous retrouverons la suite du témoignage de Maria Kursmierzkuc dans le chapitre consacré à la déportation féminine.)

Les Italiennes aussi...

Les Italiennes aussi sont entrées dans la Résistance après 1943, quand Hitler abandonna Mussolini à son triste sort. Mais pour Lidia Rolfi, qui a étudié spécialement l'histoire du fascisme dans son pays, une résistance au régime avait commencé bien plus tôt, qui s'expatria. Elle n'était pas importante en nombre, mais des femmes s'y sont illustrées, dont les célèbres Theresa Notche et Elsa Morante.

« Après 1943, déclare Lidia Rolfi, la Résistance ouvrière, qui s'était déjà manifestée sous Mussolini, a repris de plus belle. Nous avons eu pendant le fascisme de grandes grèves de femmes, dont l'une d'elles avait rassemblé 180 000 ouvrières dans les milieux de la culture du riz. Des groupes de résistance féminine se sont constitués dans un certain nombre de villes ouvrières, comme à Biele et à Gênes dans les usines de tissage, car les ouvrières étaient politiquement très préparées. Il s'est formé plusieurs groupes de Défense de la femme, contre les fascistes de Salo et contre les Allemands. Les villes ont connu les résistants et résistantes des GAP et des SAP. A la montagne, ce furent les maquis avec presque autant de partisans que de partisanes. Un groupe de partisanes dans la région de Turin avait pris le nom de Jambonne, où il y avait des femmes armées. Nous avons eu plus de 200 femmes commissaires! Quelques-unes ont laissé leur nom dans l'Histoire comme Gina Borelli, une véritable héroïne qui avait perdu une jambe au cours d'une mission, qui a été médaillée à la fin de la guerre et a occupé un poste de député à l'Assemblée constituante. La Segolleti a laissé un grand souvenir dans la résistance de Florence, Ada Capone a attaché son nom à l'épisode des Fosses Adréatines, la Floreanini est également une grande figure de la Résistance italienne, avec Nilde Yotti, qui fit par la suite une importante carrière politique.

« Mon destin personnel fut plus modeste. Jusqu'à 15 ans j'avais été fasciste. On m'avait éduquée ainsi dès les bancs de l'école. Les premiers mots que mon maître m'a appris à écrire, c'était "Viva el Duce". Toute ma génération avait été élevée dans le fascisme car les maîtres et les professeurs furent de vibrants prosélytes de Mussolini. L'âge venant, il y avait eu une prise de conscience et une réaction vive, surtout de la part des femmes. Moi, j'étais devenue, au contact de la guerre, de moins en moins fasciste et à 18 ans, j'entrai dans les maquis. J'y ai occupé un poste d'agent de liaison, jusqu'à mon arrestation fin 1944. Ce sont des représentants des

troupes fascistes de Salo qui sont venus me saisir un matin à l'aube. Interrogatoires dans un hôtel que la Gestapo avait annexé à Turin, puis trois mois à la prison Nuove et enfin déportation à Ravensbrück avec treize camarades femmes...
« Je peux dire en conclusion que la Résistance italienne n'aurait pas pu fonctionner comme elle a fonctionné sans l'aide des femmes. A la fin de la guerre, celles-ci sont rentrées dans le rang, ont repris leur poste à la maison et près des enfants. L'Italie tout entière s'est empressée d'oublier ce qu'elles avaient fait. »

La Yougoslavie, au contraire...

En Yougoslavie au contraire, comme dans tous les pays où le parti communiste conduisait la Résistance, la femme étant traitée à l'égal de l'homme, dans ses droits comme dans ses devoirs, les femmes méritantes au combat ont reçu force grades et médailles. Mme le colonel Bojovic raconte comment elle les a obtenus :
« Je me suis engagée dans la guérilla yougoslave contre l'occupant nazi pour deux raisons : d'abord par amour pour l'homme que je venais d'épouser et qui était jeune médecin comme moi, et ensuite par un sentiment de profonde révolte que m'a inspiré le bombardement de Belgrade. J'habitais cette ville et je me souviens de ce jour où tout le monde était dans la rue, c'était jour de marché. Les femmes remplissaient leurs cabas de légumes, l'une d'elles à côté de moi achetait du tissu pour faire des rideaux et arranger son appartement. Tout était paisible, chacun vaquait à des occupations pacifiques. Moi je rentrais au matin d'une garde de nuit à l'hôpital, et soudain ce fut le carnage, le chaos. Les avions passaient, les bombes tombaient, les gens s'écroulaient, le sang giclait, et bientôt, tout ce qui existait encore quelques instants auparavant, dans ce matin lumineux et tranquille, tout cela n'existait plus. J'ai ressenti cette agression comme une injustice absolue, car mon pays est pacifiste. Il n'a jamais agressé personne. Déjà pendant la Première Guerre mondiale, il avait été agressé et obligé de se défendre. De nouveau, il allait falloir qu'il se défende. Et j'ai décidé que s'il se défendait, je serais parmi ceux qui agissaient.

« Être une femme dans la guerre, c'est quelque chose qui ne me gênait pas du tout. Je pense que notre cœur, à nous les femmes, est aussi plein du désir de justice que le cœur des hommes. Après tout, les soldats sont les enfants des femmes. Et la guerre tue les enfants des femmes, des enfants qu'elles ont portés dans leur ventre, qu'elles ont nourris avec le lait de leur sein. Il est donc normal que les femmes participent à la guerre pour défendre ceux qu'elles ont créés. C'est un préjugé de croire que les femmes ne sont pas capables de participer à la lutte de leur peuple.

« Nous étions donc, dans notre guerre, des deux sexes, et les rapports hommes-femmes dans ce contexte étaient magnifiques. Je faisais partie des partisans les plus âgés puisque j'avais déjà 27 ans et comme j'étais le médecin, j'avais droit à beaucoup de considération. Mais même parmi les plus jeunes, ça se passait bien. Elles avaient 16, 17, 18, 20 ans et les voyant dans nos rangs, si jeunes, je me posais parfois des questions. Comment vont-elles se débrouiller parmi les hommes, elles si jeunes, presque encore des enfants ? Mais j'avais tort de m'inquiéter. Nous vivions une époque où chaque homme était un frère pour une femme, et où chaque femme était une sœur pour un homme. J'ai observé, de la part des hommes envers les combattantes, une tendresse et une attention dignes de celles qu'on peut éprouver pour une jeune sœur qu'il faut défendre et protéger. Les hommes comprenaient très bien que c'était plus dur pour les femmes, qu'elles devaient supporter le froid, les marches, le peu de nourriture, et qu'elles étaient tout de même plus fragiles qu'eux. Il y a eu dans les maquis une grande fraternité entre hommes et femmes.

« Beaucoup de jeunes filles s'étaient engagées par idéologie. Elles étaient communistes bien avant la guerre, alors que le parti était encore clandestin et elles avaient milité avec tous les risques que cela comportait. Personnellement, je me suis engagée pour des raisons personnelles, amour, révolte contre cette guerre injuste, et aussi patriotisme. Je n'ai adhéré au parti communiste que vers le milieu de la guerre parce qu'il m'a semblé alors qu'il menait un juste combat. Mais j'étais croyante et je n'ai jamais renoncé à ma foi. Je portais une icône de la Vierge attachée à mon cou, sur ma poitrine, et chaque fois que j'en éprouvais le besoin, je priais devant cette icône. Personne ne m'en a jamais voulu. Quand j'étais chef d'un hôpital de la Croix-Rouge dans le Montenegro, par exemple, il nous arrivait souvent de changer de place. On décampait et on partait, toute l'équipe soignante, à travers la montagne. Il y a beaucoup de très beaux monastères dans cette région. Quand on passait à côté de l'un d'eux, je donnais l'ordre de s'arrêter, je rentrais dans le monastère et je priais le Bon Dieu pour la santé de mes blessés. Des blessés qui étaient des communistes! On aurait pu me reprocher de ne pas me conformer aux lois du parti. J'aurais pu être dénoncée comme n'étant pas très orthodoxe. Il n'en a jamais rien été. Je suis entrée dans le parti avec mon icône de la Vierge sur la poitrine et je l'ai toujours gardée. Aujourd'hui, quand les jeunes me demandent pourquoi je me suis engagée dans les maquis, ils s'attendent à ce que je leur dise que c'était au nom de Marx, Engels et Lénine. Je leur réponds que c'était surtout au nom de mon Bora, mon mari, et cela les fait rire.

« De même, je dis que je ne haïssais pas le peuple allemand, même à l'époque. Je dis que je haïssais l'idéologie fasciste, sans distinction de nationalité pour la personne qui s'y réfère. Si un Yougoslave était fasciste, je le haïrais tout autant. Je peux donner des exemples. En 1944, nous avons fait prisonnier un bataillon allemand, quelque part en Serbie. On a enfermé ce bataillon dans un hôtel de Ribarska Banja, une ville d'eaux. Ils étaient là, désarmés, enfermés dans cet hôtel qui avait des parois de verre. A travers la vitre, je voyais ces hommes qui devaient penser qu'on allait les fusiller, qui avaient l'air complètement perdus, surpris, dégradés, pauvres, misérables. J'ai eu alors un geste, contre toute logique militaire. J'avais une grenade dans ma poche et un revolver à la ceinture. Je suis entrée et je leur ai dit, dans mon mauvais allemand, qu'ils ne seraient pas tués, qu'on allait respecter la Convention de Genève, qu'ils seraient simplement prisonniers, que la fin de la guerre était proche et qu'ils ne devaient pas désespérer. Ces Allemands auraient pu en profiter, me désarmer, une petite femme parmi tous ces grands soldats, c'était facile. Ils ne l'ont pas fait, au contraire, ils m'ont remerciée. Mais je sais que j'ai commis là une sottise et je ne m'en suis jamais vantée.

« Une autre fois, j'ai pleuré sur un Allemand mort. Faut-il être bête ! Je l'ai trouvé un matin, sous le soleil naissant, quand tout brille, quand le soleil éclaire l'herbe et la fait scintiller. Il était couché dans l'herbe, très beau, avec des cheveux blonds bouclés et des yeux grands ouverts, très bleus. Il avait de belles mains fines, d'un musicien peut-être. Il avait dans les 17 ans. Je me suis mise à pleurer, en disant : "Mon enfant, mon enfant, où est ta mère ? Sait-elle que tu dors de ton dernier sommeil dans cette herbe fraîche de Serbie ?" La pitié pour l'homme ne fait pas de différence entre les nationalités. Et la guerre n'efface pas tous les sentiments humains. Et ne croyez pas que c'était là une sensibilité de femme ! Des hommes autour de moi ont éprouvé le même genre de sentiments. Ils l'ont moins montré.

« A partir de 1943, nous avons commencé à recevoir des grades, ce qui était une manière de nous féliciter et de récompenser nos exploits. Parfois, nous les femmes, recevions des grades plus hauts que nos commandants. J'étais chef d'un service médical et j'ai reçu une distinction plus haute que celle de mon commissaire. J'étais embarrassée et je pensais qu'il s'en offenserait. Au lieu de cela, il m'a félicitée. C'était un temps où les hommes étaient fiers des exploits des femmes et trouvaient juste qu'elles soient récompensées. Par contre, la génération précédente a quand même marqué le coup. Quand ma mère m'entendait appeler « colonel », elle sursautait et se signait devant l'icône, en prenant la Vierge à témoin. J'ai porté l'uniforme encore quelque temps. Les gens m'adressaient du "monsieur le colonel", ce qui a fini par me troubler. Je devais parfois consulter mon miroir pour savoir si j'étais encore bien une femme. »

Le combat des femmes soviétiques

C'est en Union soviétique que les femmes ont le plus transcendé leur condition féminine pour se mettre au service de la guerre et de la Résistance. Mais laissons parler sur ce sujet l'historienne Hélèna Zamoyska[1] :

« Les hostilités terminées, le bilan était effroyable : 20 mil-

---

1. Dans *Histoire mondiale de la femme* (N.L.F.).

lions de mort en tout, comme l'indiquait Brejnev au 23ᵉ congrès du parti, en 1966. Parmi eux, au moins 8 millions de civils avaient péri, fusillés ou déportés par les Allemands. Dans Leningrad assiégée pendant un an et demi, le tiers de la population était mort de faim et de froid, soit un million de gens... Ces chiffres hallucinants ne tiennent pas compte des blessés, des millions de personnes à jamais amoindries. Proportionnellement au nombre d'habitants, aucun autre pays, Pologne exceptée, n'a autant souffert de la guerre. Pas une famille où l'on n'ait eu à déplorer un mort. Les femmes payèrent un lourd tribut à la guerre, par leur santé, leur travail et souvent, leur sang.

« Elles furent nombreuses en effet à aller volontairement au front, souvent comme infirmières, mais beaucoup prirent une part directe aux combats[1] ; en territoire occupé, elles rejoignaient les partisans. Femmes modestes que la guerre transformait en héroïnes. Parmi elles beaucoup de toutes jeunes. Les principes austères inculqués à la jeunesse pendant les années 1930 portaient leurs fruits : dans l'épreuve, elle donnait la mesure de sa bravoure et de sa fermeté. Voici quelques exemples, glanés au hasard dans la presse soviétique : ce ne sont pas les plus connus, mais les plus caractéristiques du courage opiniâtre et silencieux dont les femmes soviétiques ont su faire preuve. Certaines ont survécu, telle Anna Alexandrovna Timoffeva. Employée dans le métro avant la guerre, pilote de chasse dès le début des hostilités, titulaire de trois médailles gagnées au combat, elle échappa miraculeusement à la mort quand son avion fut descendu par les Allemands en 1944, puis lorsqu'on la jeta dans un camp de concentration où elle subit de terribles tortures malgré ses blessures. Elle fut délivrée par les siens, mais aussi par sa force de volonté : sa devise était celle de son pays : Vivre et Vaincre.

« Ou Zoïa Setguievna Pervoukhina, une femme encore jeune au visage gai et énergique, encadré de cheveux blonds, qui enseigne dans un pensionnat de la région de Donetz après

---

1. Elles occupaient principalement les postes de pilote de bombardier, servante de mitrailleuse, chef de char, commandant d'unité comme le major Bershanskayïa tireur d'élite, comme Lonomila Pavlitchenko (elle tua 300 soldats ennemis), fusilier-mitrailleur comme Maria Baida.

avoir été une héroïne de la Résistance : étudiante dans un institut d'éducation physique quand la guerre éclata, elle fit des reconnaissances dans les lignes ennemies. Tombée dans une embuscade, grièvement blessée, elle s'évada du camp où elle avait été envoyée, elle se cacha plus d'un mois dans les marais, mangeant des racines, jusqu'au moment où elle rencontra un groupe de partisans avec lequel elle termina la guerre.

« Il y a aussi toutes celles innombrables dont on voudrait pouvoir citer les hauts faits et qui ont péri :

« Nina Ivanovna Sosnina, jeune fille de dix-huit ans qui dirigeait la Résistance à Maline en Polessie, et y entraîna son père, médecin ; elle trouva la mort avec lui dans les flammes de la maison où les Allemands les avaient cernés, après s'être défendue jusqu'à la dernière cartouche.

« Zoïa Kosmode-Mianskaïa, dont le nom est célèbre depuis que l'écrivain Fadeïev s'est inspiré de son destin pour écrire *la Jeune Garde*. Partie comme volontaire au front, elle fut arrêtée par les Allemands alors qu'elle remplissait une mission à l'arrière des lignes ennemies. Cruellement torturée, elle fut finalement pendue. Elle aussi avait 18 ans. »

En fait, au pays de Dostoïevski, on ne sait pas ce qu'est la tiédeur. On y est passion, ou rien du tout ! L'intrépidité des jeunes femmes russes dans la guerre est un phénomène quasi unique que les dirigeants du pays ont su utiliser chaque fois que possible. Une école d'aviation féminine s'était ouverte dans la région de Moscou, qui forma plus d'un millier de pilotes de chasse. Une autre s'ouvrit près de Sébastopol, où Vera Lomako fit ses débuts. Elle les a racontés en 1968 au journaliste des *Nouvelles de Moscou*, Vlasdislas Stepanov :

« A l'école de vol de Katchinsk, j'assistais aux essais du chasseur 1-16, une nouveauté à cette époque. C'est Valeri Tchalov qui en faisait l'essai. Il atterrissait, se posant tantôt sur une roue, tantôt à chassis fermé. C'étaient des vols étonnants qui m'ont passionnée. J'ai résolu ce jour-là de ne voler que sur un appareil semblable. Les années ont passé. Mon mari, qui était pilote dans la guerre d'Espagne, est mort des suites des blessures reçues dans cette guerre. Mes enfants sont morts, eux aussi, pendant la grande guerre patriotique. Marina Rasbova, navigateur au long cours et commandant d'une escadrille de bombardiers, s'est écrasée avec son avion. Moi, j'ai réussi à surmonter malheurs et dangers. Je suis restée dans le ciel de la guerre. Combats au-dessus de Moscou, de Maloïraslavetz. Mon escadrille a combattu aux côtés de celle de "Normandie-Niemen", au-dessus de Kozelsk. »

Vera Lomako, c'est peut-être elle que le pilote de chasse Costia Felzer a croisée dans le ciel soviétique en 1945. Ce héros franco-russe du « Normandie-Niemen » a publié ses Mémoires en 1987, sous le titre *On y va*. On y lit ce récit :

« Une douzaine de Stormovick[1], vers 2 000 mètres d'altitude, se dirigent sur Vitebsk, attaqué par les nôtres depuis ce matin, qui se trouve à 16 kilomètres de là. Les premiers passent sur la ville, ou ce qu'il en reste : des ruines, du feu, de la fumée, de la poussière. Mais une DCA du feu de Dieu qui tire à tout crin. Ils passent et ils dérouillent. Rien n'est tombé. La DCA réajuste son tir. Au deuxième passage, ils piquent, et nous, dans nos avions, on suit... Un Stormovick a la moitié de son train sorti, un autre, un bout de ferraille qui se détache... mais rien ne tombe.

— C'est le bouquet, je me dis. Ils sont dingues, ou ils se foutent du monde. Nous, on n'est pas candidats au suicide ! Troisième passage, on reste dans le soleil vers 1 200 mètres. Les Stormovick, eux, doivent être à 200 mètres, en plein dans le feu d'artifice. Sur l'avion de tête, la gerbe est telle que l'on croit qu'il pique vers une meule émeri qui affûte son burin. S'ils veulent mourir !...

« Premier chapelet, second et troisième, le tiers de la DCA la ferme. Un Stormovick qui fume file vers l'est, un second lâche deux parachutes.

« Quatrième passage, toujours imperturbables comme au 14 Juillet. C'est pas possible, me dis-je, c'est pas des hommes qui sont là-dedans, c'est des mécaniques sans corps, sans âme et sans sang ! J'en vois encore un qui fume, un autre qui perd un bout de ferraille, une dizaine de chapelets tombent. De la fumée, du feu. Au sol, la DCA tire beaucoup moins. Enfin, c'est fini, ils vont pouvoir rentrer. Ils n'ont rien perdu de l'essentiel. Je vois un convoi, en bas, qui roule vers l'ouest. Je me dis que les Stormovick vont se le farcir au Katioucha, les

---

1. Un type d'avion de chasse soviétique utilisé pendant la dernière guerre.

uns après les autres, les éclopés compris. Et effectivement, les Stormovick crachent de leurs quatre Katioucha sur le convoi arrêté, dont la moitié des chars est déjà dans le fossé et la plupart des autres, en feu.
— Qui sont ces hommes ? Mais qui sont ces hommes sans nerfs ?
« Les voilà enfin qui mettent le cap vers l'est, en rase-motte total, sautant les obstacles avec leurs taxis éclopés. Les lignes sont franchies, on baigne dans la sueur en voyant « les gars » qui rentrent, qui passent notre terrain. Le premier fait une chandelle, bat des ailes. Nous entendons alors une frêle voix de jeune fille dans notre casque :
— Porchtchai frantzouzik, zpassibo! (salut les Français! ça va!)
« Je n'en crois pas mes oreilles. Ces Stormovick étaient ceux d'un régiment entièrement féminin. Ces hommes d'acier étaient des filles! »

Ce témoignage, trouvé au hasard des lectures, malgré son jargon d'« hommes de l'air », vaut tous les discours sur la témérité des combattantes russes. Celles-ci se sont illustrées dans d'autres secteurs de la guerre, telle « la chasse au nazi ». Des petits groupes d'hommes ou de femmes patrouillaient le jour durant avec pour mission d'abattre sans sommation tout individu arborant l'uniforme de l'ennemi. Ces « exécutrices » ont été remarquées par des prisonniers de guerre[1] durant le siège de Berlin.
Brigitte Reithmuller, une Allemande national-socialiste les a vues dans les rues de sa ville fraîchement bombardée et les redoutait, car dit-elle, « elles nous tiraient comme des lapins ».
Le cinéaste Victor Dachouk, dans une série de témoignages recueillis pour la télévision soviétique, et présentée sous le titre « La guerre n'a pas un visage de femme » a interviewé une femme chasseur de nazis, Maria Morsova. A dix-huit ans, elle présentait à son palmarès la mort de 75 nazis, attrapés au bout de son fusil :
« Je vais vous dire, on allait à la chasse au nazi du matin au soir... Au début, on avait la trouille, mais peu à peu, on a

---

1. Marcel Mignault dans « les Captifs de l'an 40 » de Jean Chérasse (A2-1985).

surmonté notre peur. On n'avait plus qu'une idée en tête : on avait un ennemi en face de nous et on ne pouvait qu'éprouver de la haine pour lui. Il avait fait tant de mal à notre pays ! Et croyez-moi, je n'étais pas la seule : toutes les filles avaient cette haine au cœur.

« Quand on partait pour cette chasse à l'homme, on faisait des paris entre nous. On se demandait combien on en descendrait dans la journée. Il y a des jours où on chassait pendant des douze, des seize heures d'affilée, tout ça pour rentrer bredouille. Le soir, on pleurait de n'avoir pas pu tirer un seul nazi.

« Voilà comment notre peur et notre pitié pour l'être humain se sont transformées en haine absolue pour l'ennemi. On s'était endurci le cœur.

« Mais je me souviens, la première fois que j'ai tiré, je me suis dit : "Mon Dieu, pardonnez-moi, je viens de tuer un être humain !"

« J'en étais terrorisée. Mes mains se sont mises à trembler, j'avais froid. Je claquais des dents. Je voulais dire quelque chose à Macha, ma compagne, mais je n'arrivais pas à prononcer un mot, tant j'étais effrayée par l'acte que je venais de commettre. »

CHAPITRE XVI

SUR LES LIEUX DE TRAVAIL

Il existe en temps de paix dans nos pays industrialisés une résistance naturelle et organisée au pouvoir du patronat, celle des syndicats. En temps de guerre, le pouvoir étant passé entre les mains de l'occupant, le combat syndical passa, lui, dans la clandestinité. Les femmes furent très nombreuses à s'y engager et à y occuper des postes de responsabilités, en partie à cause de l'absence des hommes retenus dans les camps de prisonniers, en partie aussi parce que les revendications portaient sur les besoins essentiels des mères de famille, en partie enfin parce que les femmes risquaient moins le peloton d'exécution que les hommes. Toutes les conditions étaient réunies pour que la bravoure des femmes du peuple de France pût s'exprimer... et elle s'exprima.

Les manifestations de ménagères

Il y en eut très tôt, dès 1940 ; il y en eut partout, il y en eut durant toute la guerre.

Les premières eurent lieu durant l'hiver 1940, sur l'initiative de Danielle Casanova, secrétaire générale de l'Union des jeunes filles de France, pourtant dissoute, en 1939. Elles avaient pour but de réclamer le retour des prisonniers, l'augmentation de l'allocation militaire, des tickets supplémentaires pour les enfants et les colis aux prisonniers. Des cortèges de femmes se constituèrent pour marcher, qui sur la « maison du prisonnier », qui sur les mairies de banlieue, qui sur le ministère des Anciens Combattants.

L'année suivante, elles s'étendirent à la province. Les ménagères manifestèrent dans le Nord, en Seine-Maritime et en zone non occupée, à Lyon, Marseille et Grenoble.

En 1942, les manifestations pour le ravitaillement se sont multipliées à travers le pays. L'une d'elles est restée célèbre dans les annales, parce qu'elle fut assez sanglante : celle de la rue de Buci, à Paris. Madeleine Marzin en était l'une des meneuses. Elle a raconté cet épisode à Nicole Chatel :

« Nous avions pour mission d'entrer dans le magasin "Eco" au coin de la rue de Buci, d'attraper tout ce que nous pourrions et de le distribuer à la volée dans la queue des ménagères. Pendant ce temps, d'autres équipes distribueraient un tract dehors. Le signal de départ, c'était *la Marseillaise* qu'une fille devait chanter. Ce magasin qui existe toujours, était assez bien approvisionné, beaucoup mieux que ceux de notre périphérie. Les Allemands venaient s'y faire servir, ce qui mettait les gens du quartier en colère. Ce jour-là, il y avait eu distribution de boîtes de sardines à l'huile contre des tickets. Personne n'avait vu ça depuis près de deux ans. Il y avait de gros tas de boîtes. Je m'étais dit : occupons-nous des sardines.

« Nous nous sommes mises dans la queue, comme toutes les ménagères avec nos filets. A *la Marseillaise*, les gars devaient commencer à distribuer le tract dans la queue, nous entrions et nous faisions l'opération. Nous étions une dizaine de femmes. Les hommes devaient nous protéger pour le cas où quelque chose irait mal. C'était le 31 mai. Dix heures. La fille qui devait chanter *la Marseillaise* n'a pas trouvé la force de chanter ! Elle n'a pas pu. Ce sont des choses qui arrivent. Chanter comme ça en pleine rue ! une rue pleine de raffût, d'Allemands, de policiers de Vichy.

« Vers dix heures dix, j'aperçois le responsable dans un coin et je lui dis :

— Eh bien, alors, *la Marseillaise* ?

— Ben qu'est-ce que tu veux, elle l'a avalée !

— Alors, qu'est-ce qu'on fait?
— Tu y vas quand même...
— Allons-y!
« Mais j'avais l'impression que nous avions laissé passer le bon moment. Chacun s'était refroidi. Quand on a été tendu comme ça, c'est terrible... Et surtout, ce qui m'inquiétait, c'était les forces adverses. Le quartier de l'Odéon était un coin à marché noir. Tous les jours, des gens s'y faisaient arrêter. Il n'y avait donc pas une seconde à perdre. Des quantités de personnes que je ne connaissais pas étaient venues pour cette manifestation. N'y avait-il pas eu de fuites? J'ai été trouver mes femmes et je leur ai dit:
— On y va, mais en vitesse. Vous ne restez pas dans le magasin, vous démolissez le tas de boîtes de sardines, vous lancez ce que vous pouvez aux ménagères, et vous vous sauvez aussitôt.
« En principe ce n'était pas à moi d'organiser cela, c'était le travail d'une fille de mon groupe. Elle aussi, au dernier moment... J'ai donc pris la tête de l'équipe dans le magasin.
« Le vendeur m'a dit:
— Alors ma petite dame, et les tickets?
— Aujourd'hui, c'est sans tickets, lui ai-je répondu.
« J'attrape mes boîtes, et hop! par-dessus les têtes des ménagères. Elles commençaient à ramasser...
« Ils ont vite fermé les portes du magasin pour nous empêcher de sortir. Ils m'ont retenue autant qu'ils pouvaient. Nos gars ont forcé les portes pour nous faire sortir. J'ai pu m'en aller. Je portais un capuchon beige que je me suis dépêchée d'enlever dès que j'ai été sortie. Mais une des nôtres est restée. Ils l'ont mise tout de suite dans les pattes de la police qui l'a intimidée, lui faisant croire que son gosse serait confié à l'Assistance publique. Elle a pris ça pour argent comptant, elle avait une vieille mère à charge... Elle a flanché. Ce qui ne l'a pas empêchée d'être déportée. On est venu cueillir chez eux tous ceux dont elle avait les adresses. Ils nous ont donc retrouvés et embarqués directement à la brigade anti-terroriste. »
Les trois hommes de l'équipe de protection de cette manifestation ont été guillotinés. On les a accusés d'avoir tué à coups de revolver les agents de police qui emmenaient au

commissariat les gens arrêtés, ce qui n'a pu être prouvé. Madeleine Marzin a été condamnée à mort pour « association de malfaiteurs et complicité d'assassinat ». A la prison de la Roquette, on l'a mise au cachot. A Paris, on voulait une exécution rapide. Mais comme elle était la première femme condamnée à mort, Vichy a reculé. Elle a été transférée à la prison de Fresnes et a réussi à s'évader lors de son transfert à la centrale de Rennes. Évasion rocambolesque d'ailleurs, par la fenêtre d'un train bondé, d'un compartiment où se trouvaient des condamnées de droit commun, et avec leur complicité, puisqu'elles chantèrent *la Marseillaise* pour détourner l'attention des gardiens et des policiers allemands. Au lieu de se retirer dans sa coquille, Madeleine Marzin a rejoint un groupe de FTP pour continuer la lutte et constituer, avec d'autres, les Comités féminins d'où est sortie l'Union des femmes françaises.

« Des manifestations de ménagères, dit Josette Cothias-Dumeix (qui succéda à Danielle Casanova à la tête de ce qui allait devenir l'Union des femmes françaises), il y en a eu partout. On n'en parle pas beaucoup, mais il y a eu pendant la guerre des centaines de milliers de femmes qui ont été très actives. Je me souviendrai toujours, en 1942, de ces huit cents femmes qui encerclèrent la préfecture de Belfort et qui tinrent tête aux Allemands armés qui les braquaient en les priant de déguerpir. Et surtout, de ces femmes de Montluçon qui se sont couchées sur la voie ferrée où devait passer le train qui emmènerait les jeunes requis du STO. Ça c'était extraordinaire, et se révéla payant puisque sur les 300 mobilisés qui devaient partir, il n'en est resté que 27, et le train qui devait partir à 11 heures du matin n'est parti qu'en fin d'après-midi. Leur manifestation avait réussi à détourner l'attention de la feldgendarmerie, qui n'osait pas tirer, car évidemment tirer sur des femmes risquait de soulever la population tout entière. Au début de l'Occupation, les marches revendicatives avaient surtout pour but d'obtenir une amélioration de la condition quotidienne des ouvriers, mais très vite elles se sont doublées d'un caractère politique. Ainsi dans le Nord, les femmes réclamaient du pain et du savon, mais elles ajoutaient "pas de gaillette, pas de carbon pour les Allemands", et ça, c'était un slogan politique ! »

Les comités populaires féminins

Danielle Casanova avait donné l'impulsion (avant d'être déportée en 1942 à Auschwitz), du rassemblement des femmes de prisonniers, facilement mobilisables parce que malheureuses de la vie qui leur était faite. L'idéologie communiste, qui présidait à ces initiatives, passait au second plan devant les urgences vitales du moment.

« Il s'agissait, explique Yvonne Dumont, d'engager les femmes à protester et à agir, en les mobilisant sur leurs multiples problèmes quotidiens. Notre tâche consistait à organiser des démarches difficilement répressives par les forces d'occupation, au début du moins : pétitions et délégations pour obtenir du beurre, des galoches, du charbon, la possibilité de correspondre avec les prisonniers de guerre, etc. Cela nécessitait d'avoir dans chaque département une ou deux femmes résolues. Certaines avaient déjà été organisées dans un syndicat, un parti, le "Comité des femmes contre la guerre et le fascisme", ou à l'UJFF. Mais il y avait aussi des femmes de sympathisants, des sympathisantes elles-mêmes. Elles avaient des amies, des voisines, des parentes, et tout cela a fini par faire beaucoup de monde. »[1]

Les comités populaires féminins se constituèrent avec des femmes de tous les horizons sociaux et politiques. Parmi elles, certaines devinrent agents de liaison, qui prirent leur place dans l'activité du Front national, parfois même dans les groupes armés et les maquis, qui se formaient avec les réfractaires au STO, afin d'organiser leur ravitaillement. Ces comités étaient fragiles et parfois épisodiques, car la répression frappait de plus en plus durement.

Yvonne Dumont fut chargée du recrutement et de la formation des comités féminins en Normandie-Picardie, Bourgogne et Poitou, et couvrit ainsi quelque vingt-cinq départements. Elle se retrouva à la direction de l'Union des femmes françaises, alors animée par Claudine Chomat qui succédait à Maria Rabaté, laquelle succédait à Josette Cothias qui avait succédé à Danielle Casanova. Le premier comité directeur de l'UFF, représentatif des comités de base, se tint

---

1. 4 405 comités de base sur 87 départements, 59 manifestations, 619 000 cartes de membres.

au complet en 1944, dans un collège de jeunes filles de Poissy, chez Mme Danielou, mère du cardinal.

Y assistaient Claudine Chomat, Germaine Adam, Marie Bell (de la Comédie-Française), Elisabeth de La Bourdonnaye (qui devint l'épouse du professeur Debré), Hélène Gosset, Irène Joliot-Curie, Françoise Leclerc, Lucienne Maertus, Maria Rabaté, Jeanne Sivadon (une des amies de Berthie Albrecht), Edith Thomas, Georgette Sansoy et Yvonne Dumont.

« Ainsi, conclut cette dernière, est né l'UFF. J'ai personnellement vécu l'évolution des femmes entre 1940 et 1945 et assisté à leur prise de conscience, au prix d'une terrible expérience, de la chose publique comme étant aussi leur affaire. »

Madeleine Marzin fut l'une de ces animatrices infatigables qui parcoururent la France dans tous les sens pour obtenir la collaboration des femmes à la Résistance.

« Petit à petit, raconte-t-elle, nous étions arrivées à les faire collecter des vêtements, des carrés de laine pour les couvertures, à les entraîner dans l'organisation des secteurs sanitaires pour soigner les partisans, pour les planquer. Il y avait notamment les soldats de l'Armée rouge qu'il fallait cacher et nourrir. Certains ont connu des périodes de misère épouvantable. Je me souviens qu'au sortir de l'hiver, on nous a demandé de leur trouver des chaussures : il y avait encore de la neige et ils vivaient dans les bois sans chaussures. Nous groupions des femmes de toutes conditions. La sœur de Jacquinot, l'ancien ministre, habitait Joinville en Haute-Marne. Son mari dirigeait une entreprise industrielle. Elle nous accueillait chaque fois que nous venions et prenait de gros risques. Elle a caché beaucoup de patriotes recherchés par la police.

« En Meurthe-et-Moselle, l'organisation des postes sanitaires pour les combattants des Forces armées fonctionnait dans un couvent. C'étaient des religieuses qui recevaient les gars. Elles faisaient de la charpie et soignaient ceux qui en avaient besoin.

« A partir de juin 1944, les contacts sont devenus très difficiles à cause des actions armées des patriotes contre les transports ennemis. Un jour, venant de Nancy pour me

rendre dans un village de Haute-Saône, je me suis trouvée dans un train qui a stoppé à 40 kilomètres de ma destination. Il fallait faire ces kilomètres à pied et le couvre-feu approchait... Comme c'était risqué de marcher la nuit à cause des patrouilles allemandes, je me suis allongée dans un pré où ruminaient des vaches bien tranquilles... Le lendemain, je suis repartie à pied. Nous étions à la période où il fallait préparer la grève insurrectionnelle. Je devais donner des directives, expliquer le topo. Les femmes ne pouvaient pas toutes faire la grève, mais il fallait que je leur explique la marche à suivre. C'est à peine si je pouvais ouvrir les yeux. J'ai marché autour de la table pendant une heure pour ne pas m'endormir. Et je suis repartie le soir, en direction de Lure, dans le but d'atteindre Besançon. C'était un centre industriel et il fallait qu'il tienne sa place dans la grève patriotique. »
Admirable femme, non ?!...

Sabotages sur les lieux de travail

Une autre manière de faire de la résistance consistait à altérer et réduire la production dans les usines. Une grande partie de cette production profitait à l'ennemi ; l'en priver, c'était donc lui nuire. On s'en avisa très vite à la direction de l'AO, l'Action ouvrière, dirigée par Krigel-Valrimont, et aussi à la direction du parti communiste. En 1941, apparition d'un nouveau sigle, l'OS, Organisation spéciale pour les sabotages, et donc formation de petits groupes d'action qui se fixèrent pour objectif l'incitation au sabotage. Danielle Casanova en avait eu l'idée en haut. A la base, beaucoup de femmes répondirent présent pour se lancer dans l'action. Dans le Nord, une ouvrière des textiles, Martha Desrumaux fut l'une d'elles, et parmi les plus intrépides, déjà formée à l'action syndicale avant la guerre, et fort active quoique sachant à peine lire.

« Un des mots d'ordre de l'OS était de réduire le rendement par tous les moyens: par exemple dans les mines, de diminuer la production parce que le charbon partait pour l'ennemi. Dans le textile, d'essayer de saboter les machines, dans la métallurgie, de trouver les moyens de saboter. Nous avons donné ces idées-là à nos camarades et c'est sur cette base qu'ils ont commencé à travailler (...).

« On allait expliquer nos directives dans les secteurs ; on les diffusait par des tracts et par des affiches qu'on imprimait, dans les imprimeries clandestines (il y en avait une qui était cachée chez Emilienne Mopty) et même parfois au moyen d'une imprimerie-jouet. Par exemple, à Armentières, j'avais trouvé le petit Bailleul à qui j'ai confié un tract à imprimer. Il n'avait aucun matériel, mais il s'est débrouillé. J'ai reçu le tract convenu, à la date convenue. Il avait fait le travail avec les lettres en caoutchouc d'une imprimerie enfantine. Ce qui veut dire qu'il y avait passé des nuits !... Dans une usine importante de Lille, qui travaillait pour l'occupant, nous avions un petit noyau de résistance, parmi lequel, une infirmière, Mlle Duriez. Elle n'était ni FTP, ni gaulliste, mais quand un gars se faisait une petite blessure pour laquelle un tampon d'alcool aurait suffi, elle lui donnait quinze jours de repos. Si un gars se faisait une entorse, c'était une cheville cassée avec un gros bandage : ça faisait un homme de moins dans la production. Cette femme, quand les Allemands se sont aperçus de son manège, a été arrêtée et déportée. Elle est morte au camp de Ravensbrück pour avoir fait son devoir de Française. »

Déportée à son tour à Ravensbrück, Martha Desrumaux y poursuivit son travail d'incitation au sabotage. Hélène Mabille qu'elle y retrouve, en compagnie de Denise Breton, deux communistes comme elle, ont le courage, sous son impulsion, de saboter à l'usine Siemens où on les faisait travailler pour la guerre. Elles fabriquaient des pièces pour moteur d'avion et il suffisait de couper un petit fil pour en perturber le fonctionnement. La foi patriotique de ces femmes était telle qu'elles ont trouvé le moyen, dans leur Kommando de travail, d'arborer le jour du 14-Juillet des petits nœuds bleu, blanc et rouge. Ils étaient confectionnés avec les fils qu'elles utilisaient pour la fabrication des moteurs d'avion !

Grèves de femmes

« Les grèves les plus importantes de l'Occupation ont eu lieu curieusement dans le nord et dans le sud de la France, explique Josette Cothias-Dumeix. Dans le Sud, à Marseille, c'est la famine qui a jeté les gens dans la grève. Les femmes sont descendues dans la rue avec des pancartes. Quelques jours après, toute la ville était en grève. Dans le Nord et le Pas-de-Calais, classés "zone interdite", il fallait avoir un sacré courage pour se lancer dans une grève, car la répression nazie était terrible. On parle toujours d'Oradour. Mais il ne faudrait pas oublier le martyre de Courrières : 700 maisons brûlées sur le millier de maisons de cette bourgade! 500 personnes fusillées dans le Nord, comme ça! pour mater la population! Les gens du Nord avaient déjà beaucoup souffert lors de la précédente guerre. Ils supportaient mal qu'on remette ça chez eux. Leur conscience du danger fasciste était plus nette qu'ailleurs, de même que l'état de misère dans lequel ils ont tout de suite été jetés. Il n'y avait plus de farine, plus d'eau, plus de gaz, plus d'argent, plus rien ! même plus de savon ! et ça c'est un drame pour les mineurs, quand on sait la place que tient la cérémonie du nettoyage dans le baquet après le retour du puits! Alors oui, les motivations étaient très grandes, à la mesure de la grève qu'ils ont déclenchée, particulièrement à Hasnes, à Denain et à Hénin-Liétard.

« Ce sont les hommes qui ont décidé de faire grève, mais auraient-ils tenu sans leurs femmes ? Ce sont elles qui, à 4 heures du matin, courent de coron en coron pour attraper les hommes qui partent et leur dire de ne pas y aller. A l'entrée des puits, ceux qui se présentent les trouvent là, par centaines qui montent la garde. Pas question d'aller travailler! Pas de jaunes! Dans la journée, on leur envoie les gendarmes. Elles se les coltinent. Et le lendemain, ça recommence : elles tapent avec des cuillers sur des pots-au-lait pour appeler à la grève.

« Le mouvement avait commencé le 28 mai. Le 4 juin, de nouveau, elles sortent des corons et arrivent en délégation devant les mairies, puis elles se dirigent vers la Direction des Mines. Certaines s'occupent de maintenir les gendarmes. Les Allemands tapent sur elles, mais elles s'en fichent. Elles forment une véritable chaîne humaine! Les Allemands sont très décontenancés. Ils croyaient qu'ils allaient les faire fuir comme une volée de moineaux après quelques coups de feu tirés en l'air pour les intimider. Rien, il ne se passe rien! Elles

sont trop nombreuses, une marée humaine, près de
4 000 femmes a-t-on pu recenser plus tard! Elles criaient:
"pas de charbon, pas de gaillette pour l'ennemi!" et l'ennemi
ne bougeait pas. Ils avaient les mitraillettes, ils avaient même
amené les auto-chenilles, et la grève continuait.

« Plus tard, les Allemands ont donné un peu de ce qui était
réclamé, un peu de charbon, un peu de savon, un peu de pain.
C'est à ce moment-là qu'on a ouvert la coopérative des
mineurs, qui a un peu soulagé le sort de ces gens qui était
terrible.

« Les Allemands ne tiraient pas vraiment sur les femmes,
par crainte de soulever toute la population, mais ils en ont
beaucoup arrêté et tout ça a fini dans les camps. Emilienne
Mopty fut l'une des animatrices de ces grandes grèves. Elle
n'a pas été arrêtée à ce moment-là. Elle a réussi à partir dans
la clandestinité, à rejoindre un groupe de FTP qui s'était
donné pour mission d'aller libérer les mineurs enfermés à la
citadelle d'Arras. Les choses ont été dénoncées et elle a été
prise au moment où elle apportait les armes. Elle a été
emmenée en Allemagne et décapitée à la hache, à Cologne. »

Martha Desrumaux a également attaché son nom à cette
grève de 1941 qui devait aboutir à un arrêt de travail avec
occupation des mines pour 100 000 mineurs. C'est sous sa
direction que furent rédigés les cahiers de revendication, sous
forme d'une brochure largement diffusée, et point de départ
de la grève.

« Avec un imprimeur d'Armentières, on a réussi à faire
une brochure à partir d'un tract, explique-t-elle. Une copine,
Marie Chieus, en a agrafé dix mille en une nuit. C'est cette
brochure qui a préparé la grève des mineurs. »

Selon Martha Desrumaux les femmes des mineurs du
Nord ont encore joué un rôle dans la lutte contre l'occupant
exploiteur en recueillant les bâtons de dynamite que les
mineurs ramenaient de la mine dans leur bouteille thermos,
avec des mèches qu'ils cachaient dans leurs chaussures. Ce
matériel était collecté par les épouses et rassemblé chez
Henria Wasquez, d'où il repartait pour chaque opération de
sabotage.

Résistance féminine dans l'administration

Si l'on en juge par le nombre de faux papiers, vraies-fausses cartes d'identité, et par le nombre de faux tickets d'alimentation, de textile ou de charbon, distribués par les mairies et qui ont circulé, on peut conclure à un sérieux travail de falsification au sein même des établissements administratifs. Qui faisait ce travail ? Le plus souvent des femmes, car si elles ne pouvaient pas prétendre à l'époque[1] au poste de maire, préfet ou sous-préfet, le secrétariat leur était largement ouvert. Dans son *Histoire de la Résistance en France*, Henri Noguères cite le témoignage de Mme Pilpoul, secrétaire générale adjointe de la mairie du 3ᵉ arrondissement de Paris, depuis mai 1941 :

« D'abord le sabotage systématique de toutes les instructions administratives visant à brimer la population ou à aider l'ennemi. Cela pouvait aller de la collecte de métaux non ferreux au mélange systématique des fiches de recensement en passant par l'apposition de faux cachets de l'office du travail sur les cartes de travail, à l'omission systématique du cachet "juif" sur les cartes d'alimentation, ou aux faux renseignements destinés à égarer les enquêteurs allemands ou français venus s'informer sur des personnes habitant l'arrondissement.

« D'autre part, l'aide directe, individuelle, à la population menacée, qu'il s'agisse de celle du 3ᵉ arrondissement ou d'ailleurs. Enfin, dans la mesure des contacts qu'il fut possible d'établir, action clandestine avec les organisations de résistance.

« Ce travail, poursuivit Mme Pilpoul, je l'ai fait sous ma seule responsabilité, sans être appuyée ou encouragée par aucune autorité administrative supérieure à la mienne. D'ailleurs, quand j'ai été arrêtée (et déportée à Ravensbrück) personne d'autre que moi n'a été inquiété. J'ai été aidée pour une partie du travail clandestin par une petite fraction de mon personnel, quelques employés honnêtes et dévoués, vis-à-vis de qui, bien entendu, j'avais pris l'entière responsabilité de ce qui pourrait arriver par suite des instructions que je leur donnais. »

---

1. Le droit de vote a été donné aux Françaises en avril 1944. Brigitte Chevance, première mairesse de France, en 1944.

D'autres secrétaires de mairie se sont signalées par leur action résistante, comme Mlle de Corbin (dans le 15ᵉ) Mme Daniel (dans le 17ᵉ), Mlle Le Breton (dans le 18ᵉ), mais il y en eut bien d'autres !... Le noyautage des administrations publiques fut organisé d'une manière systématique dès 1942 par le NAP, que dirigeait Claude Bourdet, et par le Front national.

De même que l'esprit de résistance s'était infiltré dans le monde des cheminots (Résistance-Fer), il s'infiltra dans le milieu des postiers. Deux tendances s'y exprimaient, l'une communiste avec une femme dans le groupe de tête, Mary Couette, l'autre gaulliste qui prit le nom d'état-major PTT et dont les renseignements permirent d'alimenter les actions de la Confrérie Notre-Dame et de l'Organisation civile et militaire. C'est une femme, Jeannette Drouin, qui faisait la liaison entre les deux mouvements. Elle fut arrêtée, déportée en 1943, et ne survécut que quelques jours à la déportation. L'élément le plus dynamique de l'EM-PTT était également une femme, Simone Michel-Levy, rédactrice à la Direction des Recherches et Contrôles techniques. Sous le nom de guerre de Emma, elle avait monté de toute pièce un dispositif propre à assurer un transport clandestin de la correspondance, des armes et des postes émetteurs, sa centrale étant installée à la gare de Lyon. Son bureau était devenu une véritable agence d'informations clandestines. Elle réalisa un système d'acheminement du courrier à travers la France qui marcha à la perfection, soit par voie maritime, c'est-à-dire jusqu'aux chalutiers, soit par voie aérienne, et cela dans les deux sens. Elle fut dénoncée et arrêtée en novembre 1943. Interrogée au centre de la Gestapo de l'avenue Henri-Martin, elle y subit le supplice de la baignoire, mais ne lâcha aucune information. Son attitude résistante en déportation lui fut fatale. Condamnée à mort par Himmler, elle fut pendue en 1945.

Simone Michel-Levy est devenue un sujet de fierté pour le monde des PTT, qui a édité un timbre à sa mémoire. Toutes les décorations honorifiques lui ont été décernées à titre posthume, dont la croix de compagnon de la Libération.

Cinquième partie

Femmes souffrantes
ou
le temps du malheur

Un chant s'envole

Un chant s'envole et monte et remplit le faubourg,
Clamant bien haut la haine, la souffrance et l'espoir.
Français, délivrez-nous! Vous ne pouvez savoir
Combien dure est l'attente et le silence lourd.

Fenêtre grillagée, bâtisse où règne l'ombre,
Où le soleil ne luit qu'entre des murs très hauts,
Où le regard cherchant des horizons nouveaux
Se heurte à la grisaille, l'uniformité sombre.
C'est la triste Roquette où bien loin de la vie.
Sont celles qu'on accuse d'aimer trop leur patrie.

Tourner sans cesse autour de la vieille fontaine,
Voir toujours des barreaux, des portes verrouillées,
Se sentir là, passives, le cœur rempli de haine.
Et ne pouvoir rien faire qui puisse vous aider.

Quand hurle la sirène aux longues nuits de veille
Ou que parvient à nous l'écho de vos exploits,
Notre cœur bat plus fort, plus fort est notre foi
Car la France est debout et les partisans veillent.

Prison de la Roquette, 14 juillet 1943
Jacqueline Grou-Radenez

(Poème retenu et publié par Paul Eluard dans *Europe*, aux Éditions
de Minuit clandestines)

Il fut un temps en France (et dans les autres pays d'Europe occupés) où lutter pour l'indépendance de son pays était considéré comme un crime et puni de prison ou de déportation. C'était entre 1940 et 1945, après que les armées du IIIe Reich avaient fait mordre la poussière aux troupes du général Gamelin, et mis en coupe réglée le pays vaincu et conquis.

Les résistantes furent parfaitement conscientes du risque qu'elles couraient. Mais si le jeu de cache-cache avec les autorités d'occupation était souvent mortel pour les hommes, il le fut assez rarement pour les femmes. On ne les envoyait pas devant le peloton d'exécution, et il y en eut pour le regretter. On les emprisonnait, on les torturait, de la même manière que les hommes, et parfois d'une manière encore plus raffinée, on les envoyait surtout en camps de concentration, autant pour les mater que pour récupérer leur force de travail, dont le pays vainqueur tirait profit. Les plus rebelles furent décapitées ou pendues dans les cours de prison en Allemagne. En camp de concentration, étaient vouées à l'extermination les femmes juives, les femmes âgées qui, ne pouvant travailler étaient considérées comme des bouches inutiles, les grandes irréductibles qui sabotaient leur travail, comme Simone Michel-Lévy.

Ce terrible enjeu, des femmes ont accepté de l'affronter au nom d'un idéal patriotique vibrant, au nom de la liberté à reconquérir, au nom de leur haine du nazisme. Leur courage, en ce temps du malheur, fut rudement mis à l'épreuve, vertu que l'adversité a révélée. Elles disent comment au long de ces derniers chapitres.

CHAPITRE XVII

FEMMES DANS LES PRISONS

Dès 1941, la population des prisons françaises s'est mise à enfler. Des pensionnaires d'un nouveau type affluent chaque jour : les politiques. Ils étaient accusés par Vichy de délits divers : menées antinationales, collusion avec une puissance étrangère (la Grande-Bretagne), terrorisme, insubordination, assassinat, destruction d'édifices publics, agitation sociale, espionnage au profit de l'ennemi, etc. Les chefs d'accusation ne manquaient pas. On y attendait un procès, ou simulacre de procès. Les sections spéciales de Darnand ne siégeaient que pour envoyer les résistants au poteau d'exécution. Il vint un temps où il suffisait d'être juif, catholique, communiste, franc-maçon pour avoir droit à une cellule infestée de punaises.

Comment des femmes, souvent très jeunes, qui n'étaient nullement des délinquantes ou des dévoyées, mais plutôt des filles de bonne famille, habituées à une vie confortable et douce, ont-elles supporté le régime des prisons de l'Occupation ?

Une grande capacité d'adaptation

Les émissions du radio de son réseau avaient été captées. Ses émissaires furent pistés. Elle fut arrêtée un beau matin. Marijo Chombart de Lauwes, 18 ans, travaillait pour un petit réseau de renseignement breton depuis un peu plus d'un an. Elle se retrouva à la prison de la Santé :

« On procédait par étape, selon l'endroit où l'on était arrêté. Travaillant en Bretagne, j'ai d'abord été conduite à la prison militaire d'Angers, où je suis restée trois mois. Les premiers interrogatoires y eurent lieu, assez brutaux. On m'a laissée sans manger, on m'a beaucoup menacée. Ils avaient en main tous les plans que mon réseau venait de récolter. J'étais mise devant l'évidence, mais comme nos instructions étaient de nier le plus longtemps possible, je me suis tenue à cette consigne. Mon instructeur était assis derrière une table, entouré d'Allemands en uniforme. La première fois, j'avais une peur terrible. Mes mains tremblaient. Finalement, je me suis assise dessus et ça a été mieux. Ma tactique de négation ne pouvait pas durer longtemps. Il fallait en trouver une autre. J'ai eu la chance d'être emmenée en promenade dans la cour de la prison des femmes, car j'avais été mise dans le quartier des hommes, sans doute parce qu'il n'y avait plus assez de place du côté des femmes. Là, j'ai aperçu une camarade de Tréguier, qui faisait partie de mon réseau et qui avait été arrêtée avec douze autres membres de ce réseau. Nous avons pu nous parler et mettre au point ensemble une autre tactique. Au cours des interrogatoires suivants, n'obtenant rien de moi, on m'a fait le chantage à la maman. Elle était dans une cellule elle aussi. On m'a fait croire qu'elle avait parlé. On m'a lu un texte qu'elle aurait écrit, mais comme il était en allemand, ce n'était pas crédible. On m'a conduite à sa cellule. Là, ma mère m'a fait tout un cinéma et m'a raconté un véritable roman. Tout était tellement invraisemblable que j'ai compris entre les lignes qu'elle m'incitait à reprendre son roman et à mentir sur toute la ligne. Ce que j'ai fait par la suite. Après, on m'a fait un chantage au père, arrêté lui aussi, mais sous un motif anodin. Il était handicapé et ça me faisait de la peine de le voir là. "Dites ce que vous savez et votre père sortira aussitôt" me répétait-on. Je n'ai pas cédé. Les quatorze personnes de mon réseau étaient enfermées dans des cellules. Leur sort dépendait de ce que je pourrais dire. Il fallait se serrer les coudes. Au bout d'un certain temps, nous avons tous été emmenés à la prison de la Santé de Paris, non sans être passés auparavant par la rue des Saussaies, le centre de Gestapo où l'on interrogeait les résistants en employant des méthodes qui sont restées célèbres pour leur cruauté.

« A la Santé, j'étais dans une division infecte, terrible. C'est là qu'on venait prendre les otages le matin pour les fusiller. La vie que j'ai eue, pour la jeune fille que j'étais, m'a laissé une marque définitive. J'ai plus appris là que pendant tout le reste de ma vie. Les gens savaient qu'ils allaient mourir. Ils avaient mené des actions très dures. Ils travaillaient pour des réseaux anglais, gaullistes, socialistes, communistes. Ils étaient très calmes, et j'étais stupéfaite de leur simplicité. Ces êtres étaient redevenus vrais, comme décantés. Je n'ai jamais vu l'être humain aussi grand que dans cette prison.

« J'avais pour voisine de cellule France Bloch-Serazin. Elle était au grand secret comme moi. Ce qui veut dire que nous ne recevions pas de courrier, ni de colis. Nous étions enfermées dans des cellules contiguës et nous avons fait connaissance en nous parlant à travers le mur, mais plus encore par le trou des cabinets, qui constituait un téléphone merveilleux par lequel on pouvait correspondre avec des voisins du dessous, du dessus et même de l'autre côté de la division. On se passait des messages, des informations. J'étais informée des procès qui avaient lieu. Les gens en revenaient généralement condamnés à mort, mais ils conservaient une foi extraordinaire. Il y avait d'ailleurs dans cette prison une amitié, un courage, une chaleur qui composaient une ambiance extraordinaire. Ainsi au-dessus de ma cellule, il y avait un musicien. Et le soir, il me demandait : "qu'est-ce que tu veux que je te siffle ?" Je lui demandais toujours de me siffler la *Petite musique de nuit*. Je ne peux plus l'entendre, maintenant, cette musique. C'était tellement bouleversant !

« Pour en revenir à France Bloch-Serazin, j'ai eu la sensation de côtoyer un être d'exception. Je ne l'ai jamais vue, sauf de loin, mais nous étions devenues des amies, je savais tout de sa vie, et elle, de la mienne. Elle était un exemple de courage, et me disait : "Dans la situation où nous sommes, il ne faut jamais s'attendrir." Ça m'avait frappée. Elle a été condamnée à mort. Quand elle est revenue de son procès, j'ai cassé mon œil-de-verre pour la voir enfin et je l'ai vue, telle que je l'avais imaginée. Elle redoutait d'être tuée en Allemagne. Elle n'a pas eu droit au peloton d'exécution, comme elle l'espérait.

« Après la prison de la Santé, nous avons été emmenées à Fresnes, une prison du même ordre, mais c'était moins dramatique. Pour tenir le coup, je m'occupais. Il le fallait. Les femmes dans cette prison avaient une remarquable faculté d'adaptation. Par exemple, un jour une détenue m'appelle par le trou des cabinets et me dit : "Tu vas voir ce que j'ai fait." Il y avait une bouche de chaleur dans les cellules, qui ne servait à rien puisqu'on n'était pas chauffé. Ça nous servait à nous envoyer des choses. Donc, j'attends ce qu'elle devait m'envoyer et je vois apparaître un petit rouleau. Je le déroule. Elle avait tricoté une robe en dentelle avec les fils du torchon qui nous servait de serviette ! Ça vous donne une idée de la capacité d'adaptation des femmes en prison. D'ailleurs, nos gardiens disaient volontiers de nous : "On enferme une Française toute nue dans une cellule. On est sûr que le lendemain elle aura trouvé le moyen d'avoir au moins un slip et un soutien-gorge." »

Agnès Imbert, résistante du réseau du Musée de l'homme (rapidement démantelé), s'est retrouvée en 1941 à la prison du Cherche-Midi. Le soir même de son arrivée, elle entend des chuchotements et une voix d'homme : « bonsoir tout le monde... » Et des voix de femmes : « bonsoir Jean-Pierre. »

Le lendemain matin, un quart d'heure avant le nettoyage des cellules, les chuchotements se renouvellent. Elle entend des voix claires de femmes : « bonjour Sylvie, bonjour Renée, bonjour Josette... » Tout cela lui paraît si jeune de ton, si gai, qu'elle se demande si elle n'est pas dans un pensionnat.

Mais après un bonjour général, le dénommé Jean-Pierre intervient de nouveau et sa voix grave lance : « salut au drapeau ! », après quoi il siffle une sonnerie au clairon. Et on entend s'élever une *Marseillaise*, chantée en sourdine par toutes les voix de la division, avec de temps en temps des : « vive de Gaulle ! » Ce surprenant cérémonial se renouvelait tous les matins. Agnès Imbert a fini par savoir que le fameux Jean-Pierre n'était autre que Louis Honoré, comte d'Estienne d'Orves, qui devait être condamné à mort et exécuté.

A la prison de Fresnes, Agnès Imbert se souvient surtout du froid et de l'insalubrité des lieux.

« Il faisait dans ma cellule un froid glacial, implacable. L'eau suinte des murs et y gèle. Il y a un nombre impressionnant de limaces. C'est une distraction que d'organiser des concours de limaces et de parier contre soi-même laquelle arrivera la première à telle ou telle tache, à telle inscription ou tel trou dans le mur. Quant à mon lit, il n'est pas humide. Il est positivement mouillé. Malgré des socquettes de laine, mes orteils ont noirci. Je suppose qu'ils commencent à geler, mais cela ne fait pas mal. Je les enduis du saindoux qu'on m'a donné pour le dîner et je pense que ça ira mieux bientôt. »

Fusillée à l'aube...

Anise Postel-Vinay, qui travaillait pour le réseau SMH Gloria, relié à l'Intelligence Service, est arrêtée le 15 août 1942. Elle passera un an en prison avant d'être déportée :

« Je revenais d'une mission, lestée de plans et d'un carnet bourré de petites notes. Je devais téléphoner à notre chef, Jacques Legrand, avant de venir lui remettre ma moisson. Mais j'étais, à l'époque, terriblement timide et ce chef m'apparaissait comme le Pape en personne. Je n'ai pas osé l'appeler. Je me suis rabattue sur une de nos camarades qui habitait à Paris derrière le lycée Buffon. En arrivant devant chez elle, j'y vois une voiture superbe et je me doute qu'elle n'appartient pas à des Français. Voulant m'empêcher de prendre peur à propos de tout, je m'encourage intérieurement à monter quand même, et quand j'arrive au 5e étage, c'est un grand diable en bras de chemise qui m'ouvre. J'aperçois à l'intérieur de l'appartement des papiers éparpillés sur le sol. Une perquisition en règle ! Je suis tombée dans une souricière.

— Vous êtes très pâle, me dit l'Allemand avec son accent.

« Je lui réponds bêtement :

— C'est que ce n'est pas agréable de trouver un Allemand chez ses amis.

« J'ai essayé de crâner, mais cela n'en valait pas la peine.

« J'ai été embarquée dans la belle voiture rouge décapotable. Je me revois traversant le pont de la Concorde et essayant de jeter par la fenêtre dans la Seine le rouleau de plans que j'avais sorti de mon sac à dos. Je voulais à tout prix m'en débarrasser. Je n'y suis pas arrivée, bien sûr. Rue des Saussaies, je n'ai même pas été interrogée. Il leur a suffi d'ouvrir mon sac pour y trouver tout ce qu'ils voulaient. Comme je venais de terminer une licence d'allemand, je comprenais ce qu'ils disaient entre eux et je les ai entendus dire qu'ils m'enverraient en Silésie. J'ai été conduite à la Santé. En arrivant, j'ai donné ma montre au greffe et j'ai découvert que la personne qui m'avait précédée sur le registre n'était autre que mon père. Grand étonnement et profonde douleur, car j'ai immédiatement cru qu'il était là par ma faute. En fait, je l'ai appris seulement après la guerre, il avait accepté d'être "boîte aux lettres " pour le réseau auquel j'appartenais et ne m'en avait jamais rien dit.

« Et puis j'ai aperçu des hommes blêmes qui étaient alignés contre les murs et qui avaient peur. A 20 ans, on ne pense pas que des hommes puissent avoir peur. Les gardiens m'ont emmenée dans une cellule au premier étage et avant de refermer ma porte le gardien a regardé sa montre et il m'a dit :

— On viendra vous chercher demain à 4 heures et demie pour vous fusiller.

« J'ai pensé que c'était bien normal. J'avais fait de l'espionnage, toutes les preuves étaient là, point n'était besoin de procès. C'était juste. Mais cette nuit où j'ai attendu sans dormir un instant ce quatre heures et demie du matin, avec la grosse pendule de la Santé qui sonnait tous les quarts d'heure, est probablement la nuit la plus étrange que j'ai vécue. J'éprouvais une peur viscérale à l'idée d'être réduite à néant, mais en même temps, je me sentais assez sereine. Je m'interdisais de penser à ma mère ; ça aurait été la catastrophe. Je m'efforçais de vivre le temps présent, et de temps en temps, je récitais le "Je vous salue Marie" parce que cette prière se termine par ces mots : "et à l'heure de notre mort, ainsi soit-il". Est arrivé 4 heures et demie, j'étais fin prête. Personne ne vient. La pendule continue à égrener les quarts d'heure, qui me paraissent interminables. Quand arrive 7 heures, des bruits se font entendre dans la prison. J'ai peur de nouveau. Mais c'était simplement le café qu'on apportait.

Et puis j'ai entendu des voix. L'une d'elles me disait : "Mets ta tête au-dessus du trou des cabinets!"
Ce que j'ai fait, et c'est ainsi que j'ai appris de la part des autres prisonniers que l'on ne fusillait pas les femmes. A ma grande honte, j'ai été très soulagée. Effectivement les femmes, on ne les a pas fusillées en France, sauf vers la fin de 1944. En Allemagne, oui, surtout dans les prisons, et bien sûr, dans les camps.

« La vie dans cette prison était dure pour moi, parce que la solitude ne me convenait pas du tout. En déportation, on s'occupe à survivre et à s'entraider. Mais en prison, on est seule, face à soi-même. Cet hiver-là, les Allemands avançaient encore en URSS et on se demandait si on allait rester là indéfiniment. On était parfaitement informé du déroulement de la guerre, surtout à la prison de la Santé où l'information circulait facilement. Toute la prison résonnait de la vie et de la voix des prisonniers. Elle bourdonnait sans cesse. J'avais un militant communiste et syndicaliste au-dessus de moi, qui racontait des farces à ses camarades pour leur soutenir le moral. Nous l'appelions, Dédé de Bondy. Il avait été métallo et il avait fabriqué avec un bout de fil de fer prélevé sur la balayette qu'on nous donnait pour entretenir notre cellule une petite clé à menottes. Car il était emprisonné, menottes aux mains. Cela lui a permis entre deux rondes de se sentir plus libre, et même d'organiser un plan d'évasion, qu'il n'a pas exécuté. Il avait fabriqué une seconde clé à menottes pour un camarade, René, et la lui avait fait passer avec la poussière lors d'un nettoyage de cellule.

« A un moment, j'ai eu pour voisins de cellule un groupe de résistants communistes qui discutaient à longueur de journée avec leur chef, un certain Auguste, un homme admirable, plombier de son métier. Je me souviens d'une phrase qu'il a dite :

— Toute action en ce monde ne porte ses fruits que si on veut bien tout lui sacrifier, y compris sa vie.

« Moi qui n'avais jamais rencontré de communistes de ma vie et qui les croyais matérialistes, j'étais surprise par leur force spirituelle. Cet Auguste, je l'ai appris plus tard, s'appelait Raymond Losserand.

Il a été fusillé avec tous ses camarades. Une rue du 14ᵉ arrondissement de Paris porte son nom.

« Ces hommes et ces femmes, déclare Marie-Claude Vaillant-Couturier, qui est passée elle aussi par la prison, avaient une pureté extraordinaire. Toutes les mesquineries de la vie disparaissaient en prison. Il n'y avait plus que des êtres nus pleins de leur vérité et de leur foi. Ceux qui mouraient chantaient *la Marseillaise* car ils savaient, bien que mourant trop tôt, que la victoire à venir serait aussi la leur. »

Femmes enceintes en prison

Une prisonnière enceinte n'était pas un fait rare dans les prisons de l'Occupation. Les résistantes étaient souvent des jeunes femmes, vivant le temps de l'amour et en portant les fruits. Il y eut des femmes enceintes dans les camps de concentration : on verra plus loin quel sort leur fut réservé. Geneviève de Gaulle raconte même l'accouchement d'une déportée dans un des wagons à bestiaux qui emportaient les femmes vers le camp de Ravensbrück.

Voici, sur ce sujet, le témoignage bouleversant d'une partisane de Tito, arrêtée dans le maquis yougoslave, et qui mettra au monde son premier enfant dans une prison dirigée par des nazis.

« Je pense que rien n'est plus tragique dans la vie d'une femme, raconte Sacha Bojovic, que d'accoucher en prison. Une femme qui attend un enfant dans une cellule devient un centre d'attraction. Je me trouvais dans une cellule au rez-de-chaussée, dont la fenêtre n'avait que des barreaux, et on pouvait tout voir à l'intérieur. Des soldats se rassemblaient devant pour me regarder et je ne pouvais rien faire, pas un coin pour me cacher. Et quand je voulais m'abriter contre le mur, ils me poussaient avec de longues perches. Tout ça pour voir une femme dans les douleurs ! C'était atroce, c'était affreux, je me sentais dégradée, moi, mais dégradés aussi ceux qui me regardaient.

« Mais il fallait accoucher là, seule sur le béton, et le moment approchait.

« Je vais vous dire, un accouchement, c'est un événement

physiologique magnifique et puissant. Quand les douleurs se sont rapprochées, je me suis mise à courir et à ramper dans ma cellule comme une louve en train de mettre bas. Et l'enfant est sorti et je l'ai mis au monde sans un gémissement. Il a pleuré tout de suite. Je l'ai pris dans mes bras. Je me sentais heureuse sur ce béton, dans cette cellule puante. Et j'ai regardé les visages derrière les barreaux. Ils avaient changé d'expression. Ils étaient devenus plus nobles, souriants, aimables, et je les ai aimés. Ces soldats, ces gardiens qui quelques instants auparavant disaient des cochonneries, ils n'étaient plus les mêmes. Ils étaient métamorphosés par cette naissance d'un être humain. L'événement était plus fort que leur haine. Il a fait resurgir l'amour qui est au fond de nous tous, qui est naturel, tandis que la haine est quelque chose d'artificiel, d'inventé. »

La mort en prison

La mort a été donnée aux résistantes françaises jugées irrécupérables, ou accusées de crimes impardonnables, dans les prisons allemandes. Ainsi France Bloch-Serazin, parmi bien d'autres, après avoir attendu à la prison de la Santé le jugement qui l'a condamnée à mort, a-t-elle été conduite à la prison de Haguenau, puis à celle de Lübeck, et enfin à celle de Hambourg, où elle fut exécutée.

Une Allemande anti-nazie, Mme Sommer, qui était membre de l'administration pénitentiaire depuis la république de Weimar et directrice de la section des NN (« Nuit et Brouillard », appellation qui signifiait que les prisonniers devaient disparaître), a assisté aux derniers instants de cette spécialiste en explosifs :

« J'étais heureuse, dit-elle, de savoir suffisamment le français pour pouvoir parler avec elle sans être gênée par les espions et les mouchards. J'avais gagné sa confiance et j'en étais très touchée. Elle m'a raconté sa vie, son enfance, sa famille. Elle me parlait de son amour pour Fredo son mari et de Roland, son petit garçon dont elle était sans nouvelles depuis de longs mois. Mais plus fort que tout était son amour pour la France, et elle se disait fière de mourir pour son pays.

« Le 12 février, le procureur est arrivé dans sa cellule et lui a relu sa condamnation à mort. Il lui a annoncé que celle-ci aurait lieu le soir même à 21 heures. Je me suis arrangée pour passer avec elle quelques heures dans la cellule des condamnés à mort. Elle a préparé quelques lettres pour les siens que je lui ai promis de faire parvenir à leurs destinataires. Elle n'a pas voulu manger. Elle a seulement bu du café et m'a priée de lui lire quelques poèmes de Goethe en allemand. Elle est restée très calme. Une gardienne est arrivée. Elle a relevé ses cheveux et lui a dénudé le buste. On lui a attaché les mains derrière le dos. Et puis il a fallu partir. Elle a déposé un baiser sur mon front. J'étais bouleversée. Je l'ai vue partir entre ses bourreaux, vers la cour de la prison. Quelques instants plus tard, la hache est tombée et lui a tranché le cou. »

Lettres avant de mourir

Le musée national de la Résistance d'Ivry a publié, en 1987, un numéro spécial sur les résistances intérieure et extérieure françaises, dans lequel on peut trouver la photocopie de lettres de condamnés à mort, écrites depuis leur cellule, quelques instants avant l'exécution. Parmi elles, trois lettres de femmes, d'une stupéfiante beauté :

De France Bloch-Serazin, 26 ans, décapitée à Hambourg, le 12.12.43 :

Mes amis,
Ce soir, je vais mourir ; à 9 heures, on m'exécutera. Je n'ai pas peur de quitter la vie, je veux seulement attacher ma pensée sur la douleur atroce que cela m'est de vous quitter tous, mes amis.
Beaucoup de camarades vous renseigneront sur ce qu'a été ma captivité. Je ne vous la raconte pas. Je n'en ai d'ailleurs pas envie. Ce que je veux, c'est vous dire au revoir. Je meurs sans peur. Encore une fois, la seule chose affreuse, c'est de se quitter. Je serai très forte jusqu'au bout, je vous le promets. Je suis fière de tous ceux qui sont déjà tombés, de tous ceux qui tombent chaque jour pour la libération.

Je vous demande à tous d'entourer maman et papa, de rester près de Fredo, de m'élever mon fils adoré. Il est à vous tous.

J'ai eu une vie heureuse, une vie dont je n'ai rien, rien à regretter. J'ai eu des amis et un amour, et je meurs pour ma foi. Je ne faillirai pas. Vous verrez tout ce que je ne verrai pas. Voyez-le et pensez à moi sans douleur. Je pense à vous tous, tous. Je vous aime, mes amours, mes amis, mes chéris, mon Roland.

France

De Marguerite Bervoerts, 34 ans, décapitée en août 1944 en Allemagne (résistante belge).

Mon amie,

Je vous ai élue entre tous pour recueillir mes dernières volontés. Je sais, en effet, que vous m'aimez assez pour les faire respecter de tous. On vous dira que je suis morte inutilement, bêtement, en exaltée. Ce sera la vérité... historique. Il y en a une autre. J'ai péri pour attester que l'on peut à la fois aimer la vie follement et consentir à une mort nécessaire.

A vous incombera la tâche d'adoucir la douleur de ma mère. Dites-lui que je suis tombée pour que le ciel de Belgique soit plus pur, pour que ceux qui me suivent puissent vivre libres comme je l'ai tant voulu moi-même ; que je ne regrette rien malgré tout.

A l'heure où je vous écris, j'attends calmement les ordres qui me seront donnés. Quels seront-ils ? Je ne le sais pas et c'est pourquoi je vous écris l'adieu que ma mort doit vous livrer. C'est à des êtres tels que vous qu'elle est tout entière dédiée, à des êtres qui pourront renaître et réédifier.

Et je songe à vos enfants qui seront libres demain. Adieu.

Marguerite

De Francine Fromont, 32 ans, résistante communiste, fusillée au mont Valérien en août 1944.

Ma sœur bien-aimée,
  Voici que l'heure est arrivée de te dire adieu. Ma chérie, il faut avoir beaucoup de courage. Quant à moi, j'en ai plus qu'il n'en faut et des camarades de prison pourront te le dire. Mais ce n'est pas de moi que je veux parler ; je voudrais te dire que mes dernières pensées seront pour toi. Tu es la seule de notre famille qui reste et je vois là pour toi un grand devoir : celui de rester fidèle à nos idées, celles pour lesquelles notre cher Marcel et notre maman bien-aimée ont aussi donné leur vie.
  Donner sa vie pour le bonheur des autres, c'est magnifique. Et c'est grâce à notre Parti que j'ai cette joie. Que ton petit Claude l'apprenne quand il sera en âge de comprendre. C'est pour lui et ceux de sa génération que je meurs.
  Courage et confiance. Mille baisers,

Francine

CHANSON

Poème écrit par Madeleine Riffaud à la prison de Fresnes, diffusé dans *le Poing fermé* (en 1945) et dans *le Cheval rouge* (Éditeurs français réunis).

Ils m'avaient tué un camarade,
Je leur ai tué un camarade
Ils m'ont battue et enfermée
On a mis des fers à mes poignets.

— Sept pas de long
A ma cellule
Et en largeur
Quatre petits —

Elle est murée, plus de lumière
La fenêtre de mon cachot
Et la porte, elle est verrouillée
J'ai les menottes dans le dos

— Tu te souviens?
Soir sur la Seine
Et les reflets,
Le ciel et l'eau

Ils sont dehors mes frères de guerre
Dans le soleil et dans le vent
Et si je pleure — je pleure souvent
C'est qu'ici je ne puis rien faire

— Sept pas de long
Et puis un mur
Si durs les murs
Et la serrure

Ils ont bien pu tordre mes mains
Je n'ai jamais livré vos noms
On doit me fusiller. Demain
As-tu très peur? Dis oui ou non?

Le temps a pris
Le mors aux dents
Courez courez
Après le temps!

Ceux-là demain qui me tueront
Ne les tuez pas à leur tour
Ce soir, mon cœur n'est plus qu'amour
Ce sera comme la chanson:

Les yeux bandés
Le mouchoir bleu
Le poing levé
Le grand adieu.

Madeleine Riffaud

CHAPITRE XVIII

FEMMES TORTURÉES

Les résistantes arrêtées, soupçonnées de détenir des renseignements importants et qui refusèrent de parler, ont eu très souvent à affronter quelques séances de torture. Néanmoins, il semble bien que les tortionnaires nazis aient répugné en général à pousser les sévices corporels jusqu'à la mutilation, yeux crevés, ongles arrachés, doigts coupés, etc., contrairement aux Japonais de cette Seconde Guerre mondiale qui n'hésitaient pas à enterrer vivantes leurs victimes ou à les découper en morceaux pour en tirer les aveux souhaités.

Les techniques nazies furent plus subtiles, et, en général, devaient laisser le moins de traces possible : mise au cachot sans manger ni boire, coups brutaux et répétés, chantage à la famille (on allait se saisir de l'enfant ou de la vieille mère, menacés dans leur vie ou leur intégrité physique) pour faire parler le récalcitrant, etc. Brutalité poussée jusqu'à la barbarie, c'est ce qui ressort des témoignages des femmes qui ont pu raconter leur expérience de la douleur, telle Lise Lefèvre qui ressortit de son passage entre les mains de Klaus Barbie dans un état de délabrement physique si total qu'elle en resta handicapée à vie. Mais il est malaisé de savoir jusqu'à quelles extrémités sont allées les tortures, car celles qui en sont mortes ne peuvent plus parler. Elles furent sûrement plus affreuses dans les pays de l'Est qu'en France, et plus dures

pour les hommes que pour les femmes, en raison d'une
répugnance naturelle du sexe dit fort à frapper le sexe dit
faible. Les attributs sexuels ont par contre assez souvent été
visés : seins brûlés à la cigarette, bouts de seins décollés, viols
sans doute (car il est difficile de le savoir exactement), mise à
nue très souvent pour humilier et ridiculiser.

Le supplice de la baignoire

Un des supplices bien connus dans les centres d'interrogatoires de la Gestapo fut celui de la baignoire. Denise
Vernay l'a subi et témoigne de cette expérience avec difficulté
et pudeur :
« On m'avait dit, tandis que j'attendais d'être interrogée,
qu'en cas de supplice de la baignoire, pour tenir le coup il
fallait boire beaucoup d'eau, ce qui rend partiellement inconscient. J'étais bien résolue à tenir tandis qu'on me faisait
monter au cinquième étage de l'hôtel, place Bellecour à
Lyon, où avaient lieu les interrogatoires de la Gestapo. On
m'a fait rentrer dans une pièce. J'avais les menottes dans le
dos. Je n'ai pas très bien vu qui était là. Peut-être Klaus
Barbie lui-même, mais je n'en suis pas sûre. Il y avait
plusieurs Allemands. J'ai regardé la fenêtre en me disant que
peut-être je pourrais sauter, mais c'était impossible. On me
tenait tout le temps. La baignoire était là ; on m'a maintenu la
tête sous l'eau et j'ai fait comme conseillé, j'ai bu toute l'eau
que je pouvais. Après ça, je ne m'en souviens pas bien, ou ne
veux pas m'en souvenir, ou ne veux pas en parler, je ne sais.
J'étais dans un état si particulier, je ne pensais qu'à tenir, une
minute, plus une minute, et une minute encore. Je m'accro-
chais à l'instant. On me sortait la tête de l'eau tout les tant de
temps pour voir si j'étais prête à parler. Je respirais un bon
coup, refusais de parler et on me replongeait. On me disait :
"Puisqu'on vous a confié des postes émetteurs, c'est que vous
êtes quelqu'un en qui on a confiance." Je répondais : "Non,
j'ai pris ces postes à la gare de Lyon et je devais les déposer à
la consigne d'Aix-la-Chapelle, je ne sais rien d'autre." J'ai
quand même donné quelques adresses que je savais brûlées,
périmées. Je n'avais pas perdu la tête et j'ai pu conserver mon

sang-froid jusqu'au bout. En fait, je m'étais préparée psycho-logiquement à subir ce genre d'épreuve. J'avais même envisa-gé pire, et pour moi torture, c'était les ongles arrachés comme dans *les Trois Lanciers du Bengale*, que j'avais vu quand j'étais plus jeune. J'ai tenu une fois, je ne sais si les fois suivantes je n'aurais pas craqué. Si je me souviens bien, mes vraies frayeurs eurent lieu les jours suivants quand, dans ma cellule, je m'attendais à être emmenée pour un autre inter-rogatoire. Mais je n'ai eu à subir qu'une seule séance de baignoire. On était le 20 juin 1944. Il y avait beaucoup d'arrestations à ce moment-là à Lyon. Il y avait d'autres cas à traiter, d'autres dossiers que le mien qui paraissaient peut-être plus urgents. La décision qu'ils ont prise me concernant a été de m'expédier en camp de concentration. Je suis partie sous ma fausse identité, et là-bas on n'a pas pu établir vraiment qui j'étais, ni même s'apercevoir que j'étais juive. Je n'ai donné mon vrai nom qu'à quelques camarades pour le cas où je ne reviendrais pas afin qu'elles puissent avertir ma famille du sort qui m'avait été réservé.

« Une fois l'épreuve de la baignoire passée, je me souviens que j'avais très froid. Mais pas d'autres séquelles, non, car je n'ai pas été beaucoup battue. Et le corps oublie vite la souffrance physique. La tête, elle oublie moins vite... Je crois que j'ai tenu parce que j'étais très motivée quant au combat que je menais dans la Résistance, et aussi grâce au scoutisme que je pratiquais et où on apprend à s'endurcir, où l'on cultive l'idée du dépassement de soi.

« Je comprends les gens qui parlent sous la torture. On peut résister une, deux, trois fois, et craquer la fois suivante. Il y a comme une barre dans la résistance humaine, chez les uns elle est placée assez bas, chez les autres très haut, ça dépend. Mais si terrible que soit cet épisode, il a été moins terrible que l'année que j'ai passée en déportation. »

Les avis concordent sur le sujet de la résistance excep-tionnelle des femmes à la souffrance physique. Avis autorisés comme celui de Rol-Tanguy qui fut un des grands chefs de la lutte armée communiste où beaucoup de femmes ont fait la preuve de leur héroïsme, ou celui de Marie-Madeleine Four-cade, qui en tant que chef de réseau, fut maintes fois confron-tée au drame « des agents arrêtés et torturés ».

« Quinze femmes de l'"Alliance" ont été tuées d'une balle dans la nuque au camp du Struthof. Auparavant, elles avaient supporté la torture avec un stoïcisme inimaginable. Peut-être l'habitude de la souffrance, peiner pour des tâches au-dessus de leurs moyens, enfanter dans la douleur, leur donnèrent-elles enfin le fameux privilège de la force physique face aux bourreaux. Dans mon réseau, aucune femme n'a failli sous les tortures et je dois ma liberté à beaucoup d'entre elles qui furent questionnées jusqu'à en perdre connaissance sur l'endroit où je me trouvais et qu'elles connaissaient. »

Brigitte Friang, résistante au BCRA, souligne également cette particularité d'une résistance physique à la douleur plus grande que chez les hommes. Elle a pu le constater *de visu* dans son réseau, et en a beaucoup entendu parler autour d'elle.

Voir souffrir est le pire

Madeleine Riffaud est restée un mois entre les griffes de la Gestapo dans le tristement célèbre centre des interrogatoires de la rue des Saussaies à Paris. Elle avait tué un officier allemand en plein jour sur le pont de Solferino et fut quasiment arrêtée sur les lieux, on l'a vu, après une tentative de fuite.

« Ce que je peux dire, c'est que quand on entre dans un lieu comme la rue des Saussaies, c'est un autre monde, et plus jamais on n'a envie d'y penser ou d'en parler. Et puis, je crois que quand on en est sorti avec ses yeux, avec ses bouts de seins, on n'a pas le droit de dire qu'on a été torturé. Car il s'y est passé des choses si abominables que, ce qu'on a subi soi-même, ce sont des choses qui paraissent bien douces. Comment une jeune fille de 20 ans peut résister à ça ? Grâce à ce qui s'était passé avant! Nous étions bien organisés, nos chefs n'avaient rien laissé au hasard. J'avais reçu, comme tous les autres de la lutte armée des francs-tireurs et partisans, une brochure qui s'intitulait tout bêtement "Comment se défendre". J'étais une élève très attentive, je l'avais lue et relue. "Si vous êtes arrêté, disait-elle, ne cherchez pas à mentir. Niez l'évidence et dites toujours que vous ne savez rien."

Effectivement, il ne fallait pas commencer à raconter des histoires parce qu'à un moment ou à un autre, on finit par se couper. Ni donner de faux rendez-vous, comme certains l'ont fait, des fausses adresses ou qu'on croit périmées. J'ai vu quelqu'un, un jour, donner un rendez-vous rue Hautefeuille, pensant qu'il était grillé. Eh bien, pas du tout ! Les Allemands y sont allés et y ont arrêté des résistants. Ils viennent avec vous, ils vous mettent le nez dans votre mensonge, et après vous n'en sortez plus. Moi, j'ai appliqué au pied de la lettre les conseils de la brochure.

« Je me revois franchissant le porche de la rue des Saussaies, grimpant un escalier, les menottes dans le dos. Au premier étage je me suis aperçue dans le miroir du hall, ma tête entre un parapluie et une paire de chapeaux. J'avais déjà la tête de "l'affiche rouge". Je me suis vue marquée de sang et de poussière. Ce n'était déjà plus moi. Et alors là, j'ai pensé : maintenant, il s'agit de mourir bien ! Nous n'étions pas des mômes, nous avions fait un libre choix. A l'interrogatoire, il y avait un partisan de mon groupe, Jean-Pierre Mulotte, il avait 16 ans. Il avait fait la même chose que moi. Nous n'étions pas des mômes, nous avions mûri très vite. On savait ce qu'on faisait, et le peuple nous aimait. Je pense qu'à l'époque, elle était bien, cette petite Rainer (mon nom de clandestinité), et quand on arrive, comme moi au soir de sa vie et qu'on se retourne, c'est bon de pouvoir se dire qu'elle était bien, cette petite Rainer.

« J'ai eu de la chance. Non pas celle d'être échangée contre quelqu'un d'autre au dernier moment, alors qu'on parlait d'une exécution imminente. Ce n'est pas de cette chance-là que je veux parler. Ma chance, ça a été que pendant, et après mon arrestation et mes interrogatoires, personne, je dis bien personne, n'est tombé. Personne parmi mes camarades et ceux avec qui je luttais. Ce qui veut dire que je n'avais donné personne. Car quand on entre dans cet univers des tortures où chaque jour on vous donne à contempler le spectacle de la souffrance des autres qu'on torture et qu'on a les nerfs brisés, on ne sait plus. On ne sait plus si on a parlé ou pas, si on a dit quelque chose d'important. Plus tard, on m'a mise au mitard et mes voisines de cellule m'ont raconté que pendant la nuit, je hurlais en dormant à moitié : "Je ne sais rien, je ne sais

rien!" Ce qui signifie que je m'étais fait le lavage de cerveau à
moi-même.

« Mais j'aurais pu dans un moment de folie donner le nom
de quelqu'un. Je ne l'aurais pas supporté, je me serais
suicidée. Heureusement, personne n'est tombé. Plusieurs
fois, j'ai demandé à être fusillée. La première, c'était le jour
de mon arrivée, un dimanche après-midi. L'équipe des spécialistes en tortures était de sortie. J'ai eu affaire à trois
officiers supérieurs qui se trouvaient encore là. Je leur ai dit
tout de go :

— Vous m'avez tué un homme, je vous en ai tué un. A
part ça, je n'ai rien d'autre à dire, j'ai agi de mon propre chef
Vous pouvez me tuer, ça m'est parfaitement égal.

— Ça t'arrangerait bien, a ricané l'un des hommes, mais tu
nous diras avant qui t'a donné ce revolver.

« Ces trois officiers supérieurs, devant mon mutisme, me
sont littéralement tombés dessus et m'ont pour ainsi dire
lynchée sur place. J'avais le nez cassé, la mâchoire démise, la
peau éclatée. Ils continuaient à frapper, et moi je me disais :
qu'ils frappent encore, qu'ils frappent à mort et qu'on en
finisse.

« J'ai eu la chance de ne pas tomber sur les spécialistes.
J'aurais été mutilée, comme je l'ai vu faire à d'autres. Voyant
que j'étais une tête de pioche, ils m'ont attachée dans un coin
d'une salle et ils m'ont laissée là en m'invitant à regarder. Ce
qu'il y avait à voir... J'aime mieux ne pas en parler. Je
m'évanouissais régulièrement ; c'était une manière de fuir
mon impuissance. Un moment, un officier a ramené un
gamin de 16 ans devant moi et y m'a dit :

— Si tu ne parles pas, on va le torturer à mort!

« J'ai dit :

— Ce que vous faites ne m'intéresse pas!

« Il a répondu :

— Comment, vous n'aimez pas les enfants!

« Je m'en souviendrai toujours.

« Le temps a passé comme ça, un très long temps, mais
c'est si loin! Un jour, on m'a dit :

— Vous serez fusillée demain.

« J'étais fatiguée et sereine. La mort ne me faisait pas peur
à ce moment-là.

« Et puis, je n'ai pas été fusillée, et puis, je suis sortie. Paris se libérait. J'avais besoin de Paris, et peut-être Paris de moi. J'ai repris la lutte tout de suite et c'est dans l'action que je me suis remise. Tant que la lutte a duré, je me suis comportée normalement. C'est après que ça s'est gâté. On n'avait plus besoin de moi. J'ai essayé de rentrer dans l'armée régulière ; on m'a fait comprendre qu'on n'y avait pas besoin de petites filles comme moi. Je me suis sentie très humiliée, seule et inutile. Alors je suis retombée malade. Je suis redevenue tuberculeuse, j'ai craché le sang de nouveau, et de nouveau, on m'a envoyée en sana.

« Ce qui m'a permis de me réadapter à la vie ? Trois hommes. D'abord l'écrivain Claude Roy qui m'a rencontrée pour m'interviewer, et surtout Paul Éluard à qui Claude Roy m'a présentée et qui m'a adoptée. Il avait lu mes poèmes, il m'a encouragée à écrire et il m'a dirigée vers le journalisme.

« Le troisième homme fut Pierre Daix que j'ai rencontré en sana, qui rentrait du camp de Mauthausen. Tous les deux, on était deux petits héros et on s'est marié, pour faire comme avait dit Manouchian : "Je te dis de vivre et de faire un enfant." Nous avons, aussi, fait l'enfant, un bébé malade, que j'ai tenu pendant douze jours dans mes bras et qu'on m'a enlevé, car je l'avais contaminé. Moi une tubarde, et lui le père qui pesait 32 kilos, on avait fait un enfant en mêlant nos deux enfers. Devant ce désastre, nous nous sommes aussitôt séparés. Maintenant Fabienne est une femme qui a tout surmonté et réussit sa vie. L'amour a gagné. »

Plutôt la mort que la torture

Brigitte Friang, agent du BCRA, gaulliste, ne redoutait pas la mort, mais la torture. Parce qu'elle connaissait tous les terrains d'atterrissage et de parachutage, les caches d'armes, les vrais noms des agents du Bloc Ouest de son réseau, les rendez-vous des jours et des semaines à venir de son patron. « Etre fusillée n'était pas le vrai problème, dit-elle. Le risque faisait partie du contrat. D'ailleurs ce n'est rien de mourir à vingt ans — et je ne les avais pas atteints, lorsque je me suis engagée. On ne tient pas encore à la vie. En revanche, la crainte de lâcher sous la torture tout ce que je savais me hantait. J'étais presque certaine de résister à la noyade dans la baignoire, mais aussi convaincue que je parlerais si on m'arrachait les ongles. J'avais d'ailleurs averti mon patron. Cette hiérarchisation le faisait rire.

« Aussi, lorsque j'ai été arrêtée, ai-je décidé ce que j'avais résolu depuis des mois : me faire tuer. Ça c'est passé dans les jardins du Trocadéro. J'ai été cernée par six hommes de la Gestapo. Grâce à un coup de close-combat, j'ai bousculé celui qui me faisait face et j'ai couru. Le quartier était désert. Je n'avais aucune chance d'échapper. Comme prévu, un des Allemands m'a tiré dessus. Au 9 mm parabellum. Ce n'est pas un calibre de dame. Trente ans après, un témoin m'a assuré que j'avais tourbillonné sous l'impact. Je ne m'en suis pas rendu compte. Me vidant de mon sang comme un porc, j'ai été jetée dans une voiture et transportée au pavillon réservé aux "terroristes" de l'hôpital de la Pitié, occupé par les Allemands.

« Je n'ai pas été torturée. Mais battue, tabassée à coups de poing, Dieu sait combien ! Même sur la table d'opération, pendant que des médecins allemands cherchaient à définir, à la sonde, si vessie ou intestins étaient perforés. Les "gestapistes" espéraient me faire livrer mon patron. Ils en ont été pour leurs frais. J'ai eu une chance incroyable. La balle m'avait traversée de part en part sans léser un organe vital.

« Des jours et des jours, j'ai été interrogée dans mon lit d'hôpital. Des interrogatoires musclés, comme l'on dit aujourd'hui. Ponctués de rafales de coups de poing, bien que je fusse clouée dans mes draps par ma blessure. A chaque coup de poing, ma tête rebondissait sur le mur. L'avantage est qu'au bout de quelques minutes d'un traitement de ce genre, on ne sent plus rien. Je me disais : allez-y mes cocos, je m'en fiche, et vous ne saurez rien.

« Pour mon réseau, j'allais être fusillée. Un contact a été trouvé avec un commissaire de la Gestapo. En compagnie de cinq camarades du même "lot" d'arrestations, dont le wing-commander Yeo-Thomas (le "Lapin blanc"), envoyé spécial de Churchill, nous avons été rachetés à coups de millions et de tableaux de maîtres (qui ont été récupérés à la Libération), payés par l'Angleterre et la France. Rachetés, enfin, pour que nous ne soyons pas fusillés, mais déportés. Ce troc, j'ai mis longtemps à le pardonner à mon patron. A l'époque, j'aurais préféré être fusillée tous les matins plutôt que de subir le camp de concentration. »

Outre la résistance à la souffrance physique, les femmes de la Résistance ont fait preuve pour la plupart d'une grande fermeté devant la mort. La mort par décollation de France Bloch-Serazin et de Olga Biancic, dans une cour de prison allemande, sont décrites par les témoins dans des termes admiratifs à l'égard du courage dont les condamnées faisaient preuve, comme en témoignent leurs lettres de la dernière heure. Francine Fromont écrit à sa sœur qu'elle sera calme jusqu'au bout. Anise Postel-Vinay, on l'a vu, est morte cent fois pendant la nuit de son arrivée en prison, le gardien lui ayant annoncé qu'on viendrait la chercher à l'aube pour la fusiller : « C'était juste, dit-elle, j'avais fait de l'espionnage, les faits étaient là, y avait pas besoin de procès. »

Héroïsme encore de celles qui ont croqué la pilule de cyanure qu'on donnait aux agents des grands réseaux d'espionnage pour ne pas parler, de celles qui se sont pendues dans leur cellule ou de celles qui se sont jetées par la fenêtre, comme Hélène Kro. Un groupe FTP s'était formé, avec, autour d'elle, deux autres femmes, Hélène Igla et Riga Levine. Elles menèrent des actions très dures jusqu'au jour où elles se firent prendre dans une rafle en sortant du métro porte d'Orléans, en 1942. Ayant trouvé une grenade à main sur Hélène Kro, les policiers se rendirent avec elle à son logement pour y installer une souricière et arrêter ainsi les complices qui se présenteraient. Hélène Kro, qui était pourtant mère d'un jeune enfant, ouvrit la fenêtre et se jeta dans la rue du haut de ses cinq étages. C'est le seul moyen qu'elle avait trouvé pour sauver ses camarades.

JE TRAHIRAI DEMAIN

Je trahirai demain, pas aujourd'hui.
Aujourd'hui, arrachez-moi les ongles,
Je ne trahirai pas.

Vous ne savez pas le bout de mon courage,
Moi, je sais,
Vous êtes cinq mains dures avec des bagues,
Vous avez aux pieds des chaussures
Avec des clous.

Je trahirai demain, pas aujourd'hui,
Demain.
Il me faut la nuit pour me résoudre.
Il ne me faut pas moins d'une nuit
Pour renier, pour abjurer, pour trahir.

Pour renier mes amis,
Pour abjurer le pain et le vin,
Pour trahir la vie,
Pour mourir.

Je trahirai demain, pas aujourd'hui.
La lime est sous le carreau.
La lime n'est pas pour le bourreau.
La lime n'est pas pour le barreau,
La lime est pour mon poignet

Aujourd'hui je n'ai rien à dire,
Je trahirai demain.

Mariane Cohn-Colin (1953)

Résistante arrêtée avec un convoi d'enfants juifs qu'elle emmenait en Suisse. Elle a été emprisonnée à la prison d'Annemasse et fusillée quelques jours après la Libération.
(Dans *la Résistance et ses poètes*, Pierre Seghers.)

CHAPITRE XIX

SOUFFRANCES EN DÉPORTATION

Les femmes d'Europe eurent à affronter deux types de déportation: la déportation raciale et la déportation politique. L'une et l'autre aussi terrifiantes, la première plus souvent mortelle que la seconde. La déportation massive des femmes juives, avec leur mari et leurs enfants, en vue de réaliser l'holocauste de la race sémite, selon le projet de « solution finale » décrété par Hitler en 1941, est un sujet en soi déjà souvent traité et qui fait intervenir des données autres que la « féminitude dans le cadre de la guerre », sujet de cet ouvrage. Elle ne sera donc évoquée qu'à titre de repère.

Parmi l'ensemble des témoins retenus pour constituer une mémoire audiovisuelle de la condition féminine durant le dernier conflit mondial, une femme incarne cet aspect gémellaire de la déportation: Denise Vernay, sœur aînée de Simone Veil. Denise fut déportée pour des motifs politiques; sa sœur, plus jeune, déportée pour raison raciale. Toutes deux étaient juives. Elles ont une expérience différente de la déportation, car si Denise pouvait espérer une consolation à son sort en souvenir de son engagement au service de la France et contre le nazisme, Simone ne trouva pas en elle le même soutien moral pour affronter la dureté du temps. Elle dut subir de plein fouet l'injustice profonde de sa situation.

A ces deux types de déportation, il faudrait en ajouter un

troisième, dont on parle moins, et qui fut la déportation du travail. En France, elle s'est incarnée sous le sigle STO et ne concerna, en principe, que les hommes. Mais il y eut aussi des femmes déportées en Allemagne pour être employées dans les usines de guerre, dans des fabriques, des ateliers, des centres industriels divers. Certaines partirent volontairement, attirées par les promesses fallacieuses des Allemands, d'autres furent enrôlées de force. Ce fut le cas des Lorraines et Alsaciennes, dont Alice Wirth, réquisitionnée à trois reprises. La dernière la transformant en soldat du IIIe Reich, puisqu'elle fut affectée au service de la DCA à Berlin.

Le phénomène déportation du travail a été beaucoup plus important dans les pays du Nord, Norvège, Hollande, Luxembourg et dans les pays de l'Est, où les *Untermenschen*, désignés par Hitler, furent aussi parfois des « sous-femmes », affectées aux tâches les plus dures et les plus ingrates, brimées, battues, mal nourries, sous-payées et dépouillées de leurs droits habituels. Pour l'Allemagne nazie, l'être humain ne valait que ce que valait sa puissance de travail, mise au service du grand Reich. Le critère fut valable pour toutes les déportées, y compris les déportées raciales qui n'ont souvent dû leur salut qu'à leur aptitude au labeur et à leur santé résistante. Encore ce critère devait-il vers la fin de la guerre passer au second plan, derrière une politique d'extermination devenue hystérique.

D'une manière générale, la vie des femmes en déportation fut un long cauchemar qu'on décrit, quand on en est revenu, en cherchant les mots les plus forts pour transmettre toute l'horreur qu'elle a inspirée et la somme de souffrances qu'elle a provoquée. Olga Wormser-Migot, qui a consacré une thèse de doctorat à ce sujet *(le Système concentrationnaire nazi)*, écrit que « la science nazie a mis tout son zèle au service de l'extermination massive : mort naturelle par extinction, par maladie, par accident ou discipline, mort provoquée par la brutalité ou le sadisme. L'imagination des SS et de leurs bourreaux s'est donnée libre cours sur ces thèmes, anéantissant en 4 ans des millions d'être humains. »

La mort, notre lot quotidien

A leur retour de déportation, les déportées françaises se sont regroupées en amicales ou associations, afin de s'entraider et d'entretenir le souvenir de l'expérience terrible qu'elles avaient vécue. La plus importante de ces associations, l'ADIR, est actuellement présidée par Geneviève Anthonioz-de Gaulle, nièce du Général, et ancienne résistante au mouvement et journal « Défense de la France ». Cette femme a consacré beaucoup de son temps aux différentes missions que les déportées se sont données, et plus particulièrement celle de faire connaître à l'opinion les invraisemblables extrémités auxquelles peut se livrer un groupe d'hommes fanatisés par un tyran, le peuple allemand dans sa totalité n'étant pas en cause. Dès 1947, elle donnait des conférences, dont l'une eut lieu à Paris au théâtre des Ambassadeurs. Elle y fit l'historique du camp de Ravensbrück, dont on peut dire qu'il fut le camp-mère de la déportation féminine. S'y retrouvèrent en majorité les déportées pour motifs politiques mais aussi des déportées raciales (qu'on retrouve en plus grand nombre à Auschwitz-Birkenau) et quelques déportées de droit commun (qui paraissaient plus rentables dans un camp de travail que dans une prison). Nous avons donc « focalisé » sur ce camp de Ravensbrück où l'on trouve presque tous les cas de figure.

« Ravensbrück, explique Geneviève de Gaulle, est fondé en 1939 seulement. Ce n'est donc pas l'un des premiers camps qui existent en Allemagne. Sur le terrain, dont Himmler était, semble-t-il, le propriétaire, terrain de marais et de dunes, on amène quelques milliers de prisonnières. Ces prisonnières doivent d'abord assécher le camp, niveler les dunes, construire elles-mêmes leur propre prison. Nous arrivons peu à peu, par augmentation des effectifs du camp, jusqu'à 1942, où le camp comprend treize mille prisonnières. 1942 est une année d'extermination, non pas à la manière spectaculaire des exterminations d'Auschwitz (car il ne faut pas troubler le rythme du travail), mais cependant environ la moitié des effectifs du camp disparaissent peu à peu, en ce qu'on appelle les "transports noirs". C'est-à-dire que les femmes qui sont choisies comme victimes sont amenées aux grandes chambres à gaz de Lublin ou d'Auschwitz, pour y être assassinées. Ces femmes sont choisies parmi celles qui sont d'un moindre rendement ou parmi celles qui s'avèrent indisciplinées et qui, par leur attitude, risquent de compromettre le bon rendement du camp. S'y ajoutent aussi les juives qui s'y trouvaient alors.

« (...) En 1944, le commandant du camp ne sait plus où donner de la tête, les convois de déportées arrivent en trop grand nombre, impossible de les caser. En vain, on essaie de les envoyer dans divers kommandos à travers l'Allemagne. (...) Aussi, en décembre 1944, l'ordre parvient de Berlin au commandant Suhren de faire diminuer le plus possible le nombre des prisonnières. Et pour ce faire, on lui envoie Schwarzhuber, l'un des organisateurs, entre autres, des exterminations d'Auschwitz. »

Les exécutions ont lieu par groupe de 50 femmes avec des armes à petite portée. Puis, on ouvre une petite chambre à gaz qui fonctionnera à partir de janvier 1945 et qui permet d'exécuter 150 femmes en une seule opération.

« C'est ainsi, conclut Geneviève de Gaulle, que le camp de Ravensbrück, d'abord camp de rendement et camp de travail, s'est organisé peu à peu en camp d'extermination selon les bonnes méthodes allemandes.

« Personnellement, poursuit-elle, je suis arrivée par un convoi de wagons à bestiaux de presque mille femmes, parties de Compiègne. Je me souviens de ce départ parce que j'y avais obtenu un petit succès en faisant la bravache. Je fumais autrefois la pipe, une petite pipe très élégante qu'on m'avait prise pendant mon séjour à Fresnes mais qu'on m'avait rendue en sortant, dans un sac à main de carton bouilli et avec un résidu de tabac au fond d'un sachet, qui était tout sec. A cause de mon nom — nous étions appelées par ordre alphabétique — je me trouvais en début de cortège et je me suis avancée avec cette pipe à la bouche devant les Allemands qui n'en croyaient pas leurs yeux. Les camarades ont applaudi à cette insolence, mais les Allemands l'ont pris moins bien. Ils ont lâché les chiens sur nous. Je ne me souviens pas que quelqu'un ait été mordu. Et puis, on nous a entassées dans des wagons à soixante personnes, serrées les unes contre les autres. On nous a dit que six hommes seraient fusillés pour chaque femme qui tenterait de s'évader. Moi, je possédais un levier qu'un prisonnier de guerre m'avait don né ; je le cachais contre moi et j'avais espéré que je trouverais le moment propice pour m'en servir. Mais je ne suis ni très habile ni très forte, et après cet avertissement, je n'ai pas été très soutenue dans mon projet d'évasion. Nous avons tout de même réussi à créer une ouverture dans le plancher du wagon ; il aurait suffi de nous laisser glisser. Ça n'a jamais été possible à cause de la surveillance étroite qui s'exerçait dès qu'il y avait un arrêt.

« Nous débarquons donc après quatre jours et autant de nuits d'un voyage éreintant, avec des tinettes pas vidées, dans un état de grande fatigue physique. On n'avait pas eu à boire ni à manger. Moi, je n'avais même pas touché aux maigres provisions que je possédais. On n'avait plus faim. Dans ce convoi, une femme enceinte a accouché dans un des wagons, je ne sais comment. Elle a été rapatriée à Fresnes avec son bébé, puis redéportée.

« Quand nous arrivons, il est 3 heures et demie du matin, il fait encore nuit. Nous sautons des wagons et nous nous retrouvons en pleine forêt, des chiens qui hurlent, des projecteurs qui se promènent sur nous. Tout de suite, on reçoit des coups de gommi pour nous faire avancer plus vite. Et là, nous entrons par la grande porte du camp. Nous croisons un premier groupe de prisonnières et rien qu'en les voyant, on pouvait déjà comprendre beaucoup de choses. En en parlant, je les revois encore. Des femmes au regard absent, aux traits ravagés. Il y avait comme un vide qui émanait d'elles. Une grande maigreur partout, la tête rasée souvent, certaines avec des guenilles sur la tête. C'était terrifiant et des camarades ont cru en les voyant qu'on ne faisait que traverser un endroit qui ne pouvait pas être fait pour nous. Moi, je ne me suis pas fait d'illusions !

« Nous avons été enfermées dans des baraques le reste de la nuit, puis conduites dans une salle de douches, déshabillées complètement, examen très poussé et pénible pour les plus âgées d'entre nous. Ainsi dépouillées de tout, on nous a donné des robes rayées, encore une chance, car celles qui sont venues après n'en ont plus trouvé. On leur a donné des guenilles, n'importe quoi pour se vêtir ; certaines femmes se sont vu attribuer une robe de bal. Avec les froids de la Baltique!... Des camarades ne comprenaient rien à ce qui arrivait. Je me souviens de l'une d'entre elles qui ne voulait pas quitter son chandail, disant qu'elle était frileuse. Elle ne se rendait pas compte!

« Nous avons été mises en quarantaine dans une baraque, comme si nous avions apporté la peste avec nous. En fait, ce n'était pas tellement notre état de santé qui les préoccupait ou un souci de contagion. C'était pour nous recenser et voir à quelle tâche nous affecter. Je suis arrivée dans une période où le camp était encore en ordre, un ordre redoutable certes, mais après, avec le surpeuplement, l'organisation est devenue incohérente et c'était encore pire pour nous, car notre vie ne pesait plus rien. Pour une peccadille, on risquait la mort. D'ailleurs, à Ravensbrück, la mort était notre lot quotidien.

« Nous étions surveillées par des hommes et des femmes SS, aussi terribles les uns que les autres. Moi, je travaillais dans un kommando qui s'occupait de récupération des uniformes militaires ramassés sur les champs de bataille. Ces uniformes nous arrivaient dans l'état où on les avait trouvés, c'est-à-dire pas lavés, avec encore des débris de chair pourrie, ensanglantés et boueux. Nous devions les laver et ensuite récupérer ce qui était récupérable, les doublures, les boutons, ou bien les raccommoder pour qu'ils puissent servir à nouveau. Nous étions gardées par un *Volkdeutsche* hongrois du nom de Silinka, un homme d'une cruauté inimaginable. Je l'ai vu un jour tuer une de nos camarades parce qu'elle avait lavé un peu de linge à elle, avec le linge qui nous était donné. Il l'a tuée à coups de battoir à linge et ça a duré longtemps, car elle n'est pas morte sur le coup. Un jour, une surveillante (une *Aufseherin*) a décapité une femme avec sa bêche, dans un kommando dehors. A tout instant, la mort pouvait survenir. La menace était quotidienne, rien ne pouvait nous protéger ou nous défendre. »

La fraternité comme réponse suprême

« Comment survivre dans de telles conditions? poursuit Geneviève de Gaulle. Celles qui s'en sont sorties le mieux furent celles qui étaient portées par une foi politique ou religieuse. Les communistes ont été portées par leur idéal, les croyantes ont été portées par leur foi. Et pour les autres, pour toutes d'ailleurs, la meilleure réponse à opposer à ces manœuvres de destruction de l'individu fut la fraternité. Il a existé entre déportées une grande fraternité. Là encore, je ne veux pas généraliser. Toutes n'ont pas été fraternelles et j'en ai vu bousculer leur voisine pour ne pas recevoir le coup de trique qui devait s'abattre sur elles. Mais j'ai vu aussi de magnifiques preuves de fraternité, depuis le morceau de pain qu'on donnait à celle qui avait encore plus faim que vous, ou la visite au *Revier* pour apporter un peu de douceur à une camarade malade au péril de sa propre vie, jusqu'au sacrifice de soi. Je me souviens d'une sœur, mère Elisabeth de la Compassion, qui a poussé une de nos compagnes, une jeune mère de deux enfants, et qui a pris sa place dans le convoi qui partait pour la chambre à gaz. »

Le sujet de la fraternité est évoqué par deux autres témoins. Lily Unden, première Luxembourgeoise arrivée au camp de Ravensbrück, déclare que ce qui l'a aidée à tenir, c'est probablement la « présence des Françaises qui m'ont soutenue par la qualité de leur esprit ». Par ailleurs, Lily Unden observe que « chaque jour apportait une force particulière, qu'elle ne saurait analyser mais qui venait peut-être du dénuement total dans lequel elle se trouvait. Elle était également portée par sa foi patriotique, considérant que son sacrifice pourrait servir à la liberté de son pays. « On m'avait élevée dans cet esprit-là, dit-elle, que le patriotisme est une valeur nécessaire. »

L'Italienne Lidia Rolfi pense que « la fraternité était nécessaire à celle qui voulait se sauver ». « Je suis arrivée en 1944, raconte-t-elle, à un moment où le camp était suraffolé. Il y avait beaucoup trop de monde et au début, c'était terrible parce que personne ne voulait de moi. Nous autres Italiens nous nous étions si bien débrouillés que nous étions devenus les ennemis de toute l'Europe. J'ai demandé avec insistance à être mise avec des Françaises, qui de leur côté n'étaient pas trop contentes de voir arriver une Italienne. Mais ça s'est arrangé quand elles ont compris que j'avais été déportée pour des motifs politiques. Elles m'ont prise en main, elles ont refait mon éducation politique, expliqué ce que c'était réellement que le fascisme, car on a beau avoir fait de la résistance, on n'a pas toujours les idées bien nettes. J'avais une camarade, Monique Nollet, qui a entrepris de me faire traduire en français toutes les leçons que je dispensais à mes élèves puisque j'étais institutrice à ce moment-là. Elle m'a obligée chaque jour à faire cet effort, et j'ai fini par parler français et donc pu communiquer avec mes camarades d'infortune. Elles m'ont appris à vivre dans une communauté comme celle-là qui ne tenait que par la solidarité, et ce sentiment de solidarité était d'une force que je n'ai plus jamais retrouvée. C'était exceptionnel, la fraternité entre déportées. J'ai tout appris au sein de cette communauté souffrante et je dis parfois que Ravensbrück a été mon université. Ça a été très dur, mais ça m'a marquée d'une manière définitive par rapport à la vie. Ça m'a aidée par la suite à me placer au-dessus des contingences ordinaires de l'existence, à me débarrasser de ce qu'il y a de mesquin dans les rapports qu'on a avec les autres. Plus grand-chose ne me touche vraiment et il faut que ce soit très grave pour que je m'émeuve. »

Cette fraternité, Odette Fabius l'a connue elle aussi. A travers, entre autres, la personne de Marie Mercier, une déportée communiste malade et qu'on laissait mourir dans un coin du bagne du camp. Odette lui apporta, un temps, un peu de nourriture, prélevée sur ses rations pour l'aider à tenir le coup. Marie, en retour, donna sa vie, pour l'aider à sortir du bagne. Dans *Un lever de soleil sur le Mecklembourg*, Odette Fabius écrit pourtant ceci :
« Si j'ai connu des moments exceptionnels de chaleur humaine, de compassion, de dévouement, j'ai rencontré aussi des comportements qui ne firent pas honneur à leurs auteurs. L'instinct de conservation peut pousser des êtres civilisés à se montrer féroces d'égoïsme. (...) J'étais allongée sur ma paillasse au *Revier* dans un état de très grande fatigue dû à la dysenterie, lorsqu'une camarade française vint rendre visite à celle qui était sur la couchette inférieure. Elle venait tout simplement proposer à ma voisine, issue comme elle d'une famille de la noblesse, de signer une pétition. Il s'agissait de demander au commandant SS du camp de regrouper les prisonnières appartenant à l'aristocratie dans un bloc spé-

cial afin qu'elles ne soient pas soumises à la promiscuité de certaines Françaises, très pénible pour elles. Je ne pus m'empêcher d'intervenir pour demander à cette femme si elle avait entendu parler de l'abolition des privilèges. Je m'empresse d'ajouter que mes nombreuses amies sollicitées comme Tatiana de Fleurieu, la comtesse de Rambuteau, Mme de Gontaut-Biron, repoussèrent avec indignation cette dégradante demande de faveur et continuèrent à lutter avec leurs camarades de toutes conditions.

« La lettre ne reçut jamais de réponse, et ce fut, je pense, une humiliation méritée pour les signataires. »

L'angoisse des sélections

Les déportées, dans la plupart des cas, ont représenté pour les nazis des « bêtes de somme » qui ne devaient leur survie qu'à leur force de travail. Point de salut, hors cette condition. Il fallait être rentable pour le grand Reich si on voulait se garder en vie. D'où la terreur de toutes celles qui tombaient malades, se blessaient ou avaient atteint un âge où la force vous a abandonnée. Elles pouvaient craindre à juste titre de faire partie du prochain convoi qui les vouait à une disparition que pendant longtemps on ne sut pas définir avec exactitude.

« Pendant longtemps, explique Denise Vernay, les femmes condamnées étaient embarquées dans ce que nous appelions les "convois noirs". Germaine Tillion a d'ailleurs étudié le fonctionnement de ces convois noirs. Vers la fin de Ravensbrück, il y a eu une ou deux petites chambres à gaz que j'ai pu apercevoir de loin. Elles pouvaient envoyer au trépas une grosse centaine de femmes par séance. »

Ces sélections, Anise Postel-Vinay les a vécues intensément. Des sanglots remontent dans sa gorge quand elle évoque l'une d'elles :

« C'était vraiment le moment le plus affreux qu'il nous était donné de vivre. Je me souviens de la sélection du 2 mars 1944, parce qu'elle fut la plus horrible de toutes. Nous passions par rangs de cinq devant le médecin du camp qui s'appelait Winkelman. Cet homme ne levait jamais la tête. D'un signe, il désignait les femmes pour la mort. A droite, c'était la vie, à gauche, c'était la mort. Or ce 2 mars, Germaine Tillion était très malade. Elle était au *Revier* avec 40° de fièvre et m'avait chargée de veiller sur sa maman. La chère Mme Tillion, qui avait près de 70 ans, un teint très blanc, des jambes gonflées, ne me paraissait pas en état de réchapper à la sélection. Le critère, que l'on connaissait, c'était d'éliminer toutes celles qui ne seraient pas en état de faire l'évacuation.

« Nous avons alors proposé à Mme Tillion de la cacher dans un faux plafond du block. Mais elle n'a pas voulu, elle s'est refusée à cette gymnastique. Nous étions catastrophées, et je nous revois, avec une camarade de mon âge, en train de lui tapoter les joues pour qu'elle ait meilleure mine, la faisant marcher de long en large pour l'entraîner, lui cachant ses cheveux blancs sous un foulard. Et nous sommes passées en tremblant devant ce médecin, tenant chacune Mme Tillion par un bras. Elle nous a été arrachée... Que faire ? Partir avec elle ? Elle n'aurait pas voulu nous voir dans la colonne de la cheminée... J'ai passé cette nuit-là une nuit bien pire qu'à la prison de la Santé quand on m'avait annoncé qu'on me fusillerait à l'aube. Car il fallait que j'annonce la nouvelle à Germaine Tillion ! J'ai vu des camarades, les sœurs Trambour par exemple, dont l'une était une élève de Dullin... Quand l'une a été prise, l'autre a suivi. Mais moi je n'ai pas eu ce courage... J'ai vu, des années après, la pièce de Bernanos, *Dialogues des carmélites* où l'on voit, à la fin, la jeune Blanche de Force partir avec les autres... Mais moi, je ne suis pas partie...

« C'est peut-être ce qu'on peut le plus reprocher aux nazis, ces choix épouvantables auxquels ils nous contraignaient. »

Ce bouleversant témoignage rejoint toutes sortes d'informations qui ont été communiquées sur ces épisodes des sélections, qui s'exercèrent avec encore plus de violence et de cruauté sur les juives. C'est à partir d'un drame réellement vécu que William Styron a composé son livre *le Choix de Sophie*. Une jeune mère polonaise, dès son arrivée au camp, est mise en demeure de choisir lequel de ses deux enfants doit lui être arraché et partir pour la chambre à gaz :

« Elle comprenait maintenant ce qu'une ignorance aveugle et miséricordieuse empêchait parfois, mais très rarement, les juifs de comprendre dès leur arrivée, mais que ses rapports avec les autres lui permettaient de comprendre d'emblée et de redouter avec une terreur indicible : c'était une sélection. En cet instant, elle-même et les enfants étaient en train de subir l'épreuve dont si souvent elle avait entendu parler — évoquée tant de fois à Varsovie dans un murmure — une épreuve dont l'éventualité lui était apparue tellement intolérable et tellement improbable qu'elle l'avait rejetée loin de son esprit. Mais elle se trouvait là, et le docteur se trouvait là, tandis que là-bas, au-delà des wagons évacués par les juifs de Malkinia en route vers la mort — se trouvait Birkenau, le gouffre aux portes béantes où le médecin avait le pouvoir d'expédier à son gré tous ceux qu'il voulait. Cette pensée provoqua une telle terreur en elle qu'au lieu de tenir sa langue elle dit :
— Ich bin polnish ! In Krakow geboren.
« Sur quoi étourdiment, elle ne put s'empêcher d'ajouter :
— Je ne suis pas juive ! ni mes enfants ; eux non plus ne sont pas juifs. Ils sont racialement purs, ils parlent allemand. Je suis une chrétienne, une bonne catholique.
« Le médecin lui fit de nouveau face haussant les sourcils, il contempla Sophie avec des yeux ivres, le regard mouillé et sournois, sans l'ombre d'un sourire. Ce fut alors qu'elle comprit qu'elle avait eu tort, avait dit ce qu'il ne fallait pas, peut-être même quelque chose de fatal. Détournant un instant son visage, elle jeta un coup d'œil sur la longue file des détenus qui se traînaient lourdement sur le calvaire de leur sélection et aperçut Zaorski, le professeur de flûte d'Eva, à l'instant précis où se scellait son destin — un hochement de tête presque imperceptible du médecin l'expédia vers la gauche et Birkenau. Puis comme elle se retournait, lui parvint la voix du docteur Jemand von Niemand :
— Ainsi, tu n'es pas communiste. Tu es croyante ?
— Ya, meine Hauptmann, je crois au Christ.
« Quelle folie ! Elle devina à son attitude, à son œil fixe, à l'expression nouvelle de son regard, d'une intensité lumineuse, que tout ce qu'elle disait, loin de l'aider, loin de la protéger, précipitait d'une certaine façon sa chute. »

Cette description de l'écrivain américain William Styron correspond si rigoureusement à certains témoignages recueillis que la part d'imagination du romancier semble à exclure. Les composantes de la mentalité nazie, perfidie et brutalité, y sont dépeintes. Toute l'horreur du crime de lèse-humanité apparaît encore dans cet autre passage :

« — Ne me forcez pas à choisir, s'entendit-elle plaider dans un murmure, je ne peux pas choisir.

— Dans ce cas, envoyez-les là-bas tous les deux, dit le docteur à son assistant, *nach links* (à gauche).

— Maman !

« Elle perçut le cri ténu et déchirant d'Eva à l'instant où, repoussant l'enfant, elle se relevait en titubant :

— Prenez la petite, lança-t-elle. Prenez ma petite fille !

« Ce fut alors que l'assistant, avec une douceur pleine de compassion que Sophie devait s'efforcer d'oublier, tira Eva par la main et l'emmena rejoindre la légion des damnés en attente. Sophie devait conserver à jamais l'image floue de l'enfant qui s'obstinait à regarder en arrière, implorante. Mais presque aveuglée par un flot de larmes épaisses et salées, il lui fut épargné de distinguer nettement l'expression d'Eva et elle en remercia le ciel. »

Les jeunes mères entraînées dans les camps avec leurs enfants ont souffert généralement beaucoup plus que les autres, car elles subissaient non seulement pour elles-mêmes mais à travers leur progéniture. Un autre récit d'Anise Postel-Vinay l'exprime avec force :

« En arrivant au camp de Ravensbrück, j'ai fait la connaissance d'une jeune Polonaise qui arrivait du camp de Lublin. Elle avait les cheveux tout blancs et m'expliqua que ceux-ci avaient blanchi en un seul jour. Elle se trouvait utilisée comme infirmière au *Revier* qui dans ce camp se trouvait en face des cuisines. Ce jour-là, des SS sont venus annoncer qu'il y aurait une distribution de lait pour tous les enfants du camp, et que ceux-ci devaient se présenter accompagnés de leur mère, par rangées de cinq. Comme tout le monde était affamé, ce fut la ruée. Les SS se sont alors emparés de tous les enfants et les ont jetés dans des camions qui sont partis au milieu des hurlements. Ces enfants devaient être par la suite jetés vivants sur des brasiers. Telle fut l'histoire que me raconta cette Polonaise pour expliquer ses cheveux blancs alors qu'elle était encore jeune. »

Camp de la mort ou chambre à gaz

L'élimination des indésirables pouvait se passer d'une autre manière, que décrit Odette Fabius :

« Au début, nous ne savions pas grand-chose à propos des chambres à gaz. Dans les six derniers mois, on a fait construire des bâtiments mystérieux. Certaines savaient peut-être à quoi cela devait servir. Moi, je ne l'ai su que plus tard. Je mettais les briques les unes par-dessus les autres. J'ai peut-être contribué à la construction d'une chambre à gaz. Quand on venait "piquer" les malades au *Revier*, je me doutais bien que c'était pour les liquider, mais je ne savais pas comment cela se passait à Ravensbrück. Je savais qu'il y avait ce fameux *Jugendlager* où on amenait les femmes en leur disant qu'elles auraient peut-être un peu moins à manger, que ce serait moins confortable, mais qu'elles n'auraient pas à travailler. Nous avions deviné qu'on ne revenait pas de ce camp, qu'on y mourait lentement.

« Une de mes amies de Biarritz, Ginette Boyessen, qui était arrivée un peu après moi, ne supportait pas le travail trop dur qu'on nous faisait faire. Songez qu'en ce qui me concerne, j'avais été affectée au transport des cadavres vers les fours crématoires ! Un beau jour, elle m'annonça qu'elle avait demandé à aller au *Jugendlager*. "Je t'en supplie, lui ai-je dit, n'y va pas, tu n'en reviendras pas." Elle m'a répondu qu'elle était trop fatiguée pour continuer comme ça. Elle s'est fait inscrire. Heureusement, elle était la dernière de la liste et on a arrêté à son nom. Malheureusement quinze jours plus tard, elle a été prise par le "piqueur" pour participer au déblayage de Hambourg. Pour ce travail, on partait par colonnes de dix prisonnières. Une colonne marchait devant et creusait des trous. Celles qui n'avançaient pas assez vite étaient mises dans les trous et recevaient une balle dans la tête. Ginette est morte de cette manière. Des camarades me l'ont raconté au retour de l'expédition à Hambourg.

« Comment ai-je échappé personnellement à la "solution finale"? Je le dois à une doctoresse du camp, une Allemande qui exerçait autrefois à Berlin et qui avait fait ses études à Philadelphie. Elle parlait aussi bien l'allemand que l'anglais. Comme on lui avait dit que j'appartenais à la haute société parisienne et qu'elle était dévorée de snobisme et de curiosité, elle s'est intéressée à moi. Elle m'a sauvé la mise plus d'une fois, en prétendant que je n'étais pas en mauvaise santé au "piqueur" qui l'interrogeait, alors que j'étais couverte d'ulcères, à cause de l'avitaminose et que je ne tenais plus debout. »

Le martyre des enfants déportés

« J'ai pu supporter beaucoup de choses, déclare Lily Unden, mais ce que je ne supportais pas, c'étaient les hurlements des enfants qui mouraient de faim. Vers 1943, des femmes enceintes sont arrivées, d'autres avec leurs petits. Les enfants traînaient dans le camp, à moitié nus malgré le froid et sans rien à manger. Le pire, c'étaient les nouveau-nés que les mères ne pouvaient allaiter, faute de lait et qui végétaient jusqu'à ce qu'ils meurent. Ça prenait du temps. Ils pleuraient jusqu'à la mort. »

« Après avoir travaillé dans divers kommandos dehors, raconte Marijo Chombart de Lauwes, j'ai été affectée au block des enfants, ceux qui naissaient au camp de Ravensbrück. C'était la première fois qu'il y naissait des enfants. Avant 1943, on faisait avorter les femmes ou on tuait les enfants à la naissance. A partir de 1943, ils ont changé de tactique. Ils ont probablement pensé qu'ils devaient se préserver d'éventuelles futures accusations d'inhumanité vis-à-vis des enfants. Le block des enfants était une petite pièce malsaine et sans feu, bien que dotée d'un poêle, pour lequel on nous donnait deux briquettes par jour, ce qui ne suffisait pas. Peu à peu, on a réussi à alimenter ce poêle avec des bouts de charbon que les camarades trouvaient ici et là et nous apportaient. Il est né, pendant l'époque où j'étais au camp, 850 bébés. Trois petits Français ont survécu qui sont d'ailleurs devenus plus tard nos filleuls et auxquels nous sommes très attachées, et quelques petits Russes et Polonais. Tous les autres sont morts. Il n'empêche que nous avons œuvré chaque jour pour faire survivre les enfants. Nous avons eu jusqu'à 40 bébés dans cette pièce qui dormaient sur les lits à étages, en travers, sans rien sur le corps au début. Ensuite, la solidarité du camp a joué et on nous a apporté des bouts de tissu chipés dans les ateliers avec lesquels nous avons fait des couches et des vêtements de corps. Pour nourrir ces bébés, nous recevions une boîte de lait en poudre par jour, mais seulement deux bouteilles. Là encore, on s'est débrouillé. On a trouvé d'autres bouteilles et avec une paire de gants de chirurgien, nous avons fabriqué dix tétines. Les accouchements des femmes qui arrivaient au camp enceintes se déroulaient dans une pièce du *Revier*, sur un matelas à même le sol. Nous avons eu une sage-femme, qui était une ancienne avorteuse. On l'avait chargée de faire avorter les femmes qui attendaient des enfants de sang mêlé, juif et aryen. Ce n'était pas une mauvaise femme. Elle faisait ce qu'elle pouvait, mais sans aucun moyen. Elle a réussi un accouchement avec des forceps qu'elle avait subtilisés au médecin. Elle a même tenté une césarienne, qui a échoué. Je me souviens que l'opération a eu lieu à la bougie. Il y a eu aussi dans cet hôpital des stérilisations de fillettes tziganes. Ça s'est déroulé dans des conditions effroyables. Ces fillettes ont été abandonnées à leur sort, le ventre à moitié ouvert. Au point de vue surveillance, nous étions contrôlées par une infirmière SS, qui venait de temps en temps et qui se comportait d'une manière assez incohérente. Elle se montrait maternelle avec les bébés; pourtant, un jour où nous lui avons signalé que des rats venaient griffer les bébés la nuit, elle nous a ri au nez. Finalement, pour régler ce problème, nous avons trouvé des prisonnières qui voulaient bien faire le guet pendant la nuit et restaient cachées sous les lits. Malgré tous nos efforts, nous perdions beaucoup de bébés. Ceux qui mouraient, il fallait aller les déposer à la morgue. On passait d'abord par le bureau avec une fiche de décès où il fallait indiquer la cause de la mort, diarrhée, pneumonie, n'importe, mais pas de misère. La première fois que j'ai dû aller déposer les petits corps à la morgue, j'ai eu la sensation de descendre en enfer. La morgue se trouvait sous une butte de sable, pas loin des crématoires. Il fallait descendre un escalier. Le bouton électrique se trouvait en bas. La première fois que je suis descendue là-dedans avec trois bébés dans mes bras, j'étais en larmes. Je ne savais pas où les poser. Finalement, je suis allée les coucher dans les bras d'une femme morte, comme si c'était une mère. »

Du côté de la sexualité...

« Le retour a été très dur, déclare Marijo Chombart de Lauwes, pour de nombreuses raisons, et parmi elles, la curiosité malsaine des gens qui nous interrogeaient. Ils se sont figurés que les camps étaient des endroits où le viol était monnaie courante. Or, il n'en était rien. Nous étions jeunes, mais dans un tel état de délabrement physique que personne ne pouvait nous désirer. Je n'ai pas connu de cas de viol, même pas par les gardiens qui étaient pourtant des brutes épaisses. Notre sexualité, à nous autres femmes, avait disparu. Trouver à manger pour survivre était notre unique obsession. Il y a eu quelques cas de lesbianisme, mais peu. Par contre, il s'est noué des amitiés solides entre certaines, et entre presque toutes, une grande fraternité. »

« Dès notre arrivée au camp, nous n'avions plus de règles, dit France Pejot. Chacune constatait que ça s'arrêtait. Et ça a duré tout le temps de la déportation. Elles sont revenues à notre retour quand nous avons commencé à manger normalement. C'était mieux ainsi. S'il y avait eu ça en plus à supporter... mais ce phénomène a dû contribuer à nous abrutir un peu plus. Nous avions perdu toute coquetterie féminine. Pourtant, j'essayai parfois de m'apercevoir dans la vitre de certaines portes, car il n'y avait aucune glace nulle part. J'essayais de me persuader que j'avais moins maigri que les autres, que j'étais moins laide. Mes compagnes ne me permettaient pas de me faire des illusions. Nous étions toutes réduites à la famine et nous étions toutes aussi maigres.

Quand la maigreur devenait effrayante, la maladie n'était pas loin, et pas loin non plus la chambre à gaz. »

Les « musulmanes »

L'état de maigreur squelettique des déportées est probablement ce qui a frappé le plus directement les esprits des témoins de leur retour. Pour évoquer la déportation, on recourt le plus souvent à l'image d'individus n'ayant que la peau sur les os, le regard exorbité et le crâne tondu. Ne dit-on pas sur un ton de cynisme de quelqu'un qui a beaucoup maigri qu'il « a l'air de sortir de Buchenwald »?!...

La nourriture des déportées était à base de pain sec, d'eau et de petites portions de matière grasses genre suif, saindoux ou margarine, plus quelques brouets de légumes, surtout choux, rutabagas, un peu de pommes de terre et haricots. Pratiquement jamais de viande, sinon bouillie et en très faible quantité.

Face à cette alimentation de grande pénurie, il était demandé aux femmes de fournir un travail épuisant, surtout pour celles qui allaient travailler dans les kommandos à l'extérieur, au terrassement, au bûcheronnage, par tous les temps, y compris par les grands hivers glacés de Pologne. Celles qui travaillaient en usine souffraient un peu moins, étant à l'abri du vent glacial, mais dans des locaux sans chauffage où elles devaient travailler entre dix et douze heures chaque jour.

Dans ces conditions, la maigreur était le lot commun de toutes les femmes. Mais il y avait des degrés dans cette maigreur, le point culminant étant atteint par celles qu'on appelait les « musulmanes ».

« A la fin, j'étais devenue une musulmane, dit Régine Beer. Nous avions quitté Auschwitz, en janvier 1945, par − 30°, fait la "marche de la mort" pour atteindre Ravensbrück, et de là, été envoyées dans un plus petit camp, celui de Malkoff. Nous ne pouvions plus travailler. Nous étions des femmes avec leur peau, leurs os, leurs organes, mais plus de chair et plus rien dans la tête, plus de volonté, incapables de réfléchir et d'agir. Nous passions notre temps à nous raconter des menus, à dire qu'on allait se faire une portion de frites et griller un beefsteack. On divaguait. Quand j'étais partie du camp de Malines, je pesais 66 kilos. À cette époque, je ne pesais plus que 32 kilos. »

Eva Kurc, juive polonaise, après deux ans passés à Auschwitz, avait également perdu la moitié de son poids.

« J'étais à l'extrême limite, quand la libération est arrivée. Je n'aurais pas tenu 8 jours de plus à ce régime. Pour retrouver le chemin de la liberté, nous avons encore trouvé en nous quelques ressources physiques. En fait, seul l'esprit nous portait et l'instinct de survie. Nous étions enfin libres, mais incapables d'éprouver un sentiment de joie, ni d'avoir une pensée cohérente. On se traînait comme des bêtes faméliques, toujours en quête d'un peu de nourriture. »

« Au camp de Pteroda où je me suis retrouvée, dit France Pejot, j'ai été affectée au travail de nuit à l'usine l'Union qui fabriquait des pièces électriques. Il fallait travailler douze heures sans manger et j'étais affamée. Le pire, c'est qu'à côté, un groupe de travailleurs italiens du STO recevaient, eux, une bonne soupe, et que nous devions les regarder la manger. Souvent, ils nous ont passé une gamelle. Sans cela, je serais peut-être morte à l'heure qu'il est. »

La terreur de l'appel

« Nos journées de travail, raconte Eva Kurc, commençaient dès les premières lueurs de l'aube par l'appel. Par tous les temps on restait là, debout. Ça durait très longtemps, car nous étions nombreuses. Parfois, il faisait moins trente degrés et il fallait se tenir immobiles dans le froid glacial, ou sous la neige. Certaines ne résistaient pas, on les embarquait, je ne sais pas ce qu'elles devenaient, on ne les revoyait plus. »

Dans son livre *le Convoi du 24 janvier*, Charlotte Delbo raconte l'appel du 10 février 1943 à Auschwitz, épisode mis en scène, par ailleurs, par une cinéaste polonaise. Wanda Jarubovska, également ancienne déportée, a repris sa caméra dès 1947 pour dresser de la déportation un impitoyable tableau. Le film s'intitule *la Dernière Étape*. C'est un produit rare, en mauvais état car sur pellicule-flamme (donc voué à son autodestruction) et dont la cinémathèque de Paris possède un exemplaire. Y est reconstitué un épisode que Charlotte Delbo raconte ainsi :

« Après l'appel qui avait duré comme tous les jours de 4 à 8 heures du matin, les SS ont fait sortir en colonnes toutes les détenues, dix mille femmes, déjà transies par l'immobilité de l'appel. Il faisait − 18. Un thermomètre à l'entrée du camp permettait de lire la température au passage.

« Rangées en carré dans un champ situé de l'autre côté de la route en face de l'entrée du camp, les femmes sont restées debout, immobiles, jusqu'à la tombée du jour sans recevoir ni boisson ni nourriture. Les SS, postés derrière les mitrailleuses, gardaient les bords du camp. Le commandant Hoess est venu à cheval faire le tour des carrés, vérifier leur alignement, et dès qu'il a surgi, tous les SS ont hurlé des ordres incompréhensibles. Des femmes tombaient dans la neige et mouraient. Les autres tapaient des pieds, se frottaient réciproquement le dos, battaient des bras pour ne pas geler, regardaient passer les camions de cadavres et de vivantes qui sortaient du camp, où l'on vidait le block 25 pour porter leur chargement au crématoire. »

Charlotte Delbo précise que ce genre de brimade n'était pas exceptionnel, et que quatorze personnes ont été prises ce jour-là.

Des femmes inhumaines

On estime que la douceur, la sensibilité, la charité, la fragilité font partie des caractéristiques du comportement et de la nature de la Femme, en général. Or, les déportées ont rencontré de véritables monstres en jupe, les *Aufseherin*, les kapos, surveillantes et gardiennes.

« Elles avaient une mentalité très spéciale, dit Marijo Chombart de Lauwes. Elles étaient inhumaines, je ne trouve pas d'autre mot. Par exemple, lors d'un procès, j'ai eu à témoigner sur la stérilisation des jeunes tziganes à laquelle j'ai assisté. J'ai été confrontée à la femme-médecin qui avait accompli ce forfait, dont j'avais apprécié à d'autres occasions certains bon côtés. Elle n'a pas nié les faits. Elle a simplement

dit : "Quelle importance si elles en sont mortes : ce n'étaient
que des tziganes, après tout !"

« J'ai vu une de ces surveillantes dans un kommando
dehors qui a décapité une femme qui ne travaillait pas assez
vite et qui résistait, à coups de bêche », relate Geneviève de
Gaulle.

« En général, dit Eva Kurc, elles étaient d'une férocité
inouïe. Pourtant, je dois d'être encore en vie à une Allemande
qui était employée dans le camp. J'avais été condamnée à
mort et je devais être pendue. Les pendaisons à Auschwitz
étaient publiques. On était convoqué pour y assister. C'était
obligatoire d'y aller. Le jour des pendaisons, on nous donnait
même un peu de pain en plus. Pour eux, c'était jour de fête.
Donc cette Allemande a plaidé en ma faveur, je ne sais plus
quels furent ses arguments, mais en tout cas, j'ai échappé à la
pendaison. »

Odette Fabius doit à une infirmière allemande du *Revier*
d'être encore en vie. Au moment de la libération du camp de
Ravensbrück, on découvre qu'elle est juive et on la retient au
camp. Une infirmière l'aide à passer par la fenêtre de l'infirmerie pour rejoindre le groupe qui part :

« Aidée de cette infirmière, j'ai pu, au prix de pénibles
efforts, rejoindre le petit groupe des Hollandaises et des
Belges qui partaient. Je me suis effondrée au milieu d'elles. Il
y avait là une doctoresse du *Revier*, le docteur Goldschmit,
qui avait emporté une trousse médicale. Nous nous mîmes en
route, moi soutenue par deux fortes Hollandaises — je
relevais difficilement d'une attaque de typhus — il y avait
cinq kilomètres à faire pour arriver aux ambulances. Mes
compagnes me lâchaient chaque fois qu'on croisait un officier, une infirmière ou une patrouille allemande. La doctoresse Goldschmit me faisait alors une piqûre de solu-
cramphre qui me soutenait un moment. Mais la chef féminine
du camp était l'affreuse SS Binz qui jusqu'au dernier moment
essaya de me faire revenir au camp sous prétexte que je ne
supporterais pas l'évacuation. Elle n'y est pas arrivée. A la
fin, elle m'a craché à la figure en m'assurant que je ne
reverrais jamais mon pays. »

Parmi les employées féminines du camp de concentration,
il y avait toutes celles affectées aux tâches administratives. A

Auschwitz, c'était une femme qui relevait le matricule des cadavres pour en tenir le décompte. Charlotte Delbo raconte :

« Au *Revier*, les cadavres étaient mis en tas près de la porte. Des tas bien étagés en une pile qui ne devait pas s'effondrer. Descendre les cadavres des chalits et les porter sur le tas était pour les infirmières le gros de leur travail. La secrétaire de chaque *Revier* tirait les bras gauches, relevait le numéro tatoué pour le reporter sur le livre du block. Le livre des morts.

« Cette secrétaire n'était jamais à jour. De plus, quand un cadavre était au milieu du tas et difficile à atteindre, elle ne notait pas. Non plus quand le bras tatoué avait été rongé par les rats. Entre le jour de la mort et celui où l'information parvenait à la *Politische Abteilung*, des détenues (un bon petit kommando, on y était à l'abri et le travail était propre) passaient leurs journées à faire passer les fiches de la boîte "arrivées" dans la boîte "décédées".

« Elles établissaient un avis de décès — un formulaire imprimé qu'il suffisait de remplir — où elles indiquaient comme date celle du jour où elles transcrivaient, comme heure n'importe laquelle, comme cause de décès l'une ou l'autre des quatre ou cinq grandes maladies admises (maladies non contagieuses ou bénignes). Il leur arrivait pour s'éviter réflexion de donner la même maladie à tous les morts de tel jour, la maladie suivante le lendemain. Il y avait le jour des pneumonies, le jour des catarrhes, et on recommençait. »

En fait, les femmes étaient présentes dans cette société concentrationnaire à peu près à tous les postes qu'elles avaient l'habitude d'occuper dans la vie ordinaire. Secrétariat, infirmerie, surveillances diverses, baraques, kommandos, ateliers, cuisines. Les épouses des « cadres supérieurs » étaient là, elles aussi, dans des maisons plutôt confortables avec leurs enfants. L'une d'elles, Else Koch, femme du colonel SS Karl Koch, commandant de Buchenwald, est restée célèbre pour le goût qu'elle avait des abat-jour en peau humaine !

Être « *lapin*« à Ravensbrück...

Un des sommets de l'horreur atteint par l'entreprise concentrationnaire nazie: l'expérience pseudo-médicale sur des cobayes humains, des déportées classées NN et condamnées à mort à plus ou moins brève échéance. Il y en eut aussi à Ravensbrück, où ces cobayes humains portaient le nom de « lapins ». Une déportée résistante polonaise fut un de ces lapins. Elle habite aujourd'hui Varsovie et a obtenu un visa pour venir témoigner de cette inhumaine expérience à Paris: Maria Kursmierzuc.

« J'étais arrivée depuis peu à Ravensbrück. En août 1942, on a rassemblé toutes les jeunes prisonnières du transport de Lublin et une partie de celles qui avaient été déportées de Varsovie. On nous a soumises à un examen médical. On ne comprenait pas ce qu'on nous voulait. Du côté allemand, c'était clair, nous étions toutes condamnées à mort. Depuis cet examen, à partir du 15 août, on sélectionnait de temps en temps 7-8-10 prisonnières pour les transférer à la section où avaient lieu les opérations chirurgicales. J'ai fait partie d'un groupe transféré là-bas le 7 octobre 1942.

« Le chef principal qui dirigeait ces opérations était le docteur Gehbard. Nous avions été choisies pour subir des expériences concernant les maladies qui frappent les soldats le plus souvent, telles que le tétanos ou l'intoxication par les gaz de combat. D'autre part, on prélevait sur nous de la matière osseuse, des tissus, des ligaments, en vue de greffer ces prélèvements sur des soldats blessés soignés dans un hôpital proche de Ravensbrück et dirigé par le docteur Gehbard. Il y avait d'autres médecins à côté de lui, le docteur Fischer et une femme, le docteur Oberhausser, médecin de notre camp.

« Ces expériences ont duré tout au long de l'année 1942. Ensuite, il y a eu une interruption. Le groupe des prisonnières opérées, avec leurs cicatrices, appuyées sur des cannes, a organisé une manifestation pour aller protester devant le commandant du camp. C'était carrément impensable de manifester ainsi ouvertement et pourtant mes camarades l'ont fait. Je n'y étais pas, car j'étais incapable de marcher à la suite d'un prélèvement de ligament sur une de mes jambes.

Cette protestation est restée sans effet. En 1943, les opérations ont repris, non pas à l'infirmerie mais dans un bunker de la prison. J'ai subi une autre opération. On m'a inoculé les germes de la maladie provoquée par les gaz de combat. Une maladie mortelle, en général. C'est miracle que je sois encore vivante.

« Nous avions des numéros qui correspondaient au type d'expérience auquel on nous soumettait : K1, K2, K3. Le groupe de cobayes humains était composé de 74 personnes. 37 ont survécu. »

Retour à la vie

Le retour des déportées constitua, dans la plupart des cas, moins un moment de joie et de soulagement qu'une épreuve supplémentaire, la presque dernière (car après, il a fallu se réadapter), et pouvait ressembler parfois à un coup de grâce.

Régine Beer, déportée raciale à Auschwitz, raconte :

« Un matin de janvier 1945, je sors dans le camp et je trouve qu'il y règne une atmosphère inhabituelle. Il y avait comme un désordre et une excitation dans l'air. On nous a tous appelé à nous rassembler avec nos maigres effets, on a formé un cortège et on s'est mis en route. On a fait ce qu'on a appelé plus tard la "marche de la mort". Il devait faire − 20° ou − 30°, à ce stade ça ne compte plus. Il neigeait, on entendait hurler les loups au loin, un blizzard glacé nous sifflait aux oreilles. On est parti. Les trop malades sont restés au *Revier*. On ne pouvait plus les tuer. Les crématoires avaient sauté, les chambres à gaz flambaient et en se retournant on voyait une lueur rouge contre le ciel blafard. On ne nous a donné ni boisson ni nourriture. Des gardes SS nous encadraient. Ceux qui tombaient étaient achevés, ceux qui tentaient de s'enfuir aussi. D'ailleurs si on n'était pas polonais, c'était inutile de chercher à s'enfuir, car où aller ? On a marché comme ça pendant trois jours et trois nuits, dans le froid glacial, avec la neige qui tombait. A ce moment, je pesais 32 kilos et pourtant je marchais. Ensuite, on nous a parqués dans des wagons à bestiaux ouverts où on se disputait pour attraper de la neige. En guise de boisson... On nous

a jeté une fois du pain et on est arrivé au camp de Ravensbrück. Mais là, il n'y avait plus de place. Les baraques étaient
pleines à craquer. Alors, on est resté dehors, on s'est assis sur
le *lagerstrass*, la route du camp et on a attendu. Et je me
souviendrai toujours de la chaleur du dos de ma voisine
contre mon dos ; on était transi, transi ! Comme on ne
trouvait pas de place, on nous a fait marcher encore jusqu'à
un petit camp, celui de Malkoff. Mais nous n'étions plus que
des fantômes, des musulmanes, des femmes dont l'esprit
avait disparu. Le 1er mai, on a ouvert les portes du camp. Il
n'y avait plus personne. On a repris la route, en marchant le
jour, en dormant la nuit dans des prairies humides. Et puis,
on a trouvé un train qui nous a transportées très lentement
jusqu'en Belgique. Un matin, j'ai frappé à la porte de ma
maison. Je ne savais rien de ce qui avait pu se passer. Je
n'avais pas reçu de nouvelles, je n'en avais pas envoyé. Ma
mère a ouvert, elle m'a regardée, d'abord sans me reconnaître. Et quand elle m'a reconnue, elle s'est évanouie. Se
réadapter à la vie de tous les jours ? On y arrive, mais on a
quelquefois des réflexes bizarres. Par exemple, les douches
me font peur. Récemment dans un home d'enfants, j'ai vu
des douches collectives et je me suis mise à trembler. Pourtant, je n'ai pas eu à affronter la chambre à gaz. Ce qui m'a
aidée à me réadapter, c'est la mission que je me suis assignée à
mon retour : celle de faire connaître à l'opinion ce qui s'est
passé à Auschwitz, car personne ne doit l'oublier et personne
ne doit l'ignorer. »

« Quand on a su que la libération serait proche, dit Eva
Kurc, nous avons été emmenées ma sœur, moi et beaucoup
d'autres, dans un camp voisin qui s'appelait Neuchstadtglev
et je me suis retrouvée enfermée dans la pièce d'une baraque
en compagnie d'une soixantaine de femmes. Nous étions
l'une sur l'autre dans un état de saleté effroyable, avec des
poux qui nous rongeaient. Une fille est tombée morte sur
mes pieds : je croyais qu'elle dormait. Je ne m'en suis même
pas rendu compte. On était tellement habitué à voir la mort
partout que ça ne nous faisait plus rien. Nous sommes restés
huit semaines dans cette pièce sans sortir. On y faisait tout, y
compris nos besoins. Un jour, nous avons vu le surveillant
revêtir des vêtements civils. Nous nous sommes dit que cette

fois ça y était. Mais la porte restait close. Alors quelques filles ont entrepris d'arracher un barreau et ont commencé à sauter dehors. Je n'ai pas voulu que nous sautions, ma sœur et moi, je flairais un piège. Effectivement, toutes les évadées ont été abattues à la mitraillette. Un jour, nous avons vu qu'il n'y avait vraiment plus personne. La porte était ouverte. Nous étions libres comme des petits oiseaux avec des habits à rayures. Nous nous sommes aventurées sur le chemin et nous avons rencontré les Russes. En nous voyant, ils ont pleuré. On a trouvé un convoi qui nous a amenées en France. Ma sœur n'a pas voulu retourner en Pologne. Elle pensait qu'on n'y trouverait plus personne des nôtres. J'y suis retournée moi, un peu plus tard. Effectivement, tous ceux que nous connaissions avaient disparu. Je suis restée plus d'un an, j'y ai trouvé un mari polonais et l'ai ramené en France. Notre pays ne nous intéresse plus, sauf pour la langue. Ces trois années passées à Auschwitz, je n'en parle jamais, sauf avec ma sœur. Nous seules pouvons nous comprendre. Les mots sont trop faibles pour exprimer cette effroyable tragédie et nous pensons que personne ne peut partager notre douleur. Ma sœur a pourtant écrit les Mémoires de cette période. Elle pense qu'il faut parler malgré tout, car nous allons disparaître et il n'y aura plus de témoins. Ma vie au camp ? Je n'ai pas vécu, c'est un grand trou noir. Le moment le plus atroce ? Quand j'ai entendu des prières en hébreu qui venaient d'une chambre à gaz non loin de la baraque où je me trouvais... Les pendaisons publiques aussi, au son d'un orchestre composé de déportés... Je dirais encore les appels du matin, si longs, dans le froid, avec toujours quelques personnes qui s'effondraient. Aujourd'hui, il y a encore le tatouage sur mon bras. Si je voulais oublier, ce tatouage m'en empêcherait. »

« La libération, dit Anise Postel-Vinay, elle a été lugubre. Nous étions épuisées, usées, nous devenions méchantes les unes avec les autres. On a bagarré jusqu'au dernier moment. J'ai réussi à faire sortir un rouleau de pellicule caché dans une boîte à lait de la Croix-Rouge. On pensait déjà à l'époque qu'il nous faudrait témoigner un jour. Au moment où ma colonne franchissait le seuil, nous avons vu un convoi d'Allemandes asociales squelettiques qu'on traînait jusqu'à la chambre à gaz. Ils ont gazé jusqu'à la dernière minute. Et puis on a vu dix de nos camarades qui étaient retirées de nos rangs. Pour quoi faire ? On était très inquiet. La joie de partir ? Même pas ! Et quand j'ai revu Paris, que j'ai appris que mon père était mort à Dora, mon frère à Buchenwald, que ma sœur avait été fusillée... non, il n'y avait pas de quoi se réjouir d'être libres ! »

« Quand je suis arrivée à l'hôtel Lutétia, dit France Pejot, centre de rassemblement des déportés, contrairement à beaucoup d'autres, j'étais obèse... Une obésité réactionnelle. Cette mauvaise graisse a fondu très vite. Je me souviens avoir fait des massages pour remodeler mes jambes. Quand je suis apparue devant mes amis de Franc-Tireur, tout le monde s'est mis à pleurer. Moi aussi. Cette émotion est mon plus fort souvenir du retour. »

« L'évacuation avait commencé fin avril pour un certain nombre de déportées, explique Maria Kursmierzuc, qui avait été un "lapin" de Ravensbrück. Nous les Polonaises NN qui avions subi des expériences pseudo-scientifiques, on nous a abandonnées. On ne peut pas dire libérées. Tout le monde était parti. Avec une amie blessée, Helena Piasecka, une autre tuberculeuse, on est parties avec une charrette. Après deux jours de marche, on a rencontré l'Armée rouge. Le retour ? J'ai un merveilleux souvenir de Ziertow, un petit village dans une forêt, au bord d'un lac. Il y avait un canot. J'ai ramé dans cette eau fraîche parmi les oiseaux, les canards, les poules d'eau qui s'ébattaient dans les roseaux. Mes deux amies étaient terrorisées parce qu'on entendait le canon tout proche, mais moi je n'avais d'yeux que pour toute cette beauté et j'ai savouré entièrement ces premières heures de liberté. Une fois rentrée à Zamosk, ma ville natale, j'y ai retrouvé ma famille : ma mère, ma sœur, mon frère cadet, mon père qui avait lui aussi réchappé à la déportation. Après un temps assez court, ma foi, j'ai repris mes études de médecine. Je ne peux pas dire comme avant. Je souffrais de mon invalidité. Moi qui avais été sportive, le volley, le saut, la course, tout ça n'était plus possible et j'en éprouvais des complexes. J'ai été en clinique pendant un an, opérée plusieurs fois par le professeur Graca qui a fait tout ce qu'il a pu pour moi. Tant d'années ont passé, mais je vis encore avec des bandages autour de ma jambe gauche. Je n'ai plus besoin de canne, je marche à peu près normalement.

« En 1946, on m'a demandé de témoigner au procès de Nuremberg. Le médecin qui m'a mutilé a comparu et a dû examiner mes plaies et reconnaître son forfait. Il n'était plus ni fier, ni insolent. Le chirurgien Fischer a essayé de se dédouaner en prétendant qu'il agissait sur l'ordre de son supérieur, le docteur Gebhard, mais qu'il désapprouvait ces opérations. Cet homme avait été envoyé au front et y avait perdu sa main droite. Une sorte de punition du ciel...

« Je sais que je reviens de très loin, de plus loin que tout le monde. Le 2 février 1945, il avait été décidé que toutes les victimes des expériences pseudo-scientifiques seraient liquidées. On craignait déjà leur témoignage. Nous devions être transportées à Gross-Rosen pour y être exterminées. Nous l'avons appris et nous ne nous sommes pas présentées à l'appel. Nous avons été cachées par nos camarades déportées politiques dans, et sous, les blocks. Ce mouvement de révolte nous a sauvé la vie. »

« L'armistice du 8 mai 1945 ne représentait plus rien pour moi, dit Brigitte Friang. "Avec deux camarades, nous avions enfin réussi à nous évader le matin même de la colonne SS qui nous promenait depuis trois semaines sur les routes de Tchécoslovaquie, entre les troupes russes et américaines qui resserraient leur étau. 543 km à pied ! Nous étions parties un bon millier de femmes du camp. Le 8 mai, nous restions une petite centaine encore vivantes. Et moi parmi elles, véritable miracle, en dépit de mes poumons rongés, de mon cœur rendu et de mon ventre labouré par ma blessure. Mais je m'étais juré de ne pas laisser mes os en Allemagne. J'étais convaincue que j'allais mourir. Mais je voulais être enterrée en France. Cette rage m'a soutenue. »

« Le retour a été très dur, déclare Marijo Chombart de Lauwes ; on avait trop rêvé, peut-être... Le sentiment le plus général que nous rencontrions était une sorte de scepticisme mêlé de curiosité malsaine. Et puis tant de banalités : "ma pauvre fille, tu as perdu là-bas tes plus belles années !" Les gens ne se rendaient pas compte. Moi, j'avais 22 ans ; je me suis mariée et l'étape à franchir la plus importante pour moi, ç'a été d'avoir des enfants. J'étais persuadée qu'ils mourraient tous dans mes bras. Mais après ma première fille, qui a poussé toute seule, ç'a été mieux. »

« J'étais très jeune, dit Denise Vernay, la vie a repris le dessus sur les deuils. Mon amour de la nature m'a aidé. Il y a eu des efforts à faire. C'est vrai que je garde une certaine réserve à l'égard de l'humanité en général, mais pas de pessimisme profond. Au camp, au milieu de l'horreur, nous avons découvert l'amitié, la vraie. On se sent toujours solidaire des camarades qu'on a eues. Ça aide. »

« Très vite après mon retour d'Auschwitz, raconte Marie-Claude Vaillant-Couturier, j'ai été désignée pour être témoin au procès de Nuremberg. Ça a occupé mon esprit. J'ai préparé ma déposition. Quand ce fut mon tour, j'étais hantée à l'idée d'oublier quelque chose. Ça me paraissait miraculeux de me trouver là devant ces dignitaires nazis qui avaient l'air de messieurs comme tout le monde. De voir Goering en face de moi, qui était la figure la plus connue après Hitler. Et je leur disais : "Regardez-moi, car par mes yeux, ce sont des millions d'yeux qui vous accusent, et par ma bouche, ce sont vos victimes qui parlent." J'étais concentrée sur mon propos. Même pas émue, ou impressionnée, sinon par le fait de me trouver là. L'ambiance du procès m'a parue maussade. Ça traînait en longueur. On s'y montrait d'une humeur tatillonne, ce qui m'irritait. J'ai changé d'avis depuis. C'était important que les accusés puissent se défendre, car riche d'enseignements. Ainsi, quand j'ai été interrogée par le docteur Marx, j'ai avancé le chiffre de 700 000 Hongrois juifs exterminés en 1943. Quelqu'un a contredit ce chiffre en opposant celui de 350 000... Comme si c'était moins monstrueux ! En tout cas, le fait n'était pas mis en doute, mais seulement l'évaluation... Ce que j'ai à dire pour conclure ? Eh bien, tout compte fait, cela m'a rendue plutôt optimiste sur le genre humain. Car dans cette entreprise où tout était fait pour dégrader l'être humain, j'ai vu des hommes et des femmes qui résistaient, qui restaient dignes d'être des hommes et des femmes. Ceci est en leur faveur, en faveur de l'humanité. »

A la question « Comment se remettre d'une telle expérience ? Geneniève de Gaulle déclare ceci :

« Il faut surmonter, mais ne jamais oublier. Ce serait se mutiler soi-même. On a appris beaucoup de choses et si nous avons le devoir de témoigner du pire, nous avons aussi à témoigner du meilleur. J'ai vu l'homme pendant cette période dans toute sa grandeur, sous ses guenilles.

Comment a repris ma vie de femme ? Beaucoup mieux que pour certaines de mes compagnes, qui au retour ont éprouvé des difficultés matérielles épouvantables, le pays était exsangue, des familles entières avaient parfois disparu. Certaines se sont retrouvées absolument seules. Moi, j'ai eu de la chance. Je me suis mariée en 1947, j'ai eu un foyer heureux et quatre enfants qui m'ont beaucoup apporté. Je ne leur ai pas communiqué le pire, ce n'était pas souhaitable. J'ai essayé de leur donner foi en l'homme. J'espère y être arrivée. J'ai tout de suite trouvé quelque chose à faire, des conférences d'abord, à Genève, puis à Paris. J'ai réussi à faire envoyer en convalescence en Suisse un certain nombre de camarades malades. Bref, je suis allée au plus pressé... Maintenant, les années ont passé, je pense que je garde de cette période une sensibilité extrême à l'égard de tout être humilié. Voir un être réduit à rien, plongé dans la misère extrême, exclu du monde par le fait de son état, c'est une chose que je ne peux plus supporter. Je me suis engagée dans un mouvement en faveur du quart monde, pour aider les plus pauvres. Je suppose qu'il s'agit là d'un des héritages de Ravensbrück. »

RAVENSBRÜCK

A Ravensbrück, en Allemagne
On torture, on brûle les femmes

On leur a coupé les cheveux
Qui donnaient la lumière au monde

On les a couvertes de honte
Mais leur amour vaut ce qu'il veut

La nuit, le gel tombent sur elles,
La main qui porte son couteau

Elles voient des amis fidèles
Cachés dans les plis du drapeau

Elles voient le bourreau qui veille,
A peur soudain de ces regards

Elles sont loin dans le soleil
Et ont espoir en notre espoir.

René-Guy Cadou
(La Résistance et ses poètes, Seghers)

ÉPILOGUE

Les diverses sociétés d'Europe ont-elles réellement comptabilisé l'apport des femmes dans la lutte contre l'envahisseur nazi ? Qu'en reste-t-il ? Quel bilan, après un demi-siècle d'une paix discutable, mais d'une paix tout de même ? Laissons s'exprimer les intéressées.

Pour Marie-Madeleine Fourcade :

« Le général de Gaulle a payé un large tribut en octroyant le droit de vote aux Françaises, et donc, le droit d'être éligibles. La plupart des pays d'Europe nous avaient précédés, nous étions très en retard. On peut dire que la décision du chef de la France libre a été reçue comme un acte de simple justice. Mais à part cela, je crois que notre société a maintenant oublié tout ce que les femmes avaient fait, dans les hostilités en général, et dans la Résistance en particulier. »

« Bien sûr, que les Françaises ont mérité leurs galons, dit Madeleine Riffaud. Leur donner le droit de vote, c'était la moindre des choses !... Deux vagues se heurtaient sans cesse dans le cœur des femmes de cette époque. Une vague d'amour pour leur pays, pour leur terre natale, pour leur mari, pour leurs enfants, et une vague de haine pour ceux qui leur faisaient tant de mal, les nazis. Paul Éluard l'a très bien dit. elles ont pris les armes de la douleur. Elles méritent d'être reconnues à part entière par la société qu'elles ont su si bien défendre. »

« Les femmes ont toujours porté le poids des guerres, ce n'était pas nouveau, déclare Geneviève Anthonioz-de Gaulle. Mais je crois que cette fois-ci, elles ont su en tirer parti pour elles-mêmes. Par exemple, les déportées françaises ont pu se rendre compte de la vraie place de la France dans le combat en faveur des droits de l'homme. Au camp de Ravensbrück, nous avons côtoyé tous les jours des Belges, des Hollandaises, des Scandinaves, des Tchèques, des Yougoslaves, des Russes, des Italiennes, des Polonaises et nous avons pu mesurer à quel point la France comptait pour elles. C'est une chose que nous ne devons pas oublier. Et quand il y a des bavures dans le combat mené pour le respect des droits de l'homme, eh bien, la France démérite de cette confiance morale que l'Europe lui accorde. La leçon de la guerre ? Un seul mot : vigilance ! »

« Le bilan des femmes ? Beaucoup de souffrances, mais pas pour rien, dit Lucie Aubrac. Nous avons obtenu le droit de vote, et donc la possibilité d'aller de l'avant. Tous ces noms de femmes qui sont aujourd'hui sur des pierres tombales, recouvertes de la poussière de l'oubli, tous ces noms gravés dans le mémorial de la guerre, cela veut dire que la France résistante a été une France composée d'individus des deux sexes, qui ont pris les mêmes risques, couru les mêmes dangers, affronté le même poteau d'exécution. Barbie, lui, n'a pas fait de discrimination quand à Saint-Genest-Laval, dans un dernier sursaut de barbarie, il a fait prendre quatre-vingts personnes de Montluc, hommes et femmes mélangés, et les a tous massacrés à la grenade avant de mettre le feu. Parmi eux il y avait mon élève, Jeanine Sontag. Elle avait 20 ans ! Et ces monitrices d'Izieu, qui convoyèrent les petits enfants juifs et n'en revinrent jamais... Toutes ces femmes... Elles avaient mérité de participer à la reconstruction d'une France démocratique.

« Mais je dirai encore qu'il faut que les femmes se servent de ce droit de vote qu'elles ont payé de leur sang. Il faudrait que les hommes les laissent faire leur éducation politique, qu'ils acceptent qu'elles jouent un rôle dans la vie parlementaire de leur pays, où elles peuvent apporter leur richesse spécifique. Or les partis politiques, toutes tendances confondues, considèrent encore assez mal la candidature des femmes. Et de leur côté, les femmes sont rarement candidates à des postes importants. Il serait désolant que l'impulsion qui s'est manifestée à la fin de la guerre retombe et s'éteigne. Si la lutte doit continuer, c'est dans ce sens-là qu'il faudrait l'orienter. »

INDEX

BIBLIOGRAPHIE

ALBRECHT (Mireille), *Berty* (Laffont)

AUBRAC (Lucie), *Ils partiront dans l'ivresse* (Le Seuil)

AZEMA (Jean-Pierre), *De Munich à la Libération* (Points-Le Seuil)

BAUER (Anne-Marie), *La Vigie aveugle*

BERNARD (Henri), *La Résistance en Europe*

BOHEC (Jeanne), *La Plastiqueuse à bicyclette* (Mercure de France)

CARRE (Mathilde), *J'ai été la Chatte* (Éd. Morgan)

CHATEL (Nicole), *Des femmes dans la Résistance* (Julliard)

COUDERT (Marie-Louise), *Elles, les résistantes* (Messidor)

DEFORGES (Régine), *La Bicyclette bleue* (Gallimard)

DELBO (Charlotte), *Le Convoi du 24 janvier* (Éd. de Minuit)

DEROY (Jacqueline), *Celles qui attendaient* (Éd. FNCPG)

FABIUS (Odette), *Un lever de soleil sur le Mecklembourg* (Albin Michel)

FOURCADE (Marie-Madeleine), *L'Arche de Noé* (Plon)

FRENAY (Henri), *La Nuit finira* (Laffont)

GRANET (Marie), *Ceux de la Résistance*

GUERIN (Alain), *La Résistance* (Livre Club Diderot)

HUMBERT (Agnès), *Notre guerre*

MALOIRE (Albert), *Les Femmes dans la guerre* (Éd. de Louvois)

MARTIN-CHAUFFIER (Simone) *A bientôt quand même* (Calmann-Lévy)

MICHEL (Henri), *Paris résistant*

MIQUEL (Pierre), *La Seconde Guerre mondiale*

MOREAU (Émilienne), *La Guerre buissonnière* (Solar)

MOULIN (Laure), *Jean Moulin* (PUF)

NOGUERES (Henri), *La Vie quotidienne des résistants* (Hachette)

NOGUERES (Henri), DEGLIAME-FOUCHE (Marcel), VIGIER (Jean Louis), *Histoire de la Résistance en France* (Laffont)

ROUSSO (Henry), *Le Syndrome de Vichy* (Le Seuil)

SCHWARZ (Paula Louise), *Prewar action in woman of French Resistance* (Columbia University, 1981)

STYRON (William), *Le Choix de Sophie* (Club Express)

THALMANN (Rita), *Être femme sous le IIIe Reich* (Robert Laffont)

TILLION (Germaine), *Ravensbrück* (Le Seuil)

VEILLON (Dominique), *La Collaboration, Le Franc-tireur* (Laffont)

WORMSER (Olga), *Le Système concentrationnaire nazi* (Hachette)

Ouvrage collectif : *Histoire mondiale de la femme* (Nouvelle Librairie de France)

TABLE DES MATIÈRES

Première partie

FEMMES SOUS LES BOMBES
OU LE TEMPS DE LA VIOLENCE

Deuxième partie

FEMMES SOUS LA BOTTE OU LE TEMPS DE MISÈRE

Troisième partie

FEMMES ENGAGÉES OU LE TEMPS DU SERVICE

*Achevé d'imprimer en décembre 1990
sur presse CAMERON
dans les ateliers de la S.E.P.C.
à Saint-Amand-Montrond (Cher)*

N° d'Édition : 827. N° d'Impression : 2815.
Dépôt légal : juillet 1989.

Imprimé en France